OS NEPHILIM E A PIRÂMIDE DO APOCALIPSE

PATRICK HERON

OS NEPHILIM E A PIRÂMIDE DO APOCALIPSE

Tradução:
LUIZ LUGANI GOMES

Editora
Pensamento
SÃO PAULO

Título original: *The Nephilim and the Pyramid of the Apocalypse*.

Copyright © 2004 Patrick Heron.

Todos os direitos reservados. Nenhuma parte deste livro pode ser reproduzida ou usada de qualquer forma ou por qualquer meio, eletrônico ou mecânico, inclusive fotocópias, gravações ou sistema de armazenamento em banco de dados, sem permissão por escrito, exceto nos casos de trechos curtos citados em resenhas críticas ou artigos de revistas.

A Editora Pensamento-Cultrix Ltda. não se responsabiliza por eventuais mudanças ocorridas nos endereços convencionais ou eletrônicos citados neste livro.

Imagem da p. 10 cortesia de www.egallery.ie.

Impressão artística agradecimentos a James Heron.

As citações da Bíblia foram extraídas da *Bíblia e Hinário Novo Cântico*, traduzida para o português por João Ferreira de Almeida. Coedição da Sociedade Bíblica do Brasil e Casa Editora Presbiteriana, Barueri, São Paulo e da *Bíblia de Jerusalém*, Edições Paulinas, São Paulo.

Dados Internacionais de Catalogação na Publicação (CIP)
(Câmara Brasileira do Livro, SP, Brasil)

Heron, Patrick
    Os Nephilim e a pirâmide do Apocalipse / Patrick Heron ; tradução Luiz Lugani Gomes. -- São Paulo : Pensamento, 2008.

    Título original: The Nephilim : and the pyramid of the Apocalypse
    ISBN 978-85-315-1562-0

    1. Arrebatamento (Escatologia cristã) 2. Bíblia - Profecias - Fim do mundo 3. Fim do mundo - Ensino bíblico 4. Pirâmides - Egito I. Título.

08-11775
    CDD-236.9

Índices para catálogo sistemático:
1. Nephilim e a Pirâmide : Profecias : Escatologia : Cristianismo 236.9

O primeiro número à esquerda indica a edição, ou reedição, desta obra. A primeira dezena à direita indica o ano em que esta edição, ou reedição, foi publicada.

Edição	Ano
1-2-3-4-5-6-7-8-9-10-11	09-10-11-12-13-14-15

Direitos de tradução para o Brasil
adquiridos com exclusividade pela
EDITORA PENSAMENTO-CULTRIX LTDA.
Rua Dr. Mário Vicente, 368 — 04270-000 — São Paulo, SP
Fone: 2066-9000 — Fax: 2066-9008
E-mail: pensamento@cultrix.com.br
http://www.pensamento-cultrix.com.br
que se reserva a propriedade literária desta tradução.

SUMÁRIO

Introdução	7
1. Era uma Vez	13
2. A Matriz	19
3. Os *Nephilim*	24
4. Depois do Dilúvio	29
5. Odisseia no Espaço	42
6. Potentado Celeste	51
7. O Portão das Estrelas	58
8. Testemunha das Estrelas	62
9. Os Avatares Antediluvianos	73
10. O Tártaro e o Mundo Inferior	89
11. Filhos de um Deus Menor	99
12. Os Guardiões	120

13. De Volta ao Futuro 134

14. O Tempo dos Sinais 148

15. O Embuste 156

16. A Remoção do Véu 161

17. O Abismo 175

18. Contagem Regressiva Final 188

19. Jardim Secreto 197

20. A Grande Evasão 203

21. Apanhe uma Estrela Caída 210

22. A Visão Paralaxe 219

23. A Maior História de Todos os Tempos 237

Epílogo 250

Notas 252

Apêndice 255

INTRODUÇÃO

Durante quase 5.000 anos, as pirâmides têm formulado mais perguntas do que fornecido respostas. Muitos livros foram escritos sugerindo fatos incríveis relativamente à sua construção e características astronômicas. Descobrimos que as Pirâmides de Gizé estão alinhadas com determinadas constelações de estrelas.[1] Descobriu-se ainda que outras estruturas semelhantes no México e no Camboja também têm relação com a astronomia.[2]

A Grande Pirâmide de Gizé é constituída de aproximadamente 2,3 milhões de blocos de pedra que pesam 2,5 toneladas cada. Alguns dos blocos chegam a pesar 50 toneladas.[3] Contudo, apesar do vasto número de blocos utilizados e dos extraordinários pesos em questão, a precisão matemática da disposição da estrutura é espantosa. Outras construções igualmente intrigantes espalhadas pelo mundo suscitam as mesmas perguntas.

Quem as construiu? Como teriam seus construtores adquirido tais conhecimentos de matemática e de astronomia? E que tecnologia avançada empregaram?

Dizer, simplesmente, que os egípcios as construíram não é uma resposta satisfatória. Pois, se o homem apareceu na idade da pedra, avançou até a do bronze e depois à do ferro, isso nos apresenta as pirâmides mais velhas surgindo subitamente em alguma época entre as idades da pedra e do bronze.

Equivale a dizer que em algum momento do passado o homem inventou a roda. Mais tarde, outro homem construiu uma carroça. Mas entre a roda e a carroça encontramos um Mercedes Benz novinho! É uma comparação realística quando se reflete sobre a construção das pirâmides.

Apesar de todos os livros recentes sobre o tema, as pirâmides permanecem um quebra-cabeça envolto num enigma e cercado de um paradoxo. Sim, os autores desses livros descobriram e fizeram gráficos da significação astronômica desses monumentos. Revelaram seus alinhamentos geométricos e propriedades matemáticas. E a conclusão a que chegaram é que alguma civilização perdida ou raça do povo avançado e desconhecido foi responsável por essas construções gigantescas.

Contudo, todos esses escritores têm algo em comum. Deixaram de nos dizer quem eram esses construtores e onde obtiveram seu conhecimento e perícia.

Quando um ou dois desses respeitados autores realmente se aventuram a imaginar quem possam ter sido esses misteriosos arquitetos e construtores, suas especulações equivalem a pouco mais do que castelos de areia erigidos no terreno alagadiço da eternidade.

É minha convicção que os indícios apresentados neste livro constituirão respostas satisfatórias a todas essas perguntas.

Enterrada em antigos textos hebraicos, despercebida e amplamente desconsiderada pelos especialistas, encontra-se uma riqueza de informações relativas a uma raça secreta de seres sobre-humanos e supranaturais conhecidos como os *Nephilim*.[4]

Na primeira parte deste livro oferecerei um estudo pormenorizado desses seres desconhecidos, o qual revela:
• Quem eram eles
• De onde vieram
• Onde adquiriram o conhecimento matemático e astronômico
• Como tinham a força necessária para construir esses monumentos colossais
• Por que escolheram a forma de pirâmide
• Por que as pirâmides estão alinhadas com corpos celestiais
• Para onde foram esses seres

Na segunda parte do livro mostrarei como essas pirâmides antiquíssimas pressagiam um acontecimento futuro. Analisando os textos antigos, proporcionarei um exame das profecias do Livro das Revelações [Apocalipse] e dos sinais que, segundo somos informados, precederiam esses acontecimentos iminentes. No decurso de tudo isso, juntaremos os detalhes e as informações necessárias que permitirão ao leitor fazer uma avaliação do futuro.

Finalmente, depois de uma viagem a uma época que precedeu o começo do nosso mundo, e de outra viagem de volta para divisar o que jaz à frente, esta obra culminará num fenômeno nunca antes intentado ou explorado: *A Pirâmide do Apocalipse*.

Convidamos agora o leitor a participar de uma excursão através do tempo e do espaço que poderá mudar para sempre suas percepções da vida.

Serão estas imagens mera fantasia da imaginação do artista ou seres reais?

OS
NEPHILIM
e a
PIRÂMIDE do APOCALIPSE

1

ERA UMA VEZ

Muitas pessoas têm conhecimento das prodigiosas realizações de engenharia relativas à construção da Grande Pirâmide de Gizé. Para aqueles que não têm, eu gostaria de transmitir uma síntese simples e sucinta de alguns desses fatos.

Na margem ocidental do rio Nilo, não muito distante da antiga Mênfis e quase em frente ao Cairo atual, situa-se a última das sete maravilhas do mundo antigo: a Grande Pirâmide. É a maior de todas as pirâmides e a primeira a ser edificada. Sua construção incorpora uma riqueza de conhecimentos de matemática e astronomia, o que indica que seus construtores possuíam surpreendente sabedoria.

A pirâmide original foi construída de granito e rocha calcária e tinha um acabamento exterior liso de calcário, característica que a teria tornado impossível de ser escalada.[5] Algumas lendas dizem que seu cimo era feito de ouro. Em sua forma original, deve ter sido um espetáculo a inspirar um temor reverencial. Mas o passar do tempo e o desgaste de incontáveis tempestades desfizeram o exterior de calcário e nos deixaram com aquilo que temos hoje. Agora podemos chegar ao cimo usando os blocos como degraus, uma façanha impossível em sua forma original. Clarence Larkin, o respeitado arquiteto e especialista em escatologia, fez as seguintes observações: [6]

- A base da Grande Pirâmide ocupa uma área de aproximadamente 52.600 metros quadrados. Consiste de cerca de 2,3 milhões de blocos de pedra que pesam em torno de 2,5 toneladas cada, alguns chegando a pesar até 50 toneladas. Alguns blocos enormes de 100 toneladas estão situados dentro da estrutura da pirâmide a uma altura de 46 metros. A base da pirâmide é um quadrado e seus ângulos retos têm uma precisão de até um vinte avos de grau. Os lados são triângulos equiláteros e estão voltados exatamente para o norte, sul, leste e oeste verdadeiros da Terra.

- Dando ao cúbito hebraico a equivalência de 63,5 centímetros, verificamos que a extensão de cada lado da base é de 365,2422 côvados, o número exato de dias do ano solar (incluído o dia adicional que ocorre a cada quatro anos).[7]

- A rampa dos lados da pirâmide é de tal ângulo que os lados encontram-se no cume à altura predeterminada de 232,52 côvados. Se o dobro da extensão de um lado da pirâmide fosse dividido pela altura, teríamos o número 3,14159, o qual, multiplicado pelo diâmetro de um círculo nos dá a circunferência deste.

- O perímetro da base da pirâmide (365,242 x 4 = 14609,68) é exatamente igual à circunferência de um círculo, cujo diâmetro é o dobro da altura da pirâmide (232,52 x 2 x 3.1416 = 14609,68). De maneira que, aqui, nestes algarismos, temos a solução para o problema de como quadrar o círculo (ver Figura 1).

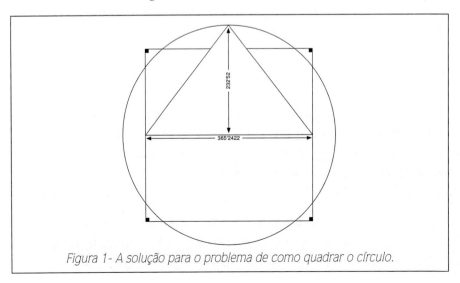

Figura 1 - A solução para o problema de como quadrar o círculo.

- O ângulo de rampa dos lados é 10 para 9. Ou seja, para cada 3,048 metros que subirmos, nos elevaremos 2,743 metros em altura. E se multiplicarmos a altura da pirâmide por 10 elevado à potência de 9, teremos 91.840,000, o que, em milhas, é a distância exata do Sol à Terra.[8]

- O ano dos astros denomina-se ano "sideral" e o ano das estações é chamado "equinocial". Diferem, os dois, em cerca de 50 segundos por ano. Em outras palavras, em sua ascensão e ocaso, os astros sofrem um retardamento de cerca de 50 segundos a cada ano. Para que os anos "sideral" e "equinocial" coincidam novamente serão necessários 25.827 anos, período que é conhecido como um ciclo. Se somarmos as diagonais da base da pirâmide em polegadas, teremos 25.827, número idêntico ao de anos do ciclo.

A Grande Pirâmide jaz no centro exato do mundo. Está a meio caminho entre a costa ocidental do México e a costa oriental da China. Entre o cabo Norte da Noruega e o Cabo da Boa Esperança na África do Sul. Situa-se na interseção do paralelo 30 (latitude) com o meridiano 30 (longitude).[9]

Durante milhares de anos, a Grande Pirâmide foi a mais alta edificação do mundo até o homem moderno começar a levantar arranha-céus como o World Trade Center. Se a comparássemos com um arranha-céu, a Grande Pirâmide teria 42 andares. Existe nela pedra suficiente para erguer uma muralha de 1,80 m de Nova York a Los Angeles.[10]

Os pesquisadores Alan e Sally Lansburg oferecem as seguintes estatísticas relativamente a essa incrível edificação:

> *De alguma maneira, os construtores sabiam que o mundo era redondo mas achatado nos polos, o que ocasionava um certo grau de latitude mais longa no topo e na parte inferior do globo; que ele completava uma rotação em um dia num eixo inclinado 23,5° em relação à eclíptica, produzindo o dia e a noite, e que essa inclinação dava origem às estações; que a Terra girava em torno do Sol uma vez a cada ano de 365 dias e uma fração.*
>
> *Também deveria ser do conhecimento dos projetistas que o polo norte celestial da Terra descrevia um lento círculo em torno do polo da eclíp-*

tica, fazendo as constelações aparentarem "deslizar para trás" (a precessão dos equinócios), e trazerem uma nova constelação do Zodíaco por trás do sol no equinócio a cada 2.200 anos aproximadamente num grande ciclo de cerca de 26.000 anos. Também esses fatos eram parte das mensurações interiores da pirâmide.[11]

Pedem-nos que acreditemos – com todas as consequências que isso necessariamente acarreta – que o homem primitivo, que vestia peles de animais e perambulava em estado selvagem, construiu a Grande Pirâmide. E contudo, esses mesmos construtores ainda não haviam inventado uma simples roda!

De um ponto de vista astronômico, aprendemos alguns fatos extraordinários.

Existem quatro corredores ou poços de mina longos e estreitos construídos dentro da Grande Pirâmide: dois na face norte e dois na face sul. Os dois do norte apontam para duas estrelas distintas: um deles para a beta da Ursa Menor e o outro para a alfa da constelação de *Draco* (Dragão).

Os poços da face sul apontam para *Sirius* e *Zeta Orionis*. Na tradição egípcia antiga, *Sirius* está relacionada com a deusa Ísis. E a *Zeta Orionis*, que é a estrela mais brilhante dentre as três no cinturão de *Órion*, é identificada com *Osíris*, o deus da ressurreição e do renascimento na remota época chamada "*Zep Tepi*" ou "*Primeiros Tempos*"[12] (ver Figura 2).

Semelhantemente, monumentos antigos no México e em Angkor Wat, no Camboja, têm ligações celestiais com Órion, *Draco*, Leão e Aquário.[13]

Em Nazca, no Peru, encontramos um imenso agrupamento de estranhas linhas e desenhos que só se tornam discerníveis quando observados do ar. Essas linhas cobrem uma ampla área de 60 quilômetros quadrados e de maneira alguma poderiam ser obra de seres humanos. Existem ali vários esboços de Macaco, Beija-Flor, Baleia, Aranha, Cão e Condor, todos delineados na terra áspera.[14] Dezenas de linhas e traçados geometricamente perfeitos marcam a paisagem com linhas entrecruzadas. Algumas das linhas assemelham-se a pistas que poderiam ser utilizadas para pouso ou decolagem de aeronaves. A mais longa dessas linhas mede quase 23 quilômetros. Mas o que significam? Como surgiram e

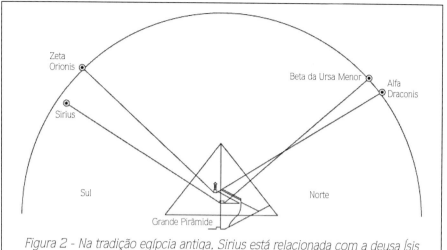

Figura 2 - Na tradição egípcia antiga, Sirius está relacionada com a deusa Ísis e Zeta Orionis é identificada com Osíris, o sumo deus egípcio da morte, da ressurreição e do renascimento.

quem as fez? Uma vez mais, eruditos e especialistas chegam à mesma conclusão: não sabem explicar. A especulação impera.

Em Baalbek, no Líbano, existe um templo antigo conhecido como o templo de Júpiter. Agregados aos alicerces desse templo há três enormes blocos de pedra de cantaria que pesam 800 toneladas cada. Não muito longe dali encontra-se outro gigantesco bloco de pedra chamado Pedra do Sul, de 1.000 toneladas. Este é o peso conjunto de três aviões jumbo 747. Como os construtores conseguiram cortar blocos tão grandes e, mais especificamente, como os colocaram em posição?

Muito tem sido escrito sobre a construção e os paralelos astronômicos e propriedades matemáticas dos muitos monumentos que existem na Terra. Estudiosos cartografaram e tomaram as medidas dessas estruturas e registraram seus correlatos celestiais com precisão minuciosa. Muitos livros que contêm os detalhes mais sutis de sua construção e configuração estelar são encontrados frequentemente em livrarias em toda parte.

Que mensagem estão nos transmitindo essas construções? Existirá algo que possamos aprender com elas, algo que até agora nos iludiu? Se as muralhas desses monumentos pudessem falar, que informações inestimáveis nos transmitiriam? Será que pressagiam acontecimentos futuros? Acredito que sim. E procuraremos agora desvelar o enigma das pirâmides identificando seus prováveis arquitetos.

2

A MATRIZ

Enterrada nas profundezas do Pentateuco e outros antigos textos hebraicos jaz uma riqueza de informações que, de maneira geral, há muito tem permanecido invisível à maioria dos especialistas. Mas até que ponto são confiáveis esses textos antiquíssimos? Poderão nos ensinar algo novo ou será nosso primeiro impulso natural descartar quaisquer possíveis descobertas como simples fábula? Antes de me aprofundar nesses escritos ocultos, eu gostaria de apresentar alguns esboços interessantes dos quais o leitor pode não ter conhecimento.

Em seu *best-seller The Bible Code*,[15*] Michael Drosnin expõe suas descobertas extraídas de uma série de testes científicos computadorizados realizados por ele próprio e alguns eminentes matemáticos judeus. Era de pleno conhecimento dos escribas judeus da antiguidade que havia um código oculto nas letras hebraicas do Pentateuco, que é o nome dos cinco primeiros livros do Antigo Testamento.

Esses livros foram escritos originariamente em hebraico. Se tomarmos a primeira letra do alfabeto hebraico que ocorre no Gênesis, saltarmos 49 letras e tomarmos a letra seguinte e repetirmos essa sequência de saltos, veremos que cada quatro letras formarão a palavra **Torh** [a palavra hebraica pronunciada "Torá", que significa "A Lei de Deus"].

Isso ocorre de ponta a ponta nos dois primeiros livros da Bíblia: *Gênesis* e *Êxodo*. Quando chegamos ao terceiro livro, o do meio, *Levítico*, o pro-

---

* *O Código da Bíblia*, publicado pela Editora Cultrix, São Paulo, 1997.

cesso é interrompido. Contudo, ao aplicarmos o mesmo método sequencial a *Números* e *Deuteronômio*, temos a palavra **Hrot**, que é Torh às avessas.

Se tomarmos agora o livro do meio, *Levítico*, e empregarmos a sequência de saltos, dessa vez passando por cima de cada sete letras, formar-se-á a palavra **YAWH** (pronunciada **IAHWEH** [ou Javé]), que é o nome de Deus em hebraico!

Assim, cada 49 letras em *Gênesis* e *Êxodo* compõem a formação de "A Lei de Deus" e apontam para *Levítico*, e cada 49 letras de *Números* e *Deuteronômio* formam "A Lei de Deus" às avessas e apontam para *Levítico*. Cada sete letras neste último forma YAWH: o próprio Deus.[16]

Gênesis	Levítico	Números
Torh -> Torh ? -> Torh ? ->	YAWH	<- Hrot <- Hrot <- Hrot
Êxodo		Deuteronômio

Devido ao fato de que o sistema de letras hebraicas é também matemático além de literal, os especialistas judeus acima referidos conseguiram colocar todo o Pentateuco num programa de computador. Depois escolheram diferentes sequências de "saltos" e as submeteram ao programa. Os resultados os estarreceram. Codificadas por meio dos textos, descobriram mensagens relativas a diferentes aspectos da vida e da história.

Por exemplo, o próprio Drosnin ao executar determinado teste um dia, encontrou o nome Yitzhak Rabin codificado no texto. Escrito sobre esse nome havia as palavras "Assassino que Assassinará". Perplexo e preocupado por causa dessa descoberta, Drosnin escreveu a Yitzhak Rabin (então primeiro-ministro de Israel), informando-o.

Rabin respondeu a Drosnin e disse-lhe que era um humanista, um fatalista e que não se preocupava com essas coisas.

Mais tarde, numa estação ferroviária no Canadá, Drosnin falava ao telefone com um amigo. Este lhe perguntou se tinha ouvido as últimas notícias. "Que notícias?", perguntou Drosnin. "Yitzhak Rabin acaba de ser assassinado em Israel."

Depois de receber a notícia, Drosnin largou o telefone e começou a tremer. Anteriormente a esse acontecimento, ele tinha o discernimento intelectual de que esses códigos eram singulares. Mas agora, sabia no fundo do coração que os códigos eram de fato verdadeiros.

Michael Drosnin e os matemáticos judeus que foram pioneiros nesses estudos fizeram milhares desses testes de sequências de "saltos". Encontraram todo tipo de informações relativamente a acontecimentos que já se concretizaram e alguns relacionados ao futuro. E o interessante é que não poderiam ter descoberto esses códigos ocultos sem a utilização de computadores, pois as informações são tão vastas e as permutações tão amplas que de maneira alguma poderiam ser decifradas sem o auxílio desses recursos disponíveis atualmente.

Depois da prisão do assassino de Yitzhak Rabin, Drosnin colocou o nome dele no programa do computador e passou-o pela mesma sequência que tinha utilizado antes. Para seu espanto, bem acima do lugar onde tinha encontrado a mensagem original relativa a Rabin, o nome do assassino estava codificado no texto hebraico.

Esse é apenas um lampejo do livro de Michael Drosnin. As descobertas dele, juntamente com as de seus colegas judeus, foram postas à prova e esmiuçadas por organizações como a CIA e o exército dos EUA, e nenhum destes conseguiu contestar ou negar as conclusões a que eles chegaram.

Isso nos diz que ainda há muito por descobrir com relação a esses textos antigos, que durante muito tempo foram amplamente negligenciados.

Imaginemos que alguém nos pedisse para elaborar uma genealogia de pessoas reais, mas com certas restrições nessa elaboração:

- O número de palavras nessa genealogia tem de ser divisível exatamente por sete (sem resto)
- O número de letras tem de ser divisível por sete
- O número de vogais e consoantes tem de ser divisível por sete
- O número de palavras que começam com vogal tem de ser divisível por sete
- O número de palavras que começam com consoante tem de ser divisível por sete
- O número de palavras que ocorrem mais de uma vez tem de ser divisível por sete
- O número de palavras que ocorrem em mais de uma forma tem de ser divisível por sete

- O número de palavras que ocorrem apenas em uma forma tem de ser divisível por sete
- O número de nomes na genealogia tem de ser divisível por sete
- O número de nomes masculinos tem de ser divisível por sete
- O número de gerações na genealogia tem de ser divisível por sete

Não seria praticamente impossível preparar uma genealogia em tais circunstâncias? Contudo, isso descreve exatamente a genealogia do Messias, conforme o Evangelho de Mateus 1:2-17.[17]

De um ponto de vista erudito e literário, a Bíblia está situada muito acima de qualquer outro livro já escrito, e, não obstante, tem sido amplamente negligenciada pela comunidade cultural. Foram vendidos mais de oito bilhões de exemplares em mais de 2.000 línguas. Foi escrita por 40 homens num período de 1.600 anos, e contudo, seu conteúdo permanece uniforme. Sobreviveu a 40 séculos de história. Existem mais manuscritos antigos a dar-lhe credibilidade do que a quaisquer outras dez obras literárias juntas.

De fato, existem acima de cinco mil manuscritos gregos do Novo Testamento, acima de dez mil em latim e 9.300 em outras línguas, e os mais antigos datam de 68 d.C. Comparem-se esses números com apenas nove exemplares antigos de *Guerras Gálicas de César*, e note-se que o mais velho destes remonta a 900 anos após a morte de César. E contudo, ninguém discute isso (ver Figura 3).

Quando se faziam cópias, os escribas hebraicos tinham enorme reverência pelo texto da Bíblia. As cópias eram verificadas e reverificadas muitas vezes. Se ocorresse um pequeno erro, toda a página seria reescrita. Quando chegavam à palavra "Iahweh", Deus, crestavam a pena e trocavam de roupa. Somente o processo de fotocópia é mais apurado do que os métodos que os escribas empregavam para preservar a exatidão e integridade do texto.[18]

Seria de imaginar que aqueles que ocupam os centros de ensino superior reconheceriam os óbvios méritos literários da Bíblia, pois foi ela, afinal:

- A fonte de mais de l.200 citações empregadas por William Shakespeare em suas obras.

OBRA	ESCRITA EM	EXEMPLAR MAIS ANTIGO	INTERVALO DE TEMPO	NÚMERO DE EXEMPLARES
Heródoto	488-428 a.C.	900 d.C.	1.300 anos	8
Tucídides	c. 460-100 a.C.	c. 900 d.C.	1.300 anos	8
Tácito	100 d.C.	1100 d.C.	1.000 anos	20
César - Guerras Gálicas	58-50 a.C.	900 d.C.	950 anos	9-10
Lívio – História de Roma	59 a.C.-17 d.C.	900 d.C.	900 anos	20
Novo Testamento	40-100 d.C.	130 d.C. (manuscritos 350 d.C.)	30-310 anos	5.000 (grego) 10.000 (latim) 9.300 (outras)

Figura 3 - Fonte: The Alpha Course Manual, Alpha International, Holy Trinity, Brompton, Londres

- A inspiração para gigantes da literatura como Milton, C. S. Lewis, sir Walter Scott e Charles Dickens.
- A inspiração para a *Santa Ceia* de Da Vinci, a *Pietá* de Michelangelo (Miguel Ângelo) e *O Messias* de Handel, que ele escreveu em 21 dias, cujo texto, em sua maior parte, proveio do Livro de Isaías.
- A motivação para a obra de Madre Teresa, Abraham Lincoln, Isaac Newton e Martin Luther King.[19]

Contudo, apesar de sua posição incomparável como documento cultural, a Bíblia é desconsiderada e é afastada dos estudantes de obras literárias. É posta de lado, é boicotada e transformada em objeto de chacota em benefício de obras menores realizadas por homens. Seria de imaginar que mesmo o humanista cético renderia homenagem ao valor cultural desse livro e ao efeito que ele tem exercido na história da civilização. Mas não, todos se calam.

Examinemos agora os mesmos textos antigos e vamos descobrir o que eles revelam relativamente a um povo misterioso do qual a maioria de nós nunca ouviu falar: os *Nephilim*.

3

OS *NEPHILIM*

Agora vou pedir ao leitor que seja um tanto condescendente comigo. No tocante a este estudo, peço-lhe que coloque sua mente em ponto morto. Ou seja, deixe de lado, temporariamente, suas pressuposições e preconceitos relativamente a sua opinião sobre as Escrituras do Antigo Testamento. Admita, por ora, que elas podem conter informações úteis e confiáveis com as quais podemos aprender. Imagine-se como um jurado aguardando a prova. Depois de todos os fatos terem sido ouvidos, você poderá chegar a um veredicto inteligente.

O ano é 2348 a.C., época do dilúvio de Noé. O capítulo 6 de Gênesis nos dá uma revelação surpreendente.

> Como se foram multiplicando os homens na Terra, e lhes nasceram filhas, vendo os filhos de Deus que as filhas dos homens eram formosas, tomaram para si mulheres, as que, entre todas, mais lhes agradaram...
>
> Ora, naquele tempo havia gigantes (*Nephilim*) na Terra; e também depois, quando os filhos de Deus possuíram as filhas dos homens, as quais lhes deram filhos; estes foram heróis, homens de renome, na antiguidade.
>
> *Gênesis 6: 1,2,4*

Somos informados de que os "filhos de Deus" viram as filhas dos homens e as tomaram por esposas. Quem são esses "filhos de Deus" e de onde vieram? Nossa primeira tarefa é coletar toda informação sobre esses indivíduos e permitir que os dados recolhidos determinem nossas conclusões.

O termo "filhos de Deus" ocorre oito vezes no Antigo Testamento. Examinemos algumas dessas ocorrências. A que se segue é extraída de um debate entre Iahweh (Deus) e Jó.

> **Onde estavas tu, quando eu lançava os fundamentos da Terra?**
> **Quem lhe pôs as medidas, se é que o sabes?**
> **Ou quem estendeu sobre ela o cordel?**
> **Sobre que estão fundadas as suas bases ou quem lhe assentou a pedra angular, quando as estrelas da alva, juntas, alegremente cantavam, e rejubilavam todos os filhos de Deus?**
>
> *Jó 38: 4-7*

Nesse debate entre Iahweh e Jó há uma referência óbvia ao tempo da criação do mundo. Nesse contexto, "Filhos de Deus" refere-se ao que chamamos anjos, que são seres espirituais criados.[20] E sempre que a expressão ocorre no Antigo Testamento, o significado é esse.[21]

> **Fazendo dos ventos os teus mensageiros,**
> **das chamas de fogo os teus ministros.**
>
> *Salmo 104:4*

Isso também é válido para o Novo Testamento:

> **Ora, a qual dos anjos jamais disse: "Senta-te à minha direita ..."**
> **Não são todos eles espíritos servidores ...**
>
> *Hebreus 1: 13,14*

No Livro de Daniel, capítulo 3:24,25, lemos que três homens foram lançados em uma fornalha ardente pelo rei Nabucodonosor que então ...

> **... se levantou depressa, e disse aos seus conselheiros: "Não lançamos nós três homens atados dentro do fogo? Eu, porém, vejo quatro homens soltos, que andam dentro do fogo... e o aspecto do quarto é semelhante a um filho de Deus."**

Nabucodonosor prossegue falando:

"Bendito seja o Deus de Sadraque, Mesaque e Abedenego, que enviou o Seu anjo e livrou os Seus servos que confiaram nele ..."

Daniel 3:28

Do que foi dito acima, fica claro que o ser que acompanhava os três homens no fogo, e que foi chamado *filho de Deus*, no versículo seguinte é chamado "anjo".

Nesta citação seguinte do Livro de Jó observamos uma reunião distante de seres celestiais:

Num dia em que os filhos de Deus vieram apresentar-se perante o Senhor, veio também Satanás entre eles.

Jó 1:6

No texto hebraico, a palavra *anjo* é *malak*. No grego, é *aggelos*. Mas, a meu ver, uma tradução mais exata dessas palavras hebraica e grega é *emissário* ou *mensageiro*. A palavra *anjo* ocorre mais de 300 vezes no Antigo e no Novo Testamento. Em todos esses locais, a palavra *emissário* ou *mensageiro* seria uma tradução melhor, visto que a palavra anjo confundiu e distorceu nossa compreensão. Ou seja, quando essa palavra é empregada, nós imediatamente evocamos a imagem de um querubim nu com asas pequeninas e sem genitália flutuando no ar inocentemente, portando arco e flecha. Ou a imagem de um ser grande e glorioso com asas enormes que se projetam de algum lugar dentre suas escápulas e iluminadas por trás por um holofote!

Nada poderia estar mais longe da verdade. Mais à frente, neste trabalho, apresentarei uma avaliação mais detalhada desses mensageiros ou emissários. Mas para que não percamos o foco do que estamos discutindo no momento, é suficiente dizer que esses mensageiros sempre aparecem como homens. Comem, bebem e são confundidos com seres humanos comuns. Alguns são identificados por nome e também são chamados de homens. Portanto, têm a nossa aparência. Usam roupas e podem falar como nós. Mas voltemos ao tema do qual tratávamos. Em Gênesis 6:2 está escrito:

Vendo os filhos de Deus que as filhas dos homens eram formosas, tomaram para si mulheres, as que, entre todas, mais lhes agradaram.

Nessa passagem, mais uma vez fica claro que há uma distinção entre as *"filhas dos homens"* de um lado, e os *"filhos de Deus"* do outro.

O que esse versículo está insinuando é que esses "filhos de Deus", que foram seres sobrenaturais criados, tiveram relações sexuais com mulheres humanas comuns e geraram filhos. Mas não se tratava de uma prole comum.

> **Ora, naquele tempo havia gigantes (*Nephilim*) na Terra; e também depois, quando os filhos de Deus possuíram as filhas dos homens, as quais lhes deram filhos; estes foram heróis, homens de renome, na antiguidade.**
>
> *Gênesis 6:4*

A palavra hebraica que significa *gigantes* nesse versículo é *Nephilim*, da raiz *naphal*, que significa *cair*. Portanto, os descendentes desses seres sobrenaturais com mulheres humanas são chamados *gigantes* ou *Nephilim*, que significa os *caídos*. Também os homens-espírito são chamados de *Nephilim*,[22] pois eles caíram em desgraça, caíram do Céu e caíram na Terra.

No decorrer deste livro investigarei por que esses seres sobrenaturais ou mensageiros tornaram-se *"caídos"*. Mas para não nos desviarmos do enigma à nossa frente continuarei com o estudo dos *Nephilim* e seu impacto na sociedade daquela época.

Nas passagens acima citadas, o leitor terá observado que essas investidas ocorreram em duas ocasiões, ou seja

Naquele tempo havia gigantes (*Nephilim*) na Terra; e também depois.

"Naquele tempo" refere-se aos dias de Noé. A expressão *"e também depois"* diz-nos que esses *Nephilim* também estavam na Terra depois do Dilúvio.

Portanto, essas duas investidas de seres sobrenaturais caídos contra mulheres ocorreram antes do Dilúvio e novamente algum tempo depois. Por razões que se tornarão mais claras à medida que prosseguirmos, tratarei primeiramente da segunda, que ocorreu depois do Dilúvio. Temos muita informação a respeito desses gigantes quando habitaram a Terra àquela época. Depois de examinarmos os sinais relativos a eles, voltaremos à investida anterior e discutiremos os indícios de como eles deixaram sua marca na civilização antiga àquela época.

4

DEPOIS DO DILÚVIO

Agora saltemos à frente no tempo, 436 anos depois do Dilúvio, para encontrarmos referência a esses gigantes. Aqui, Abraão entra na história. Com Sara, sua esposa, ele regressa de sua temporada no Egito. A esse tempo, segundo somos informados, várias tribos diferentes desse povo estão habitando na terra dos cananeus e adotaram diferentes nomes em atenção a seus vários antepassados (ver Figura 4). Lemos em Gênesis 14:5:

> E no décimo quarto ano chegou Codorlaomor e os reis que estavam com ele e derrotaram os rafaim em Asterote-Carnaim, e os zuzim em Ham e os emim na planície de Cariataim.

Os *rafaim* eram descendentes de um certo *Rapha*, que em hebraico significa *"temível; gigante"*. Observamos que eles são mencionados em Deuteronômio, capítulo 2, juntamente com outro ramo desses gigantes conhecidos como *enacim*.[23]

> Passamos, pois ... viramo-nos e seguimos o caminho do deserto de Moabe.
> Os emim, dantes, habitavam nela, povo grande, numeroso e alto como os enacim; também eles foram considerados rafaim como os enacim; e os moabitas lhes chamam emim.
>
> *Deuteronômio 2:8, 10, 11*

Em hebraico, *emim* significa *"os terríveis"*, e os *enacim* descendiam de um certo *Enac* que, traduzido, significa *"de pescoço longo; gigante"*. *Enac* era filho de *Arba*, que em hebraico significa *"a força de Baal"*.

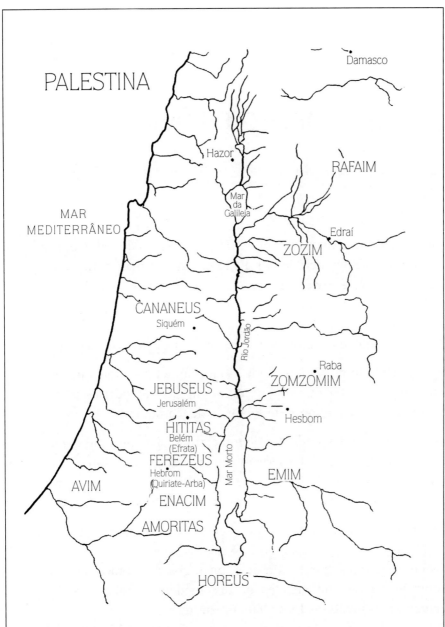

Figura 4 - À época em que Abraão viajou através da Terra Prometida, e mesmo no período posterior de Moisés, várias tribos de "gigantes", descendentes dos Nephilim habitavam toda essa área. O mapa acima mostra as principais tribos e suas localizações.

Arba era um dos *"filhos de Het"*. Sete anos antes da construção de Zoã no Egito (Gênesis 23:2,3) ele construiu Hebrom, que passou dali em diante a ser chamada *Quiriate-Arba*, cujo significado é cidade de Arba.

Enac, seu filho, teve três distintos descendentes, nos dias de Moisés e Josué, que eram gigantes. Os nomes deles eram Aimã, Sesai e Tolmai e moravam em Hebrom cerca de 1490 a.C.

Neste ponto eu gostaria de abordar a história de Moisés e Josué. Depois do Êxodo do Egito, os filhos de Israel, conduzidos por Moisés, perambularam no deserto durante 40 anos. Finalmente, estavam preparados para entrar na Terra Prometida, que havia sido dada a Abraão, e dela tomar posse. Antes de invadi-la, Moisés enviou 12 espias para observar a terra e o povo. O registro encontra-se no Livro dos Números:

> Moisés os enviou para explorar a terra de Canaã: "Subi ao Neguebe, e em seguida escalai a montanha. Vede como é a terra; como é o povo que a habita, forte ou fraco, escasso ou numeroso; como é a terra por ele habitada, boa ou má; como são as cidades por ele habitadas, campos ou fortalezas.
> Sede corajosos. Trazei produtos da terra."
> Era a época das primeiras uvas. Subiram eles para explorar a terra, desde o deserto do Zim até Reobe, à entrada de Hamate.
> E subiram pelo Neguebe e vieram até Hebrom; estavam ali Aimã, Sesai e Talmai, filhos de Enac. Hebrom foi edificada sete anos antes de Zoã, no Egito.
> Depois, vieram até ao vale de Escol e dali cortaram um ramo de vide com um cacho de uvas, o qual trouxeram dois homens numa vara, como também romãs e figos...
> Ao cabo de quarenta dias, voltaram da exploração da terra, caminharam e vieram a Moisés, e a Aarão, e a toda a congregação dos filhos de Israel... e mostraram-lhes os frutos da terra.
> Relataram-lhes o seguinte: "Fomos à terra a que nos enviaste, e verdadeiramente, mana leite e mel; este é o fruto dela.
> O povo, porém, que habita nessa terra é poderoso, e as cidades, mui grandes e fortificadas; também vimos ali os filhos de Enac."
> Então, Calebe acalmou o povo reunido diante de Moisés: "Devemos

marchar, disse ele, e conquistar essa terra: realmente podemos fazer isso." Os homens que o haviam acompanhado disseram: "Não podemos marchar contra esse povo, visto que é mais forte do que nós." E puseram-se a difamar diante dos filhos de Israel a terra que haviam explorado: "A terra que fomos explorar é terra que devora os seus habitantes. Todos aqueles que lá vimos são homens de grande estatura. Lá também vimos gigantes (*Nephilim*), os filhos de Enac, descendência de gigantes (*Nephilim*). Tínhamos a impressão de sermos gafanhotos diante deles e assim também lhes parecíamos."

Livro dos Números 13: 17-33

Doze espias foram enviados. Desses, dez informaram que não havia como tomarem essa terra, pois estava repleta de gigantes, descendentes de Enac e muitos outros indivíduos bem grandes. Apenas dois homens dentre os doze, Josué e Calebe, acreditavam que poderiam derrotar esses povos possantes. Mas os filhos de Israel deram ouvidos aos outros dez e, em consequência, queriam apedrejar Moisés e Aarão e Josué e Calebe e voltar ao cativeiro no Egito. Posteriormente, entretanto, sob a liderança de Josué, os israelitas de fato invadiram essa terra e derrotaram os gigantes que ali habitavam.

Um detalhe interessante na passagem narrada em Números é a referência ao cacho de uvas que os exploradores apanharam e trouxeram a fim de ressaltar a riqueza da terra. Foram necessários dois dos espias para carregar apenas um cacho de uvas numa vara. Era um cacho de uvas muito pesado. Estariam esses gigantes, descendentes de homens-espírito (*filhos de Deus*; *anjos*) e de mulheres humanas praticando engenharia genética ou modificação genética? Por serem descendentes desses homens-espírito, seriam sobre-humanos e sobrenaturais. Teriam poderes e conhecimento superiores àqueles dos homens comuns.

Pessoas grandes necessitam de alimentos de maior volume. Se dois homens israelitas fortes e fisicamente capazes carregaram um só cacho de uvas numa vara apoiada em seus ombros, é porque ele deveria ser extremamente pesado.

Mais tarde revelaremos outros indícios que insinuariam que esses *Nephilim* de fato praticavam engenharia genética.

Anteriormente neste capítulo, observamos em Deuteronômio referência a vários ramos desses *Nephilim* conhecidos como *emim e enacim*. Mais à frente, no mesmo registro, somos informados da existência de outras tribos aparentadas com essas monstruosidades:

> Hoje, passarás por Ar, pelos termos de Moabe, e chegarás até defronte dos filhos de Amon; não os ataques e não os provoques, pois nada te darei da terra dos filhos de Amon para possuir; foi aos filhos de Ló que eu a dei como propriedade. Era também considerada como terra dos rafaim (de gigantes); outrora os rafaim a habitavam, sendo que os amonitas os chamavam de zomzomim. Povo grande, numeroso, e alto como os enacim; mas o Senhor os destruiu...
>
> Como destruiu os horeus diante deles... E os avim que habitavam em Haserim.
>
> *Deuteronômio 2:18-23*

Os *horeus*, os *zomzomim* e os *avim* são aparentados com os *Nephilim*, descendem deles, e foram destruídos e expulsos por Josué e os filhos de Israel quando estes tomaram posse da terra.

Em hebraico, *horeu é troglodita*, que significa homem das cavernas, aquele que habita em caverna. Os *horeus* habitavam o monte Seir e eram aparentados com os *emim* e os *rafaim*. Suas habitações escavadas ainda podem ser encontradas nos penhascos de arenito e nas montanhas da Idumeia, mas especialmente em Petra.[24]

Em hebraico, *zomzomim* significa "poderoso, vigoroso"; e esse povo também era aparentado com os *rafaim* e habitava a região posteriormente ocupada pelos *amonitas*, também chamados *zozim*, cujo significado é *"proeminente, forte, gigante"*.[25]

E por último, os israelitas derrotaram Og, rei de Basã.

> Nesse tempo, tomamos todas as suas cidades; nenhuma cidade houve que lhe não tomássemos: sessenta cidades, toda a região de Argobe, o reino de Og em Basã.[26]
>
> Todas estas cidades eram fortificadas com altos muros, portas e ferrolhos; tomamos também muitas outras cidades, que eram sem muro...

Porque só Og, rei de Basã, restou dos rafaim; seu leito é o leito de ferro que tem nove côvados de comprimento e quatro côvados de largura, em côvado comum.

Deuteronômio 3:4,5,11

Assim, aqui ficamos sabendo da completa destruição de todas as tribos de gigantes aparentados que haviam ocupado essa terra durante um certo período. Nessa última passagem temos mais uma sólida prova do tamanho enorme dessa gente onde se faz referência às medidas da cama do rei Og. Se dermos ao cúbito hebraico 25,025 polegadas (63,5 centímetros), verificamos que a cama de Og tinha 5,70 x 2,54 m. Prova adicional de que essas pessoas eram de fato gigantes na terra (ver Figura 5).

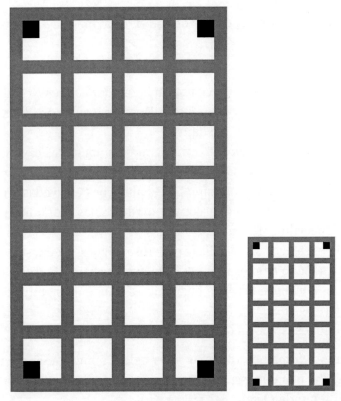

Figura 5 - Josué e seu exército derrotaram Og, rei de Basã, e capturaram sessenta das cidades dos gigantes. Deuteronômio 3:11 diz que o tamanho da cama de ferro de Og tinha 5,70 x 2,54 m. A figura acima compara a cama de Og com uma cama de solteiro tamanho padrão.

Quase todos esses povos monstruosos foram derrotados pelos israelitas sob a liderança de Josué nessa época. Mas alguns remanescentes subsistiram, conforme o atesta o Livro de Josué:

> **Naquele tempo, veio Josué e eliminou os enacim da região montanhosa, de Hebrom, de Debir ...**
> **Nem um dos enacim sobreviveu na terra dos filhos de Israel; somente em Gaza, em Gate e em Asdode alguns subsistiram.**
>
> *Josué 11:21, 22*

Iniciamos este capítulo mostrando que, na época em que Abraão viajou através de Canaã, esses povos gigantes já habitavam a região. Ou seja, por volta de 1912 a.C., mais ou menos 436 anos depois do Dilúvio de Noé. Como eles já existiam em grande número, podemos pressupor que tinham começado a se multiplicar em algum momento no decorrer desses 400 anos. De maneira que houve uma segunda investida de seres sobrenaturais "caídos" que tinham procriado com mulheres durante esse período para produzir essas tribos de gigantes. Quando Moisés e Josué chegaram ao local e derrotaram esses seres enormes, mais 461 anos haviam passado, o que nos leva ao ano 1451 a.C. De modo que esses seres sobrenaturais tiveram todo esse tempo para multiplicar-se e fazer crescer sua população.

Tivemos os *emim*, uma tribo de estatura gigante que habitava ao leste do Mar Morto. Em tempos antigos, toda a terra de Canaã era dominada por essa tribo de gigantes. Os *rafaim* habitavam no norte. A seguir, os *zozim*, depois os *emim*, com os *horeus* no sul. Posteriormente, o reino de Basã abrangia os territórios dos *rafaim*; o dos *amonitas*, o território dos *zozim*; os *moabitas*, o dos *emim*; e Edom abrangia as montanhas dos *horeus*. Os *emim* eram aparentados com os *enacim* e eram, geralmente, chamados pelo mesmo nome, mas os *moabitas* referiam-se a eles como os *"gigantes"* ou os *"terríveis"*[27] (ver Figura 4).

Agora chegamos ao ano 974 a.C. e deparamos com um menino de 16 anos de nome Davi. Mais 477 anos se passaram desde que Josué entrou na Terra Prometida e destruiu todos os gigantes. Isto é, todos menos alguns remanescentes em Gaza, Gate e Asdode. Retomamos a história em 1 Samuel 17:

2. Porém Saul e os homens de Israel se ajuntaram e acamparam no vale de Elá, e ali ordenaram a batalha contra os filisteus.

4. Então, saiu do campo do arraial dos filisteus um homem guerreiro, cujo nome era Golias, de Gate, da altura de seis côvados e um palmo.

5. Trazia na cabeça um capacete de bronze e vestia uma couraça de escamas cujo peso era de cinco mil siclos de bronze.

6. Trazia caneleiras de bronze nas pernas e um escudo de bronze entre os ombros.

7. A haste da sua lança era como uma travessa de tear, e a ponta da sua lança pesava seiscentos siclos de ferro; e diante dele ia o escudeiro.

8. Parou, clamou às tropas de Israel e disse-lhes: "Para que saís, formando-vos em linha de batalha? Não sou eu filisteu, e vós, servos de Saul? Escolhei dentre vós um homem que desça contra mim.

9. Se ele puder pelejar comigo e me ferir, seremos vossos servos; porém, se eu o vencer e o ferir, sereis nossos servos e nos servireis."

11. Ouvindo Saul e todo o Israel estas palavras do filisteu, espantaram-se e temeram muito.

12. Davi era filho daquele efrateu de Belém de Judá, cujo nome era Jessé, que tinha oito filhos.

16. Chegava-se, pois, o filisteu pela manhã e à tarde, e apresentou-se por quarenta dias.

26. Então, falou Davi aos homens que estavam consigo, dizendo: "Que farão àquele homem que ferir a este filisteu e tirar a afronta de sobre Israel? Quem é, pois, esse incircunciso filisteu, para afrontar os exércitos do Deus vivo?"

32. Davi disse a Saul: "Não desfaleça o coração de ninguém por causa dele; teu servo irá e pelejará contra o filisteu."

33. Porém Saul disse a Davi: "Contra o filisteu não poderás ir para pelejar com ele; pois tu és ainda moço, e ele, guerreiro desde a sua mocidade."

34. Respondeu Davi a Saul: "Teu servo apascentava as ovelhas de seu pai, quando veio um leão ou um urso e tomou um cordeiro do rebanho.

35. Eu saí após ele, e o feri, e livrei o cordeiro da sua boca; levantando-se ele contra mim, agarrei-o pela barba, e o feri, e matei.

36. O teu servo matou tanto o leão como o urso; este incircunciso filisteu será como um deles, porquanto afrontou os exércitos do Deus vivo."

37. Disse mais Davi: "O Senhor me livrou das garras do leão e das do urso; Ele me livrará da mão deste filisteu." Então, disse Saul a Davi: "Vai-te, e o Senhor seja contigo."

40. Tomou o seu cajado na mão, e escolheu cinco pedras lisas do ribeiro, e as pôs no alforje de pastor, que trazia, a saber, no surrão; e lançando mão da sua funda, foi-se chegando ao filisteu.

41. O filisteu também se vinha chegando a Davi; e o seu escudeiro ia adiante dele.

42. Olhando o filisteu e vendo a Davi, o desprezou, porquanto era moço ruivo e de boa aparência.

43. Disse o filisteu a Davi: "Sou eu algum cão, para vires a mim com paus?" E, pelos seus deuses, amaldiçoou o filisteu a Davi.

44. Disse mais o filisteu a Davi: "Vem a mim, e darei a tua carne às aves do céu e às bestas-feras do campo."

45. Davi, porém, disse ao filisteu: "Tu vens contra mim com espada, e com lança, e com escudo; eu, porém, vou contra ti em nome do Senhor dos Exércitos, o Deus dos exércitos de Israel, a Quem tens afrontado.

46. Hoje mesmo, o Senhor te entregará nas minhas mãos; ferir-te-ei, tirar-te-ei a cabeça e os cadáveres do arraial dos filisteus darei, hoje mesmo, às aves dos céus e às bestas-feras da terra; e toda a terra saberá que há Deus em Israel.

47. Saberá, toda esta multidão que o Senhor salva, não com espada, nem com lança: porque o Senhor é a guerra, e Ele vos entregará nas nossas mãos."

49. Davi meteu a mão no alforje, e tomou dali uma pedra, e com a funda lha atirou, e feriu o filisteu na testa; a pedra encravou-se-lhe na testa, e ele caiu com o rosto em terra.

50. Assim, prevaleceu Davi contra o filisteu, com uma funda e com uma pedra, e feriu, e o matou; porém não havia espada na mão de Davi.

51. Pelo que correu Davi, e, lançando-se sobre o filisteu, tomou-lhe a espada, e desembainhou-a, e o matou, cortando-lhe com ela a cabeça. Vendo os filisteus que era morto o seu herói, fugiram.

A história de Davi contra Golias tornou-se uma metáfora de uso frequente em nossa linguagem cotidiana. Examinemos mais de perto esse relato. Golias era um paladino dos filisteus (que são atualmente os modernos palestinos). Notaremos que ele provinha de Gate, que, juntamente com Gaza e Asdode, era o local para onde haviam escapado alguns dos gigantes remanescentes que não haviam sido derrotados pelos exércitos de Josué 477 anos antes. Golias descendia desses gigantes.

Era um homem grande. Sua altura era de seis côvados e um palmo, o que corresponde a pouco mais de quatro metros se dermos ao cúbito hebraico o valor de 25,025 polegadas. Não sabemos qual era o seu peso, mas deve ter sido proporcional à sua altura, uma vez que sua cota de malha pesava mais de 70 quilos aproximadamente. O peso da ponta de sua lança era de mais de seis quilos e a haste era como a travessa do tecelão. Usava seis peças de armadura ao todo, sua altura era de 6 côvados e a ponta da lança pesava 600 siclos. Por conseguinte, o número seis está estampado nele como uma marca distintiva. Davi, por outro lado, tinha entre 16 e 17 anos de idade. Era tão magricela que, quando lhe vestiram a armadura, ele não conseguia se mexer. Assim, livrou-se dela e saiu para enfrentar Golias armado apenas de um cajado de pastor e de uma funda. Optou por cinco pedras, o que é significativo,[28] mas só precisou de uma para abater o gigante. Quando a pedra afundou na testa de Golias, ele nem se deu ao trabalho de sacar a própria espada, tal o seu desdém por esse adversário desprezível qual filhote de cão. E Davi sacou a espada de Golias e decepou-lhe a cabeça.

Essa vitória de Davi foi o início de sua ascensão rumo à previsível posição de rei de Israel.

Vamos agora avançar no tempo para observar mais algumas batalhas e conseguir indícios adicionais com relação aos descendentes de *Rapha*, que eram descendentes dos *Nephilim*. Primeiramente, vamos ao segundo livro de Samuel:

De novo, fizeram os filisteus guerra contra Israel. Desceu Davi com os seus homens, e pelejaram contra os filisteus, ficando Davi muito fatigado.

Isbi-Benobe descendia dos gigantes; o peso do bronze de sua lança era de trezentos siclos, e estava cingido de uma armadura nova; este intentou matar a Davi.

Porém, Abisai, filho de Zeruia, socorreu-o, feriu o filisteu e o matou; então, os homens de Davi lhe juraram, dizendo: "Nunca mais sairás conosco à peleja, para que não apagues a lâmpada de Israel."

Depois disso, houve ainda em Gobe outra peleja contra os filisteus; então, Sobocai, de Husa, matou Saf, que era descendente dos gigantes.

Houve ainda, em Gobe, outra peleja contra os filisteus; e Elanã, filho de Jaaré-Oregim, o belemita, feriu a Golias, o geteu, cuja lança tinha a haste como o cilindro de tear.

Houve ainda outra peleja; esta foi em Gate, onde estava um homem de grande estatura, que tinha em cada mão e em cada pé seis dedos, 24 ao todo; também este descendia dos gigantes.

Quando ele injuriava a Israel, Jônatas, filho de Sama, irmão de Davi, o feriu.

Estes quatro nasceram dos gigantes em Gate; e caíram pela mão de Davi e pela mão de seus homens.

2 Samuel 21:15-22

Esse registro é corroborado no primeiro Livro das Crônicas, que acrescenta algumas outras informações:

Depois disto, houve guerra em Gazer contra os filisteus; e Sobocai, o husatita, feriu a Safai que era descendente dos gigantes; e os filisteus foram subjugados.

Houve ainda outra guerra contra os filisteus; e Elanã, filho de Jair, feriu a Lami, irmão de Golias, o geteu ...

Houve ainda outra guerra em Gate; havia ali um homem de grande estatura, tinha 24 dedos, seis em cada mão e seis em cada pé; também era filho dos gigantes.

Quando ele injuriava a Israel, Jônatas, filho de Sama, irmão de Davi, o feriu.

Estes nasceram dos gigantes em Gate; e caíram pela mão de Davi e pela mão de seus homens.

1 Crônicas 20:4-8

Há outras passagens não citadas que mencionam os *rafaim*, outro ramo dos *Nephilim*. Mas acredito que suficientes indícios foram estabelecidos para nos dar uma ampla descrição da existência desses gigantes e das regiões que habitavam.[29]

Para concluir, vamos sintetizar os detalhes principais deste capítulo.

Vimos que um grupo de seres sobrenaturais, chamados *filhos de Deus*, tomaram mulheres humanas para esposas e geraram prole. O registro afirma que escolheram "esposas", o que sugere poligamia. Os filhos que produziram eram sobre-humanos em tamanho e caráter e eram monstros de iniquidade.

A primeira investida ocorreu antes do Dilúvio de Noé, que matou todas as coisas vivas na Terra, segundo o Gênesis. As palavras "e **também depois disso**" – isto é, depois do Dilúvio – nos dizem que houve uma segunda investida.

De modo que, desde o tempo de Abraão (1912 a.C.) até a entrada de Josué na Terra Prometida (1451 a.C.) e até o tempo de Davi (974 a.C.; ver Apêndice 1), havia muitos desses gigantes na Terra. É um período de quase mil anos. Mas a Terra que aqui descrevemos era chamada Canaã. Não há, em absoluto, razão para acreditar que esses *Nephilim* e seus ramos aparentados não tenham se deslocado e povoado outras áreas do mundo então conhecido. Na verdade, posteriormente neste trabalho, acredito que provaremos que isso realmente aconteceu.

Vimos que esses gigantes eram conhecidos por nomes diversos, como *rafaim*, derivado de um certo *Rapha*, um que se distinguiu dentre eles. Também *emim, horeus, zomzomim* e *avim*, bem como *enacim*. Os *rafaim*, evidentemente, estavam localizados em Asterote-Carnaim, ao passo que os *emim* estavam na planície de Cariataim (Gênesis 14:5).

Dos 12 espias enviados por Josué à Terra Prometida, dez tinham receio de invadi-la. O cacho de uvas que foi carregado por dois dos homens numa vara era tão pesado que sugere engenharia genética. Além disso, um dos gigantes morto posteriormente pelos homens de Davi tinha seis dedos em cada mão e em cada pé. Isso também não sugere modificação genética?

Golias de Gate tinha pouco mais de 4 metros de altura. Seu peso pode muito bem ter sido cerca de 270 quilos, ou talvez mais, dado que sua cota de malha pesava mais de 70 quilos!

Não esqueçamos Og, rei de Basã, cuja cama media 5,7 m de comprimento por 2,5 m de largura. Como você se sentiria se de manhã acordasse ao lado de um sujeito assim? A força de Og e a força do seu povo são percebidas nas 60 "cidades de gigantes de Basã", cujas ruínas existem ainda hoje. Uma descrição pormenorizada dessas cidades encontra-se em um livro escrito pelo dr. Josias Leslie Porter e que se intitula *Giant Cities of Bashan and Syria's Holy Places* (publicado em Londres em 1865).

O Dilúvio ocorreu no ano de 2348 a.C. Davi derrotou Golias em 974 a.C. Assim, por até 1.374 anos depois do Dilúvio, e até a época de Davi, esse povo de gigantes sobre-humanos perambulava pelo mundo. Mas e quanto àqueles que existiam antes do Dilúvio? O que sabemos sobre eles e o que podemos deduzir tanto da história quanto dos textos hebraicos?

5

ODISSEIA NO ESPAÇO

De acordo com o Livro de Gênesis (capítulo 6), os filhos de Deus tiveram relações com as filhas dos homens e geraram os *Nephilim*, os caídos que predominaram na Terra antes e depois do Dilúvio de Noé. Tanto os filhos de Deus, que engravidaram as mulheres, quanto sua prole eram extremamente maus, pois os versículos seguintes nos dizem:

> Viu o Senhor que a maldade do homem se havia multiplicado na Terra e que era continuamente mau todo desígnio do seu coração. Então, se arrependeu o Senhor de ter feito o homem na Terra e isso lhe pesou no coração.
> A Terra estava corrompida à vista de Deus e cheia de violência.
>
> *Gênesis: 6: 5,6,11*

A palavra hebraica que significa maldade é "*zimmah*", definida como *maldade meditada; tramada, planejada e intencional; finalidade iníqua ou lúbrica*; particularmente os pecados da lascívia.[30]

Em decorrência do casamento desses seres sobrenaturais com as mulheres e da influência de sua progênie, a população inteira do mundo conhecido de então, com exceção de Noé e sua família, tinha se corrompido irrecuperavelmente. A violência e a depravação moral cobriram o mundo todo.[31]

Mais à frente voltaremos com maiores detalhes ao tema desses seres sobrenaturais iníquos e seus atos imperdoáveis (pois o único objetivo do Dilúvio era destruir toda a humanidade). Mas primeiramente examinaremos os antecedentes desses filhos de Deus, quem eram eles e de onde vieram.

Procuremos mais uma vez os textos das Escrituras hebraicas e deixemos que as palavras pintem um retrato desses seres sobrenaturais que a maioria das pessoas conhece como "anjos". Será que a imagem evocada por essa palavra é a mesma que aquela que o texto das escrituras nos apresenta?

Um dos primeiros aparecimentos desses "homens" ocorre num encontro entre Abraão e três pessoas muito importantes em Gênesis 18:

> **Apareceu o Senhor a Abraão nos carvalhais de Manre, quando ele estava assentado à entrada da tenda, no maior calor do dia.**
> **Levantou ele os olhos, olhou, e eis que viu três homens de pé em frente dele. Vendo-os, correu da porta da tenda ao seu encontro, e prostrou-se em terra.**
> **E disse: "Senhor meu, se acho mercê em tua presença, rogo-te que não passes do teu servo;**
> **Traga-se um pouco de água, lavai os pés e repousai debaixo desta árvore;**
> **Trarei um bocado de pão; refazei as vossas forças, visto que chegastes até vosso servo; depois, seguireis avante." Responderam: "Faze como disseste."**
> **Apressou-se, pois, Abraão para a tenda de Sara e lhe disse: "Amassa depressa três medidas de flor de farinha e faze pão assado ao borralho."**
> **Abraão, por sua vez, correu ao gado, tomou um novilho tenro e bom, e deu-o ao criado, que se apressou em prepará-lo.**
> **Tomou também coalhada e leite e o novilho que mandara preparar e pôs tudo diante deles; e permaneceu de pé junto a eles debaixo da árvore; e eles comeram.**
>
> *Gênesis 18:1-8*

Aqui vemos Abraão oferecendo a característica hospitalidade oriental. Ao ver os três homens ele os compeliu a lavar os pés e a comer e beber. Depois, de conformidade com a cultura oriental, ele os serviu e ficou à disposição deles, mas não comeu com eles. Mas o detalhe mais espantoso desse registro é que os três homens com quem falou e a cuja subsistência proveu, eram ninguém menos que o próprio Senhor (Iahweh) e dois de seus auxiliares principais.[32]

Esses três indivíduos são descritos como "homens". Além disso, sentaram-se à sombra, lavaram seus pés, e degustaram uma boa refeição de vitela com pão e coalhada e regaram tudo com leite fresco! Podemos pressupor que esses homens usavam roupas e aparentavam ser, mais ou menos, pessoas normais.

A lição que isso nos ensina é que Iahweh parece-se com um homem. Ou, para inverter as coisas, os homens se parecem com Iahweh. Em Gênesis 1:26 durante a criação, lemos: "**Façamos o homem à nossa imagem, conforme a nossa semelhança.**" Isso nos informa que a nossa "imagem" e "semelhança" é modelada nessa pessoa chamada Elohim, mais frequentemente chamada de Iahweh ou Jeovah no idioma hebraico.[33] (Ver também Gênesis 1:27; 5:1-3; 9:6; Tiago 3:9.)

Muitos creem que Deus, sendo espírito, não tem forma. Mas assim como aludimos aos anjos como "espíritos ministrantes", eles sempre são chamados de "homens" e aparecem como "homens".

Nessa passagem, a palavra hebraica que designa Senhor é Jeovah; e, no decorrer do capítulo, Jeovah aparece não menos do que 12 vezes. De maneira que um dos homens que Abraão recebeu e com quem depois teve um debate, era o próprio Jeovah.

Depois que os três terminaram a refeição, prosseguiram em sua jornada para Sodoma. Abraão teve um debate um tanto enérgico com o Senhor e esforçou-se para fazer um trato com ele. Os outros dois homens, contudo, prosseguiram sós na jornada. A passagem abaixo nos conta mais:

> **Ao anoitecer, vieram os dois anjos (hebraico: *malak*; agentes; enviados, mensageiros) a Sodoma, a cuja porta estava Ló assentado; este, quando os viu, levantou-se e, indo ao seu encontro, prostrou-se, rosto em terra.**
>
> **E disse-lhes: "Eis agora, meus senhores, vinde para a casa de vosso servo, pernoitai nela e lavai os pés, levantar-vos-eis de madrugada e seguireis o vosso caminho." Responderam eles: "Não; passaremos a noite na praça."**

Instou-lhes muito, e foram e entraram em casa dele; deu-lhes um banquete, fez assar uns pães asmos, e eles comeram.

Mas, antes que se deitassem, os homens daquela cidade cercaram a casa, os homens de Sodoma, assim os moços como os velhos, sim, todo o povo de todos os lados;

e chamaram por Ló e lhe disseram: "Onde estão os homens que, à noitinha, entraram em tua casa? Traze-os fora a nós para que os conheçamos."

Gênesis. 19:1-5

Por meio desse relato percebemos mais uma vez que esses dois "mensageiros" foram confundidos com homens comuns. Primeiramente, Ló os vê e lhes oferece sua hospitalidade. A princípio eles a recusam. Depois aceitam o convite para comer e dormir. Esses homens, ainda que seres sobrenaturais que não habitam a Terra, obviamente têm bom apetite, pois, pela segunda vez naquele dia, aceitaram uma lauta refeição.

A entrada deles na casa de Ló não passa despercebida aos outros habitantes de Sodoma, já que todos se reúnem em volta da morada de Ló e insistem em ver os dois homens a fim de que possam "conhecê-los". O que nos diz que esses dois anjos, exceto pelo fato de aparentarem ser homens, devem ter sido indivíduos extremamente bem-apessoados por terem chamado a atenção de praticamente todas as pessoas da cidade!

Em vários outros locais do Antigo Testamento, verificamos que esses "homens" ou "mensageiros" são criados seres sobrenaturais e que eles existiram muito além da criação deste mundo atual como o conhecemos. No Salmo 148:5, lemos o seguinte a respeito de anjos:

Louvem o nome do Senhor,
pois mandou ele, e foram criados.

E no Salmo 104:4:

Fazes a teus anjos ventos
e a teus ministros, labaredas de fogo.

Em *Jó*, Iahweh está debatendo a criação do mundo e diz, a respeito de anjos:

Quando as estrelas da alva, juntas, alegremente cantavam e rejubilavam todos os filhos de Deus?

Livro de Jó 38:7

Como comentamos anteriormente, os "filhos de Deus" são anjos criados seres sobrenaturais. Mas, como já vimos, eles podem apresentar-se como homens e parecer, comer, beber e falar exatamente como seres humanos. Observe-se também que o versículo acima alude aos filhos de Deus na expressão *"as estrelas da alva, juntas, cantavam"*. Isso se tornará relevante mais tarde, quando examinarmos o significado astronômico de seres sobrenaturais e o alinhamento de certas construções com agrupamentos de estrelas e outras considerações referentes ao Zodíaco.

Com o intuito de ressaltar que esses mensageiros, ou agentes, são homens, eu gostaria de apresentar mais alguns relatos. Do Livro de Daniel citamos os nomes de duas das principais entidades das hostes de Iahweh:

Falava eu, digo, falava ainda na oração, quando o homem Gabriel, que eu tinha observado na minha visão ao princípio, veio rapidamente voando, e me tocou à hora do sacrifício da tarde.
Ele queria instruir-me, falou comigo e disse: "Daniel, agora, saí para fazer-te entender o sentido."

Livro de Daniel 9:21,22

Nessa passagem verificamos que esses agentes têm nomes e podem voar, ou seja, mover-se rapidamente. Como espíritos, não estão sujeitos às leis da física como nós. O nome desse mensageiro é Gabriel. Sua tarefa principal é levar mensagens, como ele o faz em muitos lugares, principalmente no Novo Testamento. Geralmente ele é acompanhado de outro mensageiro chamado Miguel. A função deste parece ser cuidar da segurança da missão, como podemos depreender do seguinte trecho:

No dia 24 do primeiro mês, estando eu (Daniel) à borda do grande rio Tigre, levantei os olhos, e olhei, e eis um homem vestido de linho, cujos ombros estavam cingidos de ouro puro de Ufaz;
O seu corpo era como o berilo, o seu rosto, como um relâmpago,

os seus olhos, como tochas de fogo, os seus braços e os seus pés brilhavam como bronze polido; e a voz das suas palavras era como o estrondo de muita gente.

Então, me disse: "Não temas, Daniel, porque, desde o primeiro dia em que aplicaste o coração a compreender e a humilhar-te perante o teu Deus, foram ouvidas as tuas palavras...

Mas o príncipe do reino da Pérsia me resistiu durante vinte e um dias; porém Miguel, um dos primeiros príncipes, veio para ajudar-me; e eu obtive vitória sobre os reis da Pérsia."

Livro de Daniel 10:4-6; 11-13

Esse homem, que ainda é Gabriel, aqui aparece em trajes que não são propriamente comuns, mas vestindo uma linda roupagem. E reitera que foi "enviado" para informar Daniel relativamente a fatos que deverão acontecer no futuro. Mas algo incomum acontece. Ele diz a Daniel que, em seu trajeto, foi obstruído por um *"príncipe da Pérsia"*, que o deteve durante 21 dias. Aparentemente, esse *príncipe da Pérsia* é outro ser sobrenatural, mas maligno. Então Miguel, o assistente militar, teve de vir em auxílio de Gabriel e eliminar esse agente maléfico para permitir que Gabriel realizasse sua missão.

Isso propicia uma introvisão interessante no reino do mundo espiritual. Gabriel é um homem enviado numa missão para levar informações a outro homem, Daniel. É emboscado por um anjo maligno obviamente poderoso chamado de *"príncipe da Pérsia"*. Contudo, outro ser celestial, um militar com o nome de Miguel vem em auxílio de Gabriel e desobstrui o caminho para ele prosseguir em sua missão e entregar sua mensagem.

Todas as personalidades implicadas nessa saga são homens. Não são homens de carne e osso, humanos como nós. Mas seres sobrenaturais. Homens de uma natureza diferente, mas, ainda assim, homens. Sendo seres sobrenaturais podem viajar mais rápido do que a velocidade da luz e deslocam-se entre a Terra e sua morada celestial onde quer que esta se localize.

Agora avançamos para o futuro, para a época dos Evangelhos e damos uma rápida olhada nas aparências desses homens nos dias do Messias e posteriormente.

No primeiro capítulo do Evangelho de São Lucas, lemos a história do nascimento de João Batista, que nasceu de uma mãe até então estéril, Isabel, e de seu marido sacerdote, Zacarias. Enquanto ele cumpria seus deveres sacerdotais, um dia, um anjo (do grego: *aggelos*: *"mensageiro"* ou *"enviado"*) apareceu para ele:

> **Ora, aconteceu que, exercendo ele diante de Deus o sacerdócio na ordem do seu turno...**
> **E eis que lhe apareceu um anjo do Senhor, em pé, à direita do altar do incenso.**
> **Respondeu-lhe o anjo: "Eu sou Gabriel, que assisto diante de Deus, e fui enviado para falar-te e trazer-te estas boas-novas."**
>
> *Lucas 1:8,11,19*

Mais tarde nesse capítulo, esse mesmo homem, Gabriel, aparece para Maria e lhe diz que em breve ela dará à luz o Messias. A essa ocasião, Maria era provavelmente uma menina que teria entre 14 e 18 anos de idade. Mas o que ela e Zacarias viram foi um homem que começou a conversar com eles da mesma maneira que tinha feito com Daniel no relato anterior.

Vamos agora mais ou menos 33 anos para o futuro, para a época da morte do Messias. Algumas das mulheres voltaram ao túmulo, onde o corpo dele havia sido sepultado, para embalsamá-lo.

> **Mas, no primeiro dia da semana, alta madrugada, foram elas ao túmulo, levando os aromas que haviam preparado.**
> **E encontraram a pedra removida do sepulcro.**
> **Aconteceu que, perplexas a esse respeito, apareceram-lhes dois varões com vestes resplandecentes.**
>
> *Lucas 24: 1,2,4*

Esses dois seres tiveram uma conversa com o grupo de mulheres que tinham ido embalsamar o corpo do Messias. Em todos os outros Evangelhos existe um relato semelhante. As pessoas chegam ao túmulo e o encontram vazio. Mas deparam com dois homens vestidos de branco que lhes divulgam certas informações. Um novo salto de mais alguns anos nos leva ao relato das atividades dos seguidores originais do Messias, que agora são chamados de "cristãos". Vemos que há numerosas narrativas desses homens sobrenaturais que aparecem aos discípulos para orientá-los ou auxiliá-los em situações difíceis. Esses mensageiros são sempre descritos como homens.

Conclusão

Em todo o texto do Antigo e do Novo Testamento ocorrem quase 300 referências a esses seres celestiais. São sempre descritos como homens. Às vezes são equivocadamente tomados por seres humanos comuns. Esses homens comiam e bebiam de vez em quando e geralmente vestiam roupa branca reluzente. Às vezes aparecem em pares. Gabriel é aquele que é enviado para transmitir mensagens e geralmente vem acompanhado de outro ser que em algumas ocasiões é chamado Miguel. Ao que parece, esse segundo cavalheiro é enviado como segurança de Gabriel. Aquilo que hoje em dia chamaríamos de guarda-costas. Também ficamos sabendo que esses entes já existiam muito antes de o mundo, como o conhecemos hoje, se formar. São criados homens-espírito, em oposição a seres humanos.

Será então que as Escrituras descrevem um outro mundo no qual existe uma forma diferente de vida, possivelmente superior em inteligência e poder ao nosso mundo? Sim, realmente. Trata-se de homens que se assemelham a nós e sua morada é um lugar chamado "Céu," que parece estar a uma boa distância do nosso planeta. Serão benevolentes em relação à humanidade e interessados em nos ajudar em nossos tempos de provações? A resposta é afirmativa. Então o líder desse grupo celestial tem boa vontade para com a humanidade? Sim. Seu nome é Iahweh, embora algumas vezes seja chamado de Elohim e ele seguramente parece querer ajudar a humanidade. Então não existem anjos malignos que desejam prejudicar à humanidade e nos fazer mal? Bem, de fato existem, mas até aqui só estivemos falando dos bons. O que há para contar com referência aos maus? É o que veremos a seguir.

Não negligencieis a hospitalidade, pois alguns, praticando-a, sem o saber acolheram anjos.

Epístolas aos Hebreus 13:2

Os *"filhos de Deus"* que se casaram com as *"filhas dos homens"* geraram filhos que foram chamados *Nephilim,* cujo significado é *"os caídos".* Eles receberam esse nome por serem anjos caídos. Eram parte de um grupo de seres sobrenaturais que, ao que somos informados, rebelaram-se contra Iahweh e tentaram usurpar o trono dele. Seguiu-se uma batalha e esses seres maus e caídos foram despedidos, por assim dizer, e expulsos da presença de Iahweh.

O líder dessa rebelião recebeu vários nomes. Mas um de seus nomes originais era Lúcifer, que significa "aquele que brilha" ou "estrela da manhã". A seguir olharemos os antecedentes desse ser sobrenatural específico e sua hoste. Depois disso, estaremos mais aptos a entender a situação que existiu durante várias centenas de anos anteriormente à época de Noé.

6

POTENTADO CELESTE

Antes do início do tempo, num reino celeste governado por Iahweh, havia uma multidão incontável de seres espirituais conhecidos como "Filhos de Deus". Lúcifer era uma das estrelas mais brilhantes dessa congregação angélica. Era pleno de sabedoria, conhecimento e beleza. O Livro de Ezequiel conta-nos algo de sua glória passada no capítulo 28, onde ele é chamado "rei de Tiro":

> Veio a mim a palavra do Senhor, dizendo:
> Filho do homem, levanta uma lamentação contra o rei de Tiro e dize-lhe: Assim diz o Senhor Deus: "Tu és o sinete da perfeição, cheio de sabedoria e formosura.
> Estavas no Éden, jardim de Deus; de todas as pedras preciosas te cobrias: o sárdio, o topázio, o diamante, o berilo, o ônix, o jaspe, a safira, a esmeralda; de ouro se te fizeram os engastes e os ornamentos; no dia em que foste criado, foram eles preparados.
> Tu eras querubim da guarda ungido e te estabeleci; permanecias no monte santo de Deus, no brilho das pedras andavas.
> Perfeito eras nos teus caminhos, desde o dia em que foste criado até que se achou iniquidade em ti.
> Na multiplicação do teu comércio, se encheu o teu interior de violência, e pecaste; pelo que te lançarei, profanado, fora do monte de Deus e te farei perecer, ó querubim da guarda, em meio ao brilho das pedras.
> Elevou-se o teu coração por causa da tua formosura, corrompeste

a tua sabedoria por causa do teu resplendor; lancei-te por Terra, diante dos reis pus, para que te contemplassem."

Ezequiel 28:11-17

Não nos esqueçamos de que essa pessoa é um homem, um filho de Deus ou anjo, um ser sobrenatural que foi criado por Iahweh e recebeu uma tarefa especial. Mas por causa do seu orgulho arrogante, ele tropeçou e caiu, tornando-se um anjo caído. O Livro de Isaías nos proporciona mais informações a respeito dos antecedentes desse ente.

Como caíste do Céu, ó Estrela da Manhã (hebraico: *Lúcifer*), filho da alva! Como foste lançado por Terra, tu que debilitavas as nações!
Tu dizias no teu coração: "Eu subirei ao Céu; acima das estrelas de Deus exaltarei o meu trono e no monte da congregação me assentarei, nas extremidades do Norte; subirei acima das mais altas nuvens e serei semelhante ao Altíssimo."

Isaías 14: 12-14

Observem que o nome Lúcifer significa *estrela da manhã*[34] e também que ele disse no seu coração que exaltaria o seu trono acima das "**estrelas de Deus**". Isso deixa claro que a estrela da manhã, Vênus, assim foi batizada em atenção a Lúcifer (ou vice-versa). Também está claro – e examinaremos outras passagens para esclarecer esse detalhe – que os anjos de Deus são chamados de "estrelas", e que aparentemente recebem seus nomes em homenagem a certas estrelas e planetas. Isso se tornará importante à medida que considerarmos as relações das pirâmides e de outros monumentos antigos com os movimentos de certas estrelas e constelações.

A maior proeza que o diabo já aprontou foi convencer o mundo de que ele não existe. Foi o que disse Kaiser Solsa no grande filme *Os Suspeitos*. No processo de assimilar informações relativamente ao líder dos caídos "filhos de Deus", nós o encontramos mencionado pela primeira vez com alguns pormenores já no terceiro capítulo do Livro de Gênesis. Em nenhum outro lugar, tanto quanto ocorre aqui, esse esquivo homem-espírito encobriu seus vestígios e camuflou sua existência num labirinto de fábula e conto de fadas. Pois aqui temos a história da Queda do Homem. Mas não há referência à "maçã", nem à "serpente". Contudo, menciona-se uma "serpente" e a Árvore do Conhecimento do Bem e do Mal.

Depois de criar Adão do pó da Terra, Iahweh decretou algumas regras de procedimento.

> **E o Senhor Deus lhe deu esta ordem: "De toda árvore do jardim comerás livremente.**
> **Mas da Árvore do Conhecimento do Bem e do Mal não comerás; porque, no dia em que dela comeres, certamente morrerás."**
>
> *Gênesis, 2: 16,17*

Isso parece ser uma declaração bem definida e direta. Se você comer desta árvore específica (não há menção de maçãs), você certamente morrerá. Agora, pela primeira vez aparece a "serpente".

> **Mas a serpente (hebraico: *Nachash*), mais sagaz (*astuta*) que todos os animais selvágicos que o Senhor tinha feito, disse à mulher: "É assim que Deus disse, não comereis de toda árvore do jardim?"**
> **Respondeu-lhe a mulher (à serpente, *Nachash*): "Do fruto das árvores do jardim podemos comer, mas do fruto da árvore que está no meio do jardim, disse Deus, dele não comereis, nem tocareis nele, para que não morrais."**
> **Então, a serpente (*Nachash*) disse à mulher: "É certo que não morrereis.**
> **Pois Deus sabe que no dia em que dele comerdes se vos abrirão os olhos e, como Deus, sereis conhecedores do bem e do mal."**
> **Vendo a mulher que a árvore era boa para se comer, agradável aos olhos e árvore desejável para dar entendimento, tomou-lhe do fruto e comeu e deu também ao marido, e ele comeu.**
> **Abriram-se, então, os olhos de ambos; e, perceberam que estavam nus, coseram folhas de figueira e fizeram cintas para si.**
>
> *Gênesis, 3:1-7*

A palavra serpente corresponde à palavra hebraica *nachash* e exige um exame mais minucioso a fim de nos proporcionar melhor entendimento do seu significado. As figuras de linguagem são empregadas amplamente no texto do Antigo e do Novo Testamento. Uma figura de linguagem é sempre empregada para chamar a atenção e intensificar a *realidade do sentido literal* e a veracidade do fato relatado. De maneira que, embora as palavras utilizadas na figura de linguagem possam não ser verdadeiras ao pé da letra, são tanto mais fiéis à verdade que expressam. Nas Escrituras, por exemplo, Herodes é chamado de "raposa", Nero de "leão", e Judá de "filhote de leão". Figuras de linguagem, todas essas. Assim, quando Satã é chamado de *serpente,* a palavra não equivale a serpente, assim como "raposa", no caso de Herodes, também não se refere a esse animal. Quando a palavra *serpente* é usada, tem o objetivo de expressar a verdade com maior impacto, e tem a intenção de ser algo bem mais real do que a forma da palavra.

Muitas vezes alude-se ao Messias como *"Cordeiro de Deus".* Todos sabemos que é uma figura de linguagem, assim como quando Satã é chamado de *serpente*; não se refere a uma serpente literalmente.

A palavra hebraica *nachash* significa *sibilar, murmurar, sussurrar* (como o fazem os encantadores). Também significa *ser brilhante.* Às vezes *nachash* pode ser traduzida por *serpente flamejante.* Na passagem anterior que citamos, vimos que Lúcifer foi um ser celestial nobre, pleno de sabedoria e beleza. *Nachash* é semelhantemente empregado para indicar um ser sobrenatural glorioso.[35]

No Novo Testamento, lemos que Eva foi enganada pela serpente de quem se diz ser um "**anjo (mensageiro) da luz**" (2 Coríntios 11:3). Assim, em todos esses indícios, temos a palavra *serpente* com o significado de espírito sobrenatural glorioso, de aspecto, conhecimento e sabedoria superiores, belo e fascinante, com a habilidade de enfeitiçar e seduzir. Foi para esse anjo de resplandecente fulgor que Eva deu tanta consideração e foi com quem manteve um diálogo. Não foi com uma simples serpente.

Vale a pena observar que, ao descrever a queda de Lúcifer em Isaías 14, o texto refere-se a ele como sendo um "homem", da mesma maneira como Gabriel e Miguel também são sempre tratados.

É este o homem que fazia estremecer a terra e tremer os reinos? Que punha o mundo como um deserto...?

Livro de Isaías 14:16,17

Lemos que seu coração se exaltou por causa de sua beleza. E o Senhor disse: "**Corrompeste a tua sabedoria por causa do teu resplendor.**" Como resultado dessa corrupção, o Senhor disse: "**Lancei-te por terra, diante dos reis te pus, para que te contemplem**" (*Ezequiel 28:17*).

Dizem-nos que a serpente era "**mais sutil que quaisquer dos animais do campo**". *Sutil* significa *sábio* ou *astuto*. Em hebraico, animal é *chay*, que significa *"ser vivo"*. Portanto, a serpente era mais sábia do que qualquer outro ser vivo criado por Elohim.[36]

A ideia de Eva manter um diálogo com uma serpente é algo difícil de compreender. Mas podemos ser sensíveis ao fato de ela ficar encantada e seduzida por um ser sobrenatural que apareceu como um anjo de luz, uma personagem gloriosa cheia de esplendor e possuidora de conhecimento e sabedoria sobrenaturais. Essa é a serpente de Gênesis 3 e a figura de linguagem é empregada para dar ênfase à verdade e à realidade da situação. Digno de nota, também, é que a palavra *nachash* (*serpente*) é frequentemente traduzida por *encantar, fascinar, enfeitiçar* em muitas outras circunstâncias no Antigo Testamento.

Muitos acreditam que a serpente de Gênesis 3 é exatamente isto: uma serpente. Eu gostaria de citar um estudo profundo sobre este tema que consta do Apêndice 19 de *The Companion Bible*, de autoria de E. W. Bullinger. A maioria dos especialistas bíblicos reconhece Bullinger como um dos mais respeitáveis e eruditos de todos os estudiosos da Bíblia. Ele era fluente em grego, hebraico, aramaico, latim e outras línguas e a amplitude de trabalho a que ele se dedicou no campo das Escrituras não tem paralelo. Bullinger afirma que a serpente é uma figura de linguagem que se refere a Satã.

Voltando ao núcleo do encontro entre Lúcifer e Eva, notamos que o versículo seguinte, depois que o homem e a mulher partilham do fruto proibido, diz que os olhos de Adão e Eva se abriram e perceberam que estavam nus. Isso é conhecido como a "Queda do Homem".

Mais tarde, fizeram trajes de folhas de figo para esconder sua nudez. E quando ouviram os passos de Iahweh no jardim, os dois ocultaram-se. E Iahweh confronta Adão e Eva e Lúcifer. E ao denunciar suas ações, Ele profere a primeira profecia do Messias e a da futura sina da serpente. Nesse único versículo resumimos a história da queda do homem e de sua redenção, abarcando toda a história, desde os primeiros dias de Gênesis até a futura extinção e destruição da serpente nas partes posteriores do Apocalipse. Esse versículo também inclui referência à morte do futuro Messias e esboça as configurações astronômicas que dominariam a história celestial. Trata-se do versículo 15, capítulo 3 do Gênesis:

> **"Porei uma hostilidade entre ti (Serpente: *Lúcifer*) e a mulher, entre a tua linhagem e a linhagem dela. Ela te esmagará a cabeça, e tu lhe ferirás o calcanhar."**
>
> *Gênesis 3:15*

Esse versículo é a primeira grande promessa e profecia e é também uma figura de linguagem. A descendência da mulher, aqui, refere-se ao Messias vindouro. Falando à serpente (*Lúcifer*), Iahweh diz: *"tu lhes ferirá o calcanhar"* – isto é, por algum tempo farás mal ao Messias, o descendente da mulher, referindo-se à Crucificação. Mas, ao fim e ao cabo, o Messias *"esmagaria a tua (de Lúcifer) cabeça"*, o que significa que a vitória final seria conquistada em algum tempo futuro, quando a serpente seria inteiramente destruída pelo descendente da mulher. Assim, a figura de linguagem refere-se a um ferimento de pouca importância de uma pequena parte do corpo (o calcanhar) de uma maneira superficial. Em contraste, porém, aquele mesmo calcanhar esmagaria a cabeça da serpente, a parte mais importante do ser, visto que contém o cérebro, o entendimento e o centro de controle do corpo inteiro. Portanto, a figura de linguagem mais uma vez está realçando a verdade e a realidade daquilo que é dito.

A esta altura, ainda não estamos inteiramente preparados para sair à procura das implicações astronômicas dessa e de outras passagens. Mas podemos perceber que "o descendente da mulher" aqui refere-se à virgem que no futuro daria à luz o Messias. Assim, a virgem está no signo zodiacal de *Virgem*. Seu descendente, cujo calcanhar seria ferido pela serpente é o Messias prometido e o signo é *Leão*. E a serpente que feriria o calcanhar do Messias, mas cuja cabeça seria esmagada na peleja final, está representada no signo de *Escorpião*.

Mas, ouço o leitor dizer, a história de Adão e Eva não passa de uma fábula. E que dizer do homem pré-histórico e dos dinossauros e fósseis e dos bilhões de anos da Terra? Posso assegurar que de modo algum há contradição entre o homem pré-histórico e a pré-história e os primeiros capítulos do Livro de Gênesis, mas é uma discussão que ficará para outra ocasião. Por ora, continuemos com nosso relato sobre esse ser sobrenatural angélico tão cheio de esplendor e sabedoria e conhecimento – esse supremamente sublime e poderosíssimo ser sobrenatural entre todos já criados por Iahweh, o Deus Altíssimo. Nunca a sabedoria da serpente foi empregada de maneira mais astuciosa do que nessa ocasião propícia visando à aceitação universal da história tradicional de uma "*serpente*" e uma "*maçã*", impedindo-nos de perceber a verdadeira identidade da sagaz e sutil serpente, Satã. A maior artimanha que o diabo já aprontou foi convencer o mundo de que ele não existe.

7

O PORTÃO DAS ESTRELAS

A Grande Pirâmide de Gizé, os templos do Egito e os grandes monumentos do México, do Peru e do Camboja têm todos uma coisa em comum: são alinhados com as estrelas.

De onde seus construtores receberam essa informação astronômica? E por que seus arquitetos estavam aparentemente obcecados pelos corpos celestes e suas posições? É crença geral que os antigos egípcios e outras culturas possuíam tal conhecimento e construíram esses grandes monumentos. Mas sugerir que a tecnologia e o conhecimento matemático mais a capacidade física para construir esses edifícios saíram da cabeça de pessoas simples que viviam em algum lugar do deserto está além da lógica e das probabilidades. Dar crédito a tal ideia seria o mesmo que convencer-se de que se você der uma chave de fenda a um chimpanzé ele seria capaz de construir um aparelho de televisão. Contudo, essas estruturas antigas parecem ter simplesmente surgido do nada numa época em que o homem supostamente encontrava-se em algum ponto entre a idade da pedra e a idade do ferro. A maioria dos estudiosos afirma que a Grande Pirâmide foi construída por Khufu, conhecido pelos gregos como Quéops. Mas se ela foi construída durante o reino de Khufu, que abarcou 23 anos e utilizou dois milhões de blocos, o término do trabalho exigiria que a cada cinco minutos um bloco fosse assentado no lugar.[37]

Referimo-nos superficialmente às relações cósmicas dos homens chamados de "agentes" ou "mensageiros" nos antigos textos hebraicos, a quem chamamos de "anjos". Examinemos agora mais atentamente muitas das Escrituras que se referem aos astros e seu relacionamento com esses homens-espírito.

Já vimos que na Versão Autorizada da Bíblia do Rei James, Isaías 14:12 é assim traduzido:

Como caíste do céu, ó Lúcifer, filho da alva.

Mas na Nova Versão Internacional este mesmo versículo é traduzido:

Como você caiu dos céus, ó estrela da manhã, filho da alvorada!

Percebemos aqui uma clara conexão entre essa pessoa de quem se fala (Lúcifer) e a estrela da manhã, Vênus. É a estrela brilhante que pode ser vista no leste ao amanhecer quando as outras estrelas já desapareceram do céu. Assim, esse ser leva o nome da estrela da manhã e está relacionado com ela.

A distinção aparece novamente em Jó 38:4-7, onde todos os seres celestes estão emparelhados com estrelas:

"Onde estavas tu quando eu lançava os fundamentos da terra? Dize-mo, se tens entendimento.
Quem lhe pôs as medidas, se é que o sabes.
Ou quem estendeu sobre ela o cordel?
Sobre que estão fundadas as suas bases, ou quem lhe assentou a pedra angular,
quando as estrelas da alva, juntas, alegremente cantavam e rejubilavam todos os filhos de Deus?"

Na Nova Versão Internacional da Bíblia a última expressão "...filhos de Deus?" é traduzida por: "os anjos?" Mais uma vez vemos que esses "filhos de Deus" são os anjos e são chamados de "estrelas". Isso está demonstrado em muitos lugares em todo o texto das Escrituras. No Apocalipse, por exemplo, somos informados de que quando Satã foi expulso do Céu, levou consigo um terço das "estrelas".

Viu-se, também, outro sinal no Céu, e eis um dragão, grande e vermelho, com sete cabeças, dez chifres e, nas cabeças, sete diademas.

A sua cauda arrastava a terça parte das estrelas do Céu, as quais lançou para a Terra...

Apocalipse 12:3,4

Se houver dúvida quanto à identidade do dragão e das estrelas, o versículo 7 nos esclarece:

Houve então uma batalha no Céu: Miguel e os seus anjos guerrearam contra o dragão. O dragão batalhou, juntamente com seus anjos, mas foi derrotado.
E foi expulso o grande dragão, a antiga serpente, que se chama Diabo ou Satanás, o sedutor de todo o mundo, sim, foi atirado para a Terra e, com ele, os seus anjos.

Apocalipse 12:7,9

Isso nos leva a perceber gradualmente que quando a "estrela da manhã", aquele superlativamente sublime ser sobrenatural, decidiu rebelar-se, convenceu um terço das outras estrelas do céu a juntar-se a ele. Assim, um terço dos "filhos de Deus", criados homens-espírito, tomaram uma decisão eterna e irrevogável: juntar-se a Lúcifer em sua tentativa de usurpar o trono de Iahweh. Mas o golpe fracassou e eles foram expulsos do Céu. E, em consequência, esses outrora santos servos de Iahweh tornaram-se diabolicamente hostis a Ele.

No primeiro capítulo do Apocalipse temos uma descrição do Filho do Homem, visto ali com sete estrelas em sua mão direita. Mais à frente, no versículo 20, lemos:

As sete estrelas são os anjos das sete igrejas.

O capítulo 9 do mesmo livro fala-nos de outra "estrela" em ação:

O quinto anjo tocou a trombeta e vi uma estrela caída do céu na Terra: e foi-lhe [isto é, a essa "estrela", "anjo"] dada a chave do poço do abismo.
Ela abriu o poço do abismo...

Apocalipse 9:1,2

Devido ao fato de serem espíritos, podem ficar invisíveis. Pois não é possível vermos seres sobrenaturais a menos que assumam forma e substância, o que realmente acontece em muitas passagens das Escrituras. Porém, o fato de não podermos vê-los não significa que não existam.

Pelo que foi dito acima, é evidente que os "filhos de Deus" originais foram criados antes da fundação do mundo. Fica claro, também, que essas entidades foram partícipes da criação do universo, pois lemos que, ao término da construção do mundo, as "estrelas da alva, juntas, alegremente cantavam, e rejubilavam todos os 'filhos de Deus'", *Jó 38:7*.

Aparentemente, esses "filhos de Deus" estão relacionados com as estrelas reais, pois são chamados de "estrelas" e Lúcifer significa "estrela da manhã". Talvez cada um dos anjos tenha uma estrela e seja assim chamado uma vez que Iahweh numerou as estrelas e lhes deu nomes:

Ele conta o número das estrelas,
e chama cada uma pelo nome.

Salmo 147:4

Já demonstramos a existência de um elo muito claro entre as estrelas e os homens-espírito chamados anjos. Mas por que a obsessão pelas constelações do Zodíaco? Para descobrir por que essas figuras astronômicas aparecem em tantos dos monumentos e templos antigos, temos que voltar ainda uma vez aos mais antigos textos hebraicos e juntar as informações que conseguirmos sobre as estrelas.

8

TESTEMUNHA DAS ESTRELAS

Moisés escreveu os cinco primeiros livros do Antigo Testamento, conhecidos como Pentateuco, por volta de 1490 a.C. Assim, durante 2.500 anos antes disso (ver Apêndice), não houve relato escrito da história da queda do homem, seus percalços nesse ínterim e sua redenção final. Não teria Iahweh deixado pista ou testemunho de Seus planos para a humanidade durante esses anos intermediários, ou teria Ele empregado outros meios para comunicar seu projeto às gerações?

A resposta está contida no primeiro capítulo do Gênesis.

Deus disse: "Que haja luzeiros no firmamento do céu para separar o dia da noite; que eles sirvam de sinais, tanto para as festas quanto para os dias e anos.

Que sejam luzeiros no firmamento do céu, para iluminar a Terra."
E assim se fez.

Deus fez os dois luzeiros maiores: o grande luzeiro para governar o dia e o pequeno luzeiro para governar a noite, e as estrelas.

Gênesis 1:14-16

A palavra sinal provém da raiz hebraica *aveh* que significa "marcar". Assim, as estrelas servem para marcar ou querer dizer a alguém ou alguma coisa que venha. Então, à primeira menção dos corpos celestes somos informados de que uma de suas funções é marcar ou querer dizer a alguém ou a alguma coisa especial que venha.[38]

Já vimos que todas as estrelas receberam nomes e números de Iahweh (Salmo 147:4). A maioria desses nomes se perdeu, mas mais de 100 deles foram preservados através dos séculos nas línguas semíticas. Originalmente, todos esses nomes e seus significados teriam sido conhecidos dos patriarcas de antigamente e transmitidos verbalmente à geração seguinte. Josefo nos assegura que a astronomia bíblica foi transmitida por meio de Adão, Set e Enoque, e dessa maneira, à posteridade.[39]

O salmo 19:1-6 fornece mais informações sobre as estrelas:

Os céus proclamam a glória de Deus, e o firmamento anuncia as obras das suas mãos.
Um dia discursa a outro dia.
E uma noite revela conhecimento a outra noite.
Não há linguagem, nem há palavras, e deles não se ouve nenhum som.
No entanto, por toda a Terra se faz ouvir a sua voz,
E as suas palavras, até aos confins do mundo.
Aí, pôs uma tenda para o sol,
que sai dos meus aposentos, se regozija
como herói, a percorrer o Seu caminho.
Principia numa extremidade dos seus céus, e até à outra vai o seu percurso.
E nada refoge ao seu calor.

Salmo 19:1-6

Uma análise cuidadosa dessa passagem mostra que as estrelas em sua trajetória realizam quatro coisas: elas prenunciam, dão conhecimento, ressaltam a glória de Iahweh e manifestam Seus objetivos.

É o posicionamento e o ato de dar nomes às estrelas que nos dá esse conhecimento e profecia relativos "àquele" que vai chegar e a acontecimentos especiais que deverão ocorrer. Esses agrupamentos de estrelas são conhecidos como o Zodíaco, que significa *graus* ou *degraus*, e assinalam as etapas do curso do Sol nos céus, que corresponde aos 12 meses do ano. Aqui só poderemos dar uma breve explanação de astronomia bíblica e seu significado. (Para estudos suplementares, indico ao leitor as fontes relacionadas no final deste volume.)[40]

Qual é, então, o acontecimento especial ou o indivíduo especial que esses sinais deveriam indicar na revelação estelar? Já falamos disso num capítulo anterior, mas agora temos de voltar ao tema. Ao confrontar a serpente e Adão e Eva, o Senhor disse:

Porei inimizade entre ti (*serpente*) e a mulher,
entre a tua descendência e a descendência dela.
Ela te esmagará a cabeça, e tu lhe ferirás o calcanhar.

Gênesis 3:15

Essa é a primeira profecia e a promessa da vinda do Messias, o descendente da mulher. O calcanhar do Messias seria ferido pela serpente. Mas, no final, Ele esmagaria a cabeça da serpente. Conforme já afirmamos, esse versículo abarca toda a história da queda do homem e sua redenção final. Nesse versículo lemos que o descendente vindouro da mulher receberia do descendente da serpente um ferimento temporário e não-fatal no calcanhar, mas que o Messias reivindicaria a vitória final ao esmagar a cabeça da serpente sob seu tacão.

Também somos informados do nome de três dos atores principais da saga, cujos signos são encontrados em todos os Zodíacos antigos. A mulher é *Virgem*, de cujo ventre viria o Messias. A estrela dEle é *Leão*, que pode ser visto no planisfério dos céus esperando para atacar e desferir um golpe esmagador e fatal na serpente (*Escorpião*).

No capítulo 49 de Gênesis, tomamos conhecimento de uma profecia que refere-se claramente a uma das constelações, *Leão*. Nessa passagem, Jacó está em seu leito de morte e conversa com o filho Judá a respeito dos seus 12 filhos e a descendência destes.

Judá é um leãozinho; da presa, meu filho, tu subiste: agacha-se,
deita-se como um leão, como uma leoa.
Quem o despertará?
O cetro não se afastará de Judá, nem o bastão de chefe de entre
seus pés [hebraico: *regal*] até que venha Siló.
e a ele obedecerão os povos.

Gênesis 49:9,10

Aqui, Jacó identifica Judá com um leão. É uma indicação clara de que Siló (outro nome para o Messias) viria da linhagem de Judá. Mas em termos astronômicos, ele viria do signo de *Leão*. Lemos também que "*o cetro não se afastará de Judá, nem o bastão de chefe de entre seus pés"*. Em hebraico, árabe e aramaico "pés" é *regal*. Na constelação de *Leão*, a estrela mais brilhante é *Regulus*. De maneira que, nessa passagem das Escrituras, temos a estrela mais brilhante, *Regulus*, relacionada com o Messias, o Poder Supremo, na constelação de *Leão*. Além disso, *Regulus* está relacionada com o futuro rei (Messias) e encontra-se estrategicamente localizada entre os pés de *Leão*, pronta para atacar e esmagar a cabeça da serpente, *Escorpião*.[41]

Prova adicional de que o Messias viria da linhagem de Judá encontra-se no Apocalipse, cujas profecias ainda estão para serem cumpridas.

Todavia, um dos anciãos me disse: "Não chores; eis que o Leão da tribo de Judá, a Raiz de Davi, venceu para abrir o livro e os seus sete selos."

Apocalipse 5:5

Fica evidente, aqui, que o Messias viria da linhagem de Judá, que está ligada à constelação de Leão. Nas Escrituras, há muitas referências a indicar que os agrupamentos das estrelas receberam nomes a fim de comunicar à humanidade o plano e o projeto de Iahweh. Esses nomes de estrelas e seus agrupamentos eram bem conhecidos e recitados pelos patriarcas e foram transmitidos verbalmente de geração a geração. Quando Moisés finalmente escreveu os cinco primeiros livros e a estes se seguiram outros de salmistas e profetas, deixou de haver necessidade da escrita celeste. Assim, com a passagem do tempo, seus significados foram esquecidos e se perderam. O que temos hoje é a astrologia, uma degeneração das verdades originais e uma falsificação da verdadeira astronomia como ela era no início.[42] Além de tudo, segundo Isaías e outros profetas, a astrologia e outras pseudoprevisões devem ser rigorosamente evitadas.[43]

Nem todo esse conhecimento astronômico perdeu-se de uma só vez. O profeta Daniel era bem-versado na verdadeira astronomia e tinha a seu cargo transmitir esse conhecimento aos Magoi que estavam sob seus cuidados. É muito provável que esses Magoi fossem os antecessores dos Magos, que viram nos céus a estrela do Messias prometido e foram a Belém à procura do "Rei dos Judeus".

Esses sábios eram zoroastristas da Pérsia, atual Irã. Através dos anos, desde a época de Daniel, por volta de 500 a.C., esses Magos foram iniciados no verdadeiro significado das constelações e suas estrelas. Quando perceberam as múltiplas atividades pressagiando o nascimento do prometido "descendente da mulher", compreenderam que isso significava a vinda do Messias.

Precisamente o que viram e quando isso ocorreu ainda é objeto de muita conjectura. Em agosto do ano 3 a.C., Júpiter, conhecido como o planeta rei, entrou em conjunção com Vênus na constelação de *Leão*. Em 11 de setembro desse mesmo ano, o Sol estava diretamente no centro de *Virgem* enquanto ao mesmo tempo a Lua nova estava diretamente sob os pés de *Virgem*. Isso está assim descrito em Apocalipse 12:1,2:

> **Um sinal grandioso apareceu no céu: uma mulher vestida com o sol, tendo a lua sob os pés e sobre a cabeça uma coroa de doze estrelas; estava grávida e gritava, entre as dores do parto, atormentada para dar à luz.**

E em 14 de setembro, ano 3 a.C., houve uma conjunção entre o planeta Júpiter e Regulus na constelação de *Leão* (que é o signo de Judá). Essa conjunção ocorreu mais algumas vezes durante os meses seguintes. De maneira que a data mais provável do nascimento do Messias, segundo a predição em Gênesis 3:16, era 11 de setembro do ano 3 a.C. É fato confirmado que ele não nasceu em 25 de dezembro do ano zero.[44]

Os Magos observavam todos esses desdobramentos celestes incomuns e, por estarem plenamente conscientes das profecias relativas ao descendente da virgem que estava por vir, sabiam que se tratava do Messias prometido, o Rei dos Judeus. Em 17 de junho, ano 2 a.C., Júpiter estava em conjunção com Vênus, o que produzia uma luz brilhante no céu ocidental noturno na constelação de *Leão*. Foi esse fenômeno a "estrela" que pairou sobre Belém e que guiou esses astrônomos persas até lá para prestarem homenagem.

Foi depois de um ano e três meses (2 de dezembro, ano 2 a.C.) quando os Magos chegaram a Belém e encontraram o Messias criança, com um ano de idade nessa ocasião. Isso teria dado aos Magos tempo suficiente para observar os primeiros deslocamentos das estrelas pertinentes em suas constelações, o que os convenceu de que seus cálculos estavam corretos. Além disso, tiveram tempo de preparar-se para sua viagem à Jerusalém, capital de Judá e localização do trono do rei prometido. Isso também explica por que, ao ouvir dos Magos que um rei ia nascer, Herodes mandou matar todas as crianças de até 2 anos de idade. Se o rei recém-nascido tivesse nascido há apenas algumas horas, por que matar todas as crianças até a idade de 2 anos? Herodes não queria correr nenhum risco. Os Magos lhe haviam dito que a criança tinha mais de um ano; assim, para não cometer enganos, ordenou a seus homens que matassem todas as crianças com até 2 anos de idade.

Portanto, a criança tinha aproximadamente um ano e três meses quando os Magos do Oriente finalmente a encontraram e lhe ofereceram presentes. A propósito, não está escrito que havia três Magos. Poderiam ter sido cinco, ou oito, ou dez. Mas esses astrônomos zoroastrianos, que conheciam bem a verdadeira astronomia bíblica, estavam aguardando sinais celestes que anunciariam o nascimento do descendente da mulher, o Messias prometido. Apenas uns poucos conheciam essas profecias. Assim, também, só aqueles que conhecem as profecias relativas ao segundo advento do Messias saberão ler os sinais e perceber o que pressagiam.

Nas Escrituras, existem outras passagens que nos fornecem os nomes de diversas estrelas e aludem ao Zodíaco e aos planetas. Mas informações técnicas em demasia podem sobrecarregar o leitor e causar confusão. Os dados que acabamos de ver são suficientes para mostrar que a história original da queda e redenção do homem, do Gênesis ao Apocalipse, está registrada nos doze signos do Zodíaco. Essas verdades estão escritas nas estrelas, onde homem algum pode tocá-las ou corrompê-las. Os doze signos do Zodíaco estão divididos em três livros de quatro capítulos cada, e formam um círculo no céu que corresponde aos doze meses do ano. Mas onde começamos a ler esse livro e onde termina a leitura? Talvez o enigma da esfinge nos forneça um indício. O estudioso da Bíblia e escritor E. W. Bullinger é de opinião que a esfinge tem cabeça de mulher (*Virgem*) e corpo e cauda de leão (*Leão*). Assim, nossa história começa com a virgem e o descendente prometido e prossegue através de toda a história zodiacal e termina no futuro com o rei (*Leão*) em triunfo sobre o arqui-inimigo (*Escorpião: a serpente*), exatamente como Iahweh havia previsto já em Gênesis 3:15.

Mas aí é que está a dificuldade. Além de todos esses seres sobrenaturais sobre os quais já falamos neste capítulo e que conheciam essas profecias astronômicas, havia outro grupo de entidades também extremamente bem informadas sobre o assunto. Lúcifer, a estrela da manhã original, era profundo conhecedor de tais predições. Não nos esqueçamos de que ele era o "querubim ungido da guarda que dava proteção". Tinha todo o conhecimento e era cheio de sabedoria e esplendor e entendimento. Além de tudo, ele e sua hoste estavam presentes quando a Terra fora criada.

A questão é que Satã e todos os seus aliados sobrenaturais estão muito habituados com as estrelas e seus agrupamentos. Mas conseguiram transformar o verdadeiro significado da astronomia bíblica na falsa arte da astrologia e do oculto e de outras "ciências" correlatas.

Isso explica, até certo ponto, por que muitos dos templos e monumentos antigos são decorados com configurações zodiacais. Pois aqueles que os construíram estão intrinsecamente ligados às estrelas e seus deslocamentos. E são chamados de "estrelas". Sua habitação original era um lugar chamado "Céu", localizado em algum lugar entre as estrelas, e muito provavelmente, eles têm nomes de estrelas individuais. (**"Ele conta o número das estrelas, e chama cada uma pelo nome."** *Salmo 147:4.*) Assim, assuntos celestiais são parte da herança deles. Ademais, o líder deles, Lúcifer, a Estrela da Manhã, estava no Éden, o jardim de Deus. Estava no monte santo de Deus e andava no brilho das pedras. E em seu coração ele disse: **"Eu subirei ao Céu, acima das estrelas de Deus exaltarei o meu trono... Subirei acima das mais altas nuvens do Altíssimo"...** (*Ezequiel 28 e Isaías 14*).

Mas a rebelião dele foi em vão e seus planos não deram em nada. Ele e sua hoste foram expulsos do Céu para a Terra. Mas continuam obcecados pela tentativa de voltar à sua morada celeste. Assim, os muitos monumentos que construíram são, frequentemente, reflexões terrestres de configurações estelares.

Segue-se um breve resumo dos 12 signos do Zodíaco e seus significados bíblicos (sugiro ao leitor que consulte a obra de E. W. Bullinger, *Witness of the Stars,* para conhecer um estudo mais minucioso e completo). Os 12 signos são divididos em três livros de quatro capítulos (ou signos.) Cada livro, portanto, é constituído de quatro signos.

I Virgem
A Profecia do Descendente Prometido
1. Cabeleira de Berenice: Mulher e criança
2. Centauro: A desdenhada oblação ao pecado
3. Boieiro: Aquele que vem com o ramo

II Libra
A Obra de Expiação Redimida
1. Cruzeiro do Sul: A Cruz suportada
2. Lobo: A Vítima sacrificada
3. Coroa: A Coroa outorgada

III Escorpião
O Conflito do Redentor
1. Serpentário: Ataque ao calcanhar do homem
2. Ofiúco: O Homem agarrando a serpente
3. Hércules: O Homem possante vitorioso

IV Sagitário
O Triunfo Redimido
1. Lira: Louvor preparado para o conquistador
2. Ara: Fogo preparado para os inimigos dele
3. Dragão: O Dragão desalentado

V Capricórnio
O Resultado do Sofrimento do Redentor
1. Flecha: A Flecha de Deus arremessada
2. Águia: A queda d'Aquele que foi golpeado
3. Delfim: O Morto ressuscita novamente

VI Aquário
A Bênção Assegurada
1. Peixes: As Bênçãos outorgadas
2. Pégaso: A Bênção chegando rapidamente
3. Cisne: Aquele que abençoa certamente voltando

VII Peixes
As Bênçãos Suspensas
1. O Cordão: O grande inimigo
2. Andrômeda: O redimido em servidão
3. Cefeu: O Libertador vindo para libertar

VIII Áries
A Bênção Consumada
1. Cassiopeia: O cativo libertado
2. Baleia: O grande inimigo atado
3. Perseu: O Rompedor libertando

IX Touro
O Messias Chegando para Reinar
1. Órion: O Redentor manifestando-se em forma de luz
2. Erídano: A Ira manifestando-se em forma de dilúvio
3. Cocheiro: Proteção para seus redimidos no dia da ira

X Gêmeos
O Messias como Príncipe dos Príncipes
1. Lebre: O inimigo pisoteado
2. Cão Maior: O Príncipe glorioso que virá
3. Cão Menor: O Redentor sublime

XI Câncer
Os Bens do Messias Resgatados
1. Ursa Menor: O aprisco secundário
2. Ursa Maior: O rebanho e a congregação
3. Argos: O peregrino torna ao lar

XII Leão
A Profecia do Triunfo Cumprida
1. Hidra: A velha serpente destruída
2. Taça: A taça da ira escoou-se
3. Corvo: As aves de rapina devorando

Assim terminam as Escrituras do Céu.

No início deste capítulo citamos o Salmo 19:1-6. Leiamos novamente os quatro primeiros versículos:

Os céus proclamam a glória de Deus, e o firmamento anuncia as obras das suas mãos.
Um dia discursa a outro dia.
E uma noite revela conhecimento a outra noite.
Não há linguagem, nem há palavras, e deles não se ouve nenhum som.
No entanto, por toda a Terra se faz ouvir a sua voz,
E as suas palavras, até aos confins do mundo.

As 36 constelações abrangem as Escrituras dos Céus, e essa é a história que contam. É o "discurso" que "proferem". É o "conhecimento" que "manifestam". Não há linguagem clara e bem ordenada nem voz, e não se ouvem palavras; mas aquilo que dizem chegou até os confins do mundo.[45]

Conclusão

Desde que pela primeira vez se mencionam estrelas no primeiro capítulo do Gênesis, lemos que estas não são apenas para iluminar, mas também para servir de sinais para assinalar a vinda de algo ou de alguém. Ficamos sabendo que esse conhecimento das estrelas teria sido transmitido de geração a geração por meio da tradição oral. Mas estava já quase completamente perdido, uma vez que depois do advento da palavra escrita tornara-se desnecessário. Vimos também que outros seres sobrenaturais possuem esse conhecimento astronômico, já que questões referentes a estrelas lhes dizem respeito. Dessa maneira, muitas das pirâmides e outros monumentos portam informações astronômicas e particularidades que se restringiriam apenas aos iniciados. Concluímos esta seção com uma citação de 1 Coríntios 15:39-41.

Nem toda carne é a mesma; porém uma é a carne dos homens, outra, a dos animais, outra, a das aves, e outra a dos peixes.
Também há corpos celestiais e corpos terrestres; e, sem dúvida,

uma é a glória dos celestiais, e a outra, a dos terrestres.

Uma é a glória do sol, outra a glória da lua, e outra, a das estrelas; porque até entre estrela e estrela há diferenças de esplendor.

Hoje em dia empregamos a palavra "estrela" para nos referir aos famosos: atores, personalidades do esporte e outras celebridades. Mas outros homens de fama, estrelas e heróis de antigamente, viveram nesta terra no passado distante e nebuloso, há 5.500 anos. É para estes que voltaremos agora nossa atenção.

9

OS AVATARES ANTEDILUVIANOS

Agora estamos preparados para cogitar da presença dos *Nephilim* na Terra, antes do Dilúvio de Noé, e do efeito que produziram nela. Os textos nos dão escassas informações, mas acredito que se juntarmos os detalhes fornecidos por fontes antigas com as evidências encontradas em hieróglifos e outros registros escritos, chegaremos a uma conclusão aceitável. Examinemos o seguinte problema matemático:

$$2 + 2 + 2 + ? = 8$$

A análise da informação de que dispomos nos permitirá preencher a lacuna de maneira sensata e encontrar a resposta correta. Mas para começar essa análise, devemos voltar à passagem original em Gênesis 6 uma vez mais.

> Como se foram multiplicando os homens na Terra, e lhes nasceram filhas, vendo os filhos de Deus que as filhas dos homens eram formosas, tomaram para si mulheres, as que, entre todas, mais lhes agradaram.
>
> Então disse o Senhor: "O meu espírito não agirá para sempre no homem, pois este é carnal; e os seus dias serão cento e vinte anos." Ora, naquele tempo havia gigantes (*Nephilim*) na Terra; e também depois, quando os filhos de Deus possuíram as filhas dos homens, as quais lhes deram filhos; estes foram heróis, homens de renome, na antiguidade.

Viu o Senhor que a maldade do homem se havia multiplicado na Terra e que era continuamente mau todo desígnio do seu coração.

Gênesis 6:1-5

Arrependido de ter feito o homem, o Senhor decidiu destruir todas as coisas viventes:

"Farei desaparecer da face da Terra o homem que criei, o homem e o animal, os répteis e as aves dos céus; porque me arrependo de os haver feito."
A Terra estava corrompida à vista de Deus e cheia de violência.
Viu Deus a Terra, e eis que estava corrompida; porque todo ser vivente havia corrompido o seu caminho na Terra.

Gênesis 6:7,11-2

Que teria o homem feito de tão mau para Iahweh decidir-se a eliminar todos os seres vivos? Examinemos cada um dos versículos e vejamos se conseguimos extrair os indícios.

Os "filhos de Deus" casavam-se com quaisquer filhas dos homens que lhes agradassem. Em hebraico, "filhos dos Deuses" é *Beni-ha-Elohim*. *Ben*, em hebraico, significa "filho". Então *Beni-ha-Elohim* são os filhos de Elohim (Deus). Num capítulo anterior, já chegamos à conclusão de que esses "filhos de Deus" são seres sobrenaturais criados que conhecemos como anjos. Esses homens-espírito faziam parte de um grupo de anjos que se rebelaram contra Iahweh e tornaram-se malignos. O texto bíblico diz que eles "tomaram para si mulheres, as que, entre todas, mais lhes agradaram", o que deixa subentendido que esses seres eram tão poderosos que as filhas dos homens não podiam resistir a eles. Portanto, eles tomaram para si mulheres, as que, entre todas, mais lhes agradaram. Novamente, a frase sugere mais de uma esposa e, provavelmente, muitas.[46]

Mas aqui parece haver um problema: como entender que seres sobrenaturais possam ter relações sexuais com mulheres humanas e gerar filhos? No capítulo 1, o Gênesis nos diz que Iahweh criou todo tipo de plantas e árvores, animais e peixes, e todos eles produziriam descendência "segundo a sua espécie". E, deixados intocados em seu estado natural, animais e árvores automaticamente produzirão descendência segundo a sua espécie. Isso significa que a genética de plantas e animais não admite interferência com vistas à produção de aberrações geneticamente modificadas? Não, simplesmente afirma que se deixarmos a natureza seguir seu próprio curso, ela produzirá descendência segundo a sua espécie.

De maneira que, quando os homens-espírito malignos engravidaram as filhas dos homens, podem ter conseguido isso por meio da engenharia genética.

Os antigos textos hebraicos apresentam qualquer precedente que justifique tal suposição? Acredito que sim. Consultemos Gênesis 3:17, onde Iahweh confronta Adão depois da Queda:

"**Maldita é a terra por tua causa; em fadigas obterás dela o sustento durante os dias de tua vida.**
Ela produzirá também cardos e abrolhos, e tu comerás a erva do campo."

Gênesis 3:17,18

Quando Iahweh fez o Paraíso, só havia perfeição. Adão e Eva viviam num autêntico Jardim do Éden. Não havia cardos, nem mosquitos, nem plantas nocivas, nem insetos ou serpentes venenosas. O leão alimentava-se de capim, como o boi. Mas tudo mudou depois da Queda. Devido à influência da serpente, a Terra tornou-se amaldiçoada. Satã e sua hoste de seres malignos transformaram o Paraíso num ambiente hostil. Espinhos começaram a crescer em arbustos que nunca os haviam tido. Para comer, o homem agora trabalhava duramente e suava. E a todo momento era picado por mosquitos e guardava-se de outros animais e criaturas que podiam lhe fazer mal.

Sabemos que do criador, Iahweh, só pode provir o bem. Portanto, a mudança do ambiente só poderia ser resultado da interferência na genética do universo inteiro por Satã e seu séquito. Não nos esqueçamos de que estamos lidando com um inimigo poderoso. Que era tão cheio de sapiência e conhecimento que julgou estar em pé de igualdade com o Altíssimo, Iahweh.

Mas por que iria Satã querer produzir um povo maligno e fazê-lo povoar a Terra? Lembram-se da primeira promessa e profecia do Messias? Quando Iahweh anunciou que o descendente da mulher esmagaria a cabeça da serpente?

Bem, ponha-se no lugar de Satã. Aqui, o Altíssimo está dizendo a ele que a linhagem da mulher, Eva, gerará o descendente que ao fim e ao cabo o destruirá. E o que pretende ele fazer para frustrar esse plano? Bem, o óbvio é destruir a linha de parentesco, de maneira que o descendente seja impedido de nascer e a sentença seja evitada. Satã começa a destruir a linhagem quando faz Caim matar seu irmão, Abel. Mas isso não impede que a linha continue, já que Adão e Eva tiveram muitos outros filhos. Então Satã decide povoar o mundo com sua própria descendência e corromper a Terra a tal ponto que a linhagem de Adão e Eva é completamente eliminada. Assim, a descendência da mulher se extingue e Satã preserva sua existência.

E então Lúcifer faz com que alguns membros do seu bando procriem com mulheres e gerem filhos. Mas não são filhos comuns. São o produto dos seres sobre-humanos e sobrenaturais, metade humanos, metade espíritos do mal, cuja única intenção é praticar o mal.

Como já dissemos, esses *Nephilim* estavam na Terra "naqueles dias", isto é, nos dias de Noé. Ora, Noé tinha 600 anos quando o Dilúvio finalmente chegou, no ano 2348 a.C. (ver Apêndice). Isso significa que os *Nephilim* estavam vivendo e se multiplicando durante, pelo menos, 600 anos antes da ocorrência do Dilúvio. Então, há 1.000 anos, aproximadamente, depois de Adão, esse povo que tinha sido submetido a mudanças genéticas, estava habitando o mundo conhecido dessa época. Entenda-se que esses *Nephilim* eram totalmente malignos. Eram um híbrido de espíritos do mal e homens. Malignos e iníquos por natureza e incapazes de ser recuperados e tornar-se bons, pois o mal estava em seus genes. Eram tão depravados e iníquos que haviam contaminado quase inteiramente toda a humanidade daquele tempo.

Que crime hediondo, então, teriam cometido para que Iahweh se arrependesse de ter feito o homem e decidido destruir todo ser vivo na face da Terra com exceção de oito indivíduos? E, em segundo lugar, que povo era esse que perverteu a tal ponto o mundo antigo? Vamos nos empenhar agora em responder a essas duas importantes perguntas. Primeiramente, quem eram esses *Nephilim*? Observemos novamente o versículo 4 de Gênesis 6:

Ora, naquele tempo (época de Noé) havia gigantes (*Nephilim*) na Terra; e também depois (depois do Dilúvio), quando os filhos de Deus possuíram as filhas dos homens, as quais lhes deram filhos; estes foram heróis, homens de renome, na antiguidade.

O versículo acima contém todos os detalhes que nos são dados relativamente a esses "heróis da antiguidade." Mas essa passagem é repleta de informações.

Segundo o texto, os *Nephilim* eram os heróis da antiguidade, os homens de renome. Em hebraico, "renome" significa "os homens de nome", isto é, homens que receberam um nome e ficaram famosos como heróis. E qual foi a magnitude do pecado deles?

Viu o Senhor que a maldade do homem se havia multiplicado na Terra e que era continuamente mau todo desígnio do seu coração. A Terra estava corrompida (hebraico: *shachath* = destruída) à vista de Deus e cheia de violência.
Viu Deus a Terra, e eis que estava corrompida; porque todo ser vivente havia corrompido o seu caminho na Terra.

Gênesis 6:5,11,12

As coisas devem ter ficado extremamente graves quando lemos que "era continuamente mau todo desígnio do seu coração", e que a Terra estava cheia de violência. Avancemos agora para o Novo Testamento, que ilumina um pouco mais o fundo de cena dessa situação. Falando dos anjos caídos, a Epístola de Judas, 6, nos diz:

E a anjos, os que não guardaram o seu estado original, mas abandonaram o seu próprio domicílio, Ele tem guardado sob trevas, em algemas eternas, para o juízo do grande dia.
Como Sodoma e Gomorra, e as cidades circunvizinhas, que, havendo-se entregado à fornicação como aqueles, seguindo após outra carne...

Epístola de Judas 6, 7

Os versículos acima nos dizem que esses anjos do mal deixaram sua própria morada. Em grego, essa palavra é *oiketerion* e só é empregada aqui e em 2 Coríntios 5:2, onde se refere ao "corpo espiritual". Então, esses anjos deixaram seu corpo espiritual e vieram em forma física a fim de gerarem os *Nephilim*, sobre-humanos em tamanho, em iniquidade e em maldade. Tão hediondos foram seus crimes que Iahweh não apenas destruiu todos os animais vivos na face da Terra, mas também os milhões de pessoas que se haviam tornado inteiramente maléficas e moralmente falidas por causa das atividades dos *Nephilim*. O pecado deles é equiparado às perversões e imoralidade sexual de Sodoma e Gomorra e das cidades circunvizinhas.

O pecado que esses espíritos caídos cometeram levando à devassidão, e praticamente todo o mundo conhecido da época foi tão vil, que precipitou o Dilúvio. Essa inundação universal está bem documentada nos anais históricos da maior parte dos países do mundo antigo. Destruiu todo ser vivo à exceção de oito almas e animais que Noé foi instruído a recolher na arca. Mas água não mata seres sobrenaturais. Quando lemos que esses anjos deixaram sua esfera espiritual, infere-se que não poderiam regressar ao seu lugar de origem. Assim, por causa do pecado deles, Iahweh lançou-os em um lugar chamado *Tártaro*, onde aguardariam o julgamento futuro.

Mas seu crime consistia simplesmente em imoralidade sexual excessiva e violência universal, ou haveria algo mais? Acredito que havia algo mais. É uma teoria que não aparece declarada em quaisquer das Escrituras. Entretanto, um exame dos antigos relatos escritos do período anterior ao Dilúvio, e até mesmo posteriores, faz-me acreditar que podemos elaborar um bom argumento.

Conforme já foi mencionado anteriormente, parece haver indicações de que esses seres sobrenaturais praticavam algum tipo de engenharia genética. Notamos como dois dos espias israelitas trouxeram um cacho de uvas numa vara da terra habitada pelos *Nephilim* nos dias de Moisés. Mais tarde encontramos Golias, o geteu, que tinha seis dedos em cada mão e em cada pé. No presente capítulo, vimos como a Terra havia mudado depois da queda do homem. Apareceram plantas nocivas e insetos venenosos e outras criaturas que nunca fizeram parte do Éden original. Influências maléficas devem ter interferido no DNA de todas essas plantas, animais, insetos etc., provocando mudanças e transformando-os naquilo que são atualmente. Consequentemente, quando os anjos caídos se acasalaram com as filhas dos homens, é possível que tenham utilizado engenharia genética para engravidar as mulheres e gerar as funestas aberrações monstruosas chamadas de *Nephilim*. Estes, por sua vez, produziram descendência de monstros maléficos sobrenaturais e sobre-humanos. No decorrer de várias centenas de anos – Noé estava construindo a arca durante parte desse período – esse povo corrompeu o mundo todo com sua imoralidade, perversões e violência. E apenas oito almas conservaram sua verdadeira natureza e foram salvas: Noé e sua família.

Vamos avançar um pouco mais aqui. Se examinarmos escritos e figuras antigas, veremos algumas imagens esquisitas de muitos dos países que circundam a área onde a humanidade vivia àquela época. Vemos figuras de seres metade humanos e metade animais. Figuras de centauros, cuja parte superior do corpo era de homem, e a parte inferior, de cavalo. Estátuas de esfinges que mostram uma cabeça de homem ou de mulher colocada no corpo de um leão (ver Figura 6). Em outros relevos, ainda, vemos estranhos animais que parecem ter prolongamentos humanos (ver Figura 7), bem como animais de quatro patas com cabeça de homem e pássaros também.

Figura 6 - Desenho de uma esfinge fêmea em pé, de aparência um tanto "asiática", encontrado num fragmento de bloco de calcário que data do período ulterior do Novo Império egípcio (Museu do Cairo).

Figura 7 - Uma criatura de aparência mais animalesca mas com alguns traços humanos. Alto-relevo num obelisco negro dedicado ao rei assírio Salmanasar III (Museu Britânico).

Um historiador egípcio de nome Manetho fez um relato desses tempos e escreveu extensivamente sobre as lendas do seu país. Ele descreveu exatamente essas criaturas metade humanas, metade animais e atribuiu a criação delas aos deuses. Escreveu ele:

"E eles [os deuses], segundo se dizia, produziram seres humanos com duas asas, outros com quatro asas e dois rostos; com um corpo e duas cabeças, homem e mulher, sendo a mesma criatura macho e fêmea; ainda, outros seres humanos que tinham coxas de cabra e chifres na cabeça; outros tinham pés de cavalos; outros tinham forma de cavalo atrás e de homem na frente; diziam ainda que havia touros com cabeça de homem e cães com quatro corpos, cujas caudas emergiam de suas costas como rabos de peixe; também cavalos com cabeça de cão [...] e outros monstros, como seres semelhantes a dragões [...] e grande número de criaturas fabulosas, de formas as mais variadas e todas diferentes uma da outra, cujas imagens foram colocadas lado a lado no Templo de Belos, e lá preservadas."[47]

Trata-se tão-somente de mitos ou haverá aqui mais do que conseguimos ver? Muitos desses relevos representam criaturas estranhas semelhantes, e contudo, são encontrados em diferentes regiões, como Grécia, Assíria, Itália e Egito. Examinemos novamente o versículo 7 da Epístola de Judas. Assim fala Judas sobre esses anjos caídos e as atividades do povo de Sodoma e Gomorra e dos povos anteriores ao Dilúvio:

... que, havendo-se entregado à fornicação como aqueles, seguindo após outra carne...

A palavra "outra" aqui empregada é *heteros* em grego, que significa "um outro de espécie diferente, geralmente indicando distinção genérica".[48]

A propósito, a palavra "fornicação" aqui é *ekporneuo*, que é a forma intensiva de *porneuo*, da qual derivamos a palavra "pornografia". Portanto, aquilo a que se dedicavam era a pornografia intensiva e extrema. O pecado dessas pessoas era algo antinatural, que rompia os limites naturais que Iahweh havia imposto. Poderia isso significar cruzamento entre homens e animais, ou entre seres humanos e aves, etc.?

A leitura de Gênesis 6, versículo 7 impressiona o leitor pela maneira como Iahweh pronuncia sentença não apenas contra a humanidade, mas contra os animais e outras criaturas. Observe-se:

> **"Farei desaparecer da face da Terra o homem que criei; o homem e o animal, os répteis e as aves dos céus..."**

É compreensível que tal sentença seja aplicada aos seres humanos, pois estes têm entendimento e podem raciocinar. Mas por que destruir os pobres animais irracionais que são inocentes? Ou haverá algo mais? Consideremos a seguinte passagem da Epístola aos Romanos:

> **Sua realidade invisível – seu eterno poder e sua divindade – tornou-se inteligível, desde a criação do mundo, por meio das criaturas, de sorte que não têm desculpa. Pois, tendo conhecido (grego: *ginosko*; *conhecer pela experiência*) a Deus, não o honraram como Deus nem lhe renderam graças; pelo contrário, eles se perderam em vãos arrazoados e seu coração ficou nas trevas.**
>
> **Jactando-se de possuir a sabedoria, tornaram-se tolos e trocaram a glória do Deus incorruptível por imagens do homem corruptível, de aves, animais e répteis.**
>
> **Por isso Deus os entregou, segundo o desejo dos seus corações, à impureza em que eles mesmos desonraram seus corpos.**
>
> **Eles trocaram a verdade de Deus pela mentira e adoraram à criatura em lugar do Criador, que é bendito pelos séculos.**
>
> *Romanos 1:20-25*

O contexto desses versículos é a *"criação do mundo"*. Pois bem, os únicos com experiência, que sabem das coisas desde a criação do mundo são os "filhos de Deus", que "rejubilavam" e as "estrelas da alva" que juntas cantavam quando Iahweh lançava os fundamentos da terra. A seguir, somos informados de que eles conheciam Deus. Em grego, conhecer é *ginosko*, que significa conhecer por experiência (pessoal).

Além disso, diz o texto, essas pessoas trocaram a glória do Deus imortal por imagens feitas para se parecerem com – vejam só – *homem mortal, aves, animais e répteis!* Exatamente a frase que lemos em Gênesis 6, onde Iahweh diz que destruiria *homens e animais, répteis e aves dos céus!*

Será que essa passagem se refere aos anjos caídos da época de Noé e ao seu comportamento imoral despropositado? Eles não seriam apenas depravados, mas interfeririam geneticamente com animais e aves e répteis e os transformariam em objetos de adoração. Será por isso que tantos dos relevos, figuras e hieróglifos representam animais, aves e répteis como metade humanos, metade animais? Não posso afirmar categoricamente a veracidade de tudo isso. Apresento os indícios como os encontro e incentivo o leitor a tirar suas conclusões. Fossem essas as circunstâncias, seria muito compreensível Iahweh passar sentenças contra os *Nephilim* e seus descendentes e contra a humanidade em geral servindo-se do Dilúvio. Além disso, é fácil entender a necessidade de enclausurar os anjos caídos que perpetraram esses pecados hediondos e confiná-los no *Tártaro*, no aguardo do dia do juízo.

Tratemos agora da outra grande questão colocada no início deste capítulo. Quem eram, de fato, aqueles "**valentes varões na antiguidade, homens renomados que receberam o nome de heróis?**"

Muitos cientistas, historiadores e pessoas eruditas acreditam atualmente que grande parte do que se denomina "mitologia" fundamenta-se em fatos. Os relatos das mitologias grega e romana de que dispomos, assim como os textos extensos do Egito, como o "Livro dos Mortos", e as "Lâminas da Criação" da Babilônia e outras cosmogonias nos proporcionam registros fidedignos.

Esses relatos descrevem uma situação na qual os deuses desceram do céu, tomaram mulheres por esposas e geraram filhos e filhas que deveriam reinar no lugar deles? Sem dúvida. Na verdade, todas as lendas e memórias dessas mitologias não foram mera invenção da mente humana. A maioria dessas histórias e tradições cresceu e desenvolveu-se a partir das façanhas desses "**valentes varões de renome, os heróis na antiguidade**" do Gênesis 6:4. Ademais, todas essas histórias e lendas das mitologias grega, romana e egípcia e, de fato, de Vishnu e outros, são versões adulteradas de verdades primitivas que foram distorcidas à medida que passavam de geração a geração, e a memória do significado original perdeu-se nesse processo.

Será possível identificarmos algum desses "deuses" ou "heróis" e sabermos algo a respeito de sua origem? Na medida em que dispusermos de informações, teremos um grande volume de detalhes. Comecemos com os deuses da Grécia, que são as mesmas entidades que com grande frequência aparecem na história romana. Notem-se em muitos desses nomes as ligações com corpos celestes e astronômicos, levando em conta, ao mesmo tempo, o fundo de cena da expressão original "estrela da manhã" e das outras "estrelas de Deus".

Os principais olimpianos (nome dado aos deuses antigos) são muito frequentemente as mesmas entidades nas lendas gregas e romanas, mas com nomes diferentes. São eles:

Apolo (*estrela*)	Afrodite
Ares (Áries: *estrela*)	Ártemis
Dionísio	Atena
Hades	Deméter
Hermes	Hera
Posêidon (Netuno: *planeta*)	Jano
Édipo	Juno
Zeus	Jasão
Júpiter (*planeta*)	Prometeu
Atlas	Rômulo
Caronte	Remo
Crono	Saturno (*planeta*)
Deucalião	Selene
Héracles; Hércules (*estrela*)	Éos
Ícaro	Urano (*planeta*)
Vulcano	Plutão (*planeta*)
Marte (*planeta*)	Mercúrio (*planeta*)
Órion (*estrela*)	Orfeu
Pégaso (*estrela*)	Perseu (*estrela*)
Centauro (*estrela*)	Andrômeda (*estrela*)

Existem muito mais deuses e não vou me aprofundar nas histórias que particularizam suas aventuras.

O monte Olimpo era o local antigo onde muitos dos deuses viviam. Os mais primitivos deles eram conhecidos por Titãs, que eram tidos por filhos do céu e da terra. São definidos como uma raça de deuses primevos gigantes, de grande força física e mental.

Apolo era filho de Zeus e de Leto, que era filha dos Titãs Febe e Céu. Apolo era o deus da medicina, da música e da profecia. Delfos, na Grécia, é o local do seu templo e oráculo.

Havia uma cidade na Macedônia chamada Apolônia, que significa "Lugar de Apolo", situada a aproximadamente 35 quilômetros de Tessalônica. O interessante é que, no Apocalipse, há uma passagem que menciona uma "estrela" (anjo) que tem a chave do "poço do abismo". Quando esse poço foi aberto, uma grande nuvem de "gafanhotos" de aparência assustadora saiu para a terra. E esses gafanhotos tinham um rei que imperava sobre eles, cujo nome em hebraico é Abadom, e, em grego, Apoliom. Seria este um dos *Nephilim* originais lançados no *Tártaro* por cometerem crimes hediondos que precipitaram o Dilúvio? Posteriormente voltaremos a esse tópico. A propósito, o significado tanto de Abadom quanto de Apoliom é "Destruidor".

Paneas é outro local que ainda existe. Mais tarde passou a chamar-se Cesareia, mas nos tempos antigos era um santuário dedicado ao deus Pan. Este era metade humano; tinha pernas e chifres de bode e passava seu tempo perseguindo e fornicando com mulheres (ninfas). Frequentemente, suas orgias regadas a bebida transformavam-se em derramamento de sangue, pois ele era propenso a tornar-se violento de repente. É dele que se originou a palavra "pânico". O santuário de Pan era também chamado Baalgad. Fica próximo ao monte Hermon na fronteira do Líbano com a Síria, onde, segundo o Livro de Enoque, os anjos caídos originais desceram à terra vindos do céu.

Durante a era desses deuses construíram-se palácios enormes em muitos locais do mundo conhecido de então e os descendentes do povo dessas regiões acreditavam que esses palácios haviam sido construídos pelos ciclopes, uma raça de gigantes. Algumas das fortificações mais primitivas, segundo se diz, foram construídas por Perseu, o lendário fundador de Micenas. Os ciclopes eram filhos de Urano e de Gaia. Chamavam-se Brontes (que significa trovejante), Estéropes (iluminador) e Arges (brilhante). Eram monstros com um só olho na testa que habitavam a Sicília.

Como dissemos anteriormente, historiadores e cientistas admitem atualmente que muitas lendas e pretensas mitologias têm suas raízes em verdades antigas. Em Gênesis 6:5, vimos que o mundo inteiro estava cheio de violência e imoralidade e que "a maldade do homem se havia multiplicado na Terra e que era continuamente mau todo desígnio do seu coração".

Com base nos indícios dos grandes templos e outras construções avançadas desses tempos antigos, e, à vista dos muitos relatos escritos sobre a identidade dos deuses e de suas façanhas, não é necessário ir muito longe para identificar essas figuras com os *Nephilim* do Gênesis 6. Pois nas lendas gregas e romanas, os deuses descem à Terra, tomam mulheres mortais por esposas e geram muitos filhos que eram semideuses, metade humanos, metade divinos. Ainda que apenas algumas das histórias sobre esses deuses e sua descendência sejam verdadeiras, temos um bando bem sanguinário, já que em todas as lendas a eles relativas ocorrem libertinagem, infanticídios, matricídios, parricídios, estupros, assassinatos, adultérios, incestos, traição e até mesmo canibalismo. Tudo o que de perverso possamos pensar, eles praticavam. Isso está perfeitamente de acordo com o que diz o Gênesis: o mundo inteiro estava repleto de violência.

O sacrifício de seres humanos era uma característica significativa desses tempos, tanto antes quanto depois do Dilúvio de Noé. Havia um deus de nome Moloque, cuja imagem era a de uma criatura sentada ereta com as mãos estendidas e tendo um fogo em seu colo (ver Figura 8). Bebezinhos e crianças eram queimados nesse fogo para aplacar o deus e assegurar graças e perdão. Comportamento gritantemente imoral que incluía bestialidade, embriaguez e orgias era normal e, como acontece com esse tipo de comportamento liberal, era comum assassinatos e violência seguirem-se como consequência. Se aceitarmos essas histórias primevas pelo que aparentam ser, elas se harmonizam perfeitamente com o quadro pintado em Gênesis 6, no qual os *Nephilim* reinavam.

Estes eram valentes varões de renome, os heróis na antiguidade.

Excetuando-se o fato de que esses deuses levavam nomes de estrelas e planetas, lembremo-nos também de que os *Nephilim* e seus descendentes eram singularmente depravados e iníquos e não poderiam ser diferen-

Figura 8 - O deus Moloque na concepção de um artista. Essa divindade era muitas vezes descrita como um ídolo horrível do qual saíam chamas que consumiam todas as oferendas e sacrifícios – bebês e criancinhas, frequentemente – que fossem colocados em seus braços.

tes, já que assim eram sua constituição e natureza genéticas. De tal maneira corromperam a totalidade do povo com seus pecados e comportamento, que toda a humanidade teve de ser destruída, pois não havia mais salvação para ela. Salvaram-se oito almas apenas – Noé e sua família.

A principal *raison d'être* do arcanjo Lúcifer era matar todas as pessoas, de maneira que a linha de descendentes da mulher não conseguisse sobreviver e, portanto, a profecia de Iahweh não se cumprisse. Trazer os *Nephilim* e sua ninhada devassa para o mundo quase fez Satã triunfar. Mas a linhagem do Messias prometido, o descendente da mulher, foi preservada por meio de Noé, e o plano nefando de Lúcifer não deu em nada.

Os anjos caídos, esses filhos de Deus que se infiltraram entre o povo da Terra e que eram os deuses de outrora, os heróis e homens de renome, estão agora, todos eles, enclausurados no *Tártaro*, aguardando o dia do juízo. E agora, mostrarei ao leitor algo realmente espantoso com relação a esses mesmos anjos caídos, os deuses e heróis da antiguidade.

10

O TÁRTARO E O MUNDO INFERIOR

Tamanha era a extensão da violência e da imoralidade praticada por quase toda a população do mundo inteiro que Iahweh teve de destruí-la. Assim, todas as coisas vivas que respiravam foram afogadas no Dilúvio de Noé. Mas os anjos caídos originais não são simplesmente carne e osso e não podem ser afogados como as criaturas humanas. Então Iahweh teve de confinar esses homens-espírito num lugar de onde não poderiam escapar. Lemos sobre esses seres somente em três versículos na parte final do Novo Testamento. Primeiramente, na Epístola de São Pedro. Falando do Messias ressuscitado, Pedro nos diz:

> Morto na carne, sim, mas vivificado no espírito, no qual também foi e pregou (grego: *kerusso*) aos espíritos em prisão, os quais noutro tempo foram desobedientes quando a longanimidade de Deus aguardava nos dias de Noé, enquanto se preparava a Arca, na qual poucos, a saber, oito pessoas, foram salvos, através da água.
>
> *1 Pedro 3:18-20*

Aqui, a palavra grega que significa "pregar" é *kerusso*, "proclamar, anunciar". Trata-se de uma revelação fenomenal. Dizem-nos aqui que o Messias ressuscitado, em seu novo corpo espiritual, foi a essa prisão onde estavam confinados os seres sobrenaturais e proclamou ou anunciou seu triunfo sobre esses espíritos do mal.

Essencialmente, poderíamos pressupor que ele apareceu triunfalmente a esses seres sobrenaturais malignos e disse-lhes, em nosso linguajar contemporâneo, algo mais ou menos como: "Aqui estou, rapazes. Todos os seus planos falharam, não deram em nada. Ressuscitei dos mortos e, em resumo, a hora de vocês chegou, é o seu fim ... vocês vão me ver de novo!"

Essa passagem afirma que esses espíritos são aqueles que foram "desobedientes" nos dias anteriores ao Dilúvio e que, em consequência de seu pecado, estão confinados nesse lugar aguardando o julgamento futuro. Na segunda Epístola de Pedro temos pormenores:

> **Se Deus não poupou os anjos que pecaram, mas lançou-os no inferno (grego: *Tártaro*) e os entregou a abismos tenebrosos do Tártaro, onde estão guardados à espera do juízo, nem poupou o mundo antigo, mas ao trazer o Dilúvio sobre o mundo dos ímpios, preservou apenas Noé, o pregoeiro da justiça, e mais sete pessoas...**
>
> *2 Pedro 2:4,5*

Isso nos diz que esses anjos que cometeram o pecado que precipitou o Dilúvio foram *"lançados no Tártaro"*. O que torna isso interessante é o fato de que a palavra *Tártaro* é usada uma única vez em todo o Novo Testamento. O único outro lugar onde a encontramos é na mitologia grega. O *Tártaro* descrito por Homero é a prisão subterrânea dos Titãs ou gigantes, que se rebelaram contra Zeus. Semelhantemente, textos egípcios falam de *"Mundo inferior"*. Essas "mitologias" antigas poderiam estar descrevendo o lugar onde os *Nephilim*, anjos caídos malignos que perpetraram toda violência e crimes hediondos nos dias de Noé, estão presos?

Judas, versículo 6, faz outra menção desse grupo específico de anjos caídos:

> **E os anjos, os que não guardaram o seu estado original, mas abandonaram o seu próprio domicílio, Ele tem guardado sob trevas, em algemas eternas, para o juízo do grande dia.**
>
> *Epístola de Judas 6*

Sem esmiuçarmos muito o texto grego: o parágrafo acima, *"Eles não guardaram o seu estado original, mas abandonaram o seu próprio domicílio..."* significa que eles deixaram seu reino espiritual e manifestaram-se no reino terrestre. A dedução é que, tendo abandonado seu estado espiritual, já não podiam regressar a ele e estavam obrigados a permanecer na Terra para sempre. Mas como não são de carne e osso e sim seres celestiais (ainda que apresentem forma física e possam ser vistos), eles não morrem como mortais e, portanto, têm de ser enclausurados nos calabouços sombrios conhecidos como *Tártaro*.

Eu gostaria agora de mudar ligeiramente de rumo e introduzir outra ideia.

No Evangelho de Marcos, capítulo 5, temos o relato de um encontro ente o Messias e um homem que estava possuído por muitos espíritos maus. Era um homem desvairado. Quando o amarravam com correntes ou cordas ele as rompia. Vivia nos túmulos e gritava e feria-se com pedras. Quando se viu frente a frente com o Messias, o espírito mau que falava por meio do homem disse que seu nome "era legião... porque somos muitos". E suplicaram ao Messias que não os lançasse ao Abismo. (A propósito, uma legião romana era composta de aproximadamente 6.000 homens.)

A palavra grega que significa "abismo" é *abussos*. Às vezes é traduzida por "Profundezas" e outras vezes por "Poço do Abismo". Mas antes de examinarmos essa passagem, recapitulemos sucintamente alguns pontos que já demonstramos.

Os anjos caídos chamados *Nephilim* e seus descendentes habitaram a Terra antes e depois do Dilúvio de Noé. Em épocas antigas, estes foram os homens de renome, os heróis da antiguidade, figuras poderosas que ficaram famosas. Coordenando essas informações com as antigas mitologias grega e romana podemos arriscar-nos a dizer que os deuses de outrora eram realmente os *Nephilim* e sua prole. E que esses antigos mitos, de fato, fundamentam-se em verdades primitivas que se transformaram em lendas, as quais, através dos tempos, nos foram transmitidas.

Ademais, demos nomes a muitos desses deuses esclarecendo que assim como são conhecidos nos textos hebraicos igualmente como "estrelas" e "anjos", assim também receberam nomes de estrelas e planetas reais, nomes que remontam à antiguidade. Assim os *Nephilim* são conhecidos por nomes como *Apolo, Hércules, Órion, Pégaso, Perseu* e planetas como *Marte, Júpiter, Mercúrio, Saturno, Netuno, Plutão, Urano* etc. Atualmente, só conhecemos cerca de 100 desses nomes antigos de estrelas. Contudo, não me surpreenderia se os nomes de todos os outros assim chamados deuses da Grécia e de Roma fossem, também, os nomes reais de estrelas há muito perdidas ou esquecidas.

Verificamos que esses seres sobrenaturais caídos que vieram à Terra e corromperam a humanidade inteira encontram-se confinados num lugar chamado *Tártaro*. Observamos também que o Messias ressuscitado visitou essas criaturas nessa prisão e proclamou seu triunfo sobre elas. Vamos agora nos deslocar para o futuro, para o centro dos acontecimentos descritos no Apocalipse, o Livro da Revelação:

> **O quinto anjo tocou a trombeta, e vi uma estrela (*anjo*) caída do céu na Terra. E foi-lhe dada a chave do poço do abismo.**
>
> **Quando ele (*a estrela ou o anjo*) abriu o poço do abismo, subiu fumaça do poço como fumaça de grande fornalha, e, com a fumaceira saída do poço, escureceu-se o sol e o ar.**
>
> *Apocalipse 9:1,2*

Observe mais uma vez que um anjo é chamado de "estrela". Ao abrir o poço do *abismo*, o anjo libera fumaça semelhante à de uma grande fornalha. A passagem prossegue e descreve *"gafanhotos"* que também emergem do poço. Esses gafanhotos recebem o poder de torturar pessoas como os escorpiões, mas não de matá-las. A agonia sofrida pelas vítimas dessas picadas é igual à das vítimas das picadas por escorpiões. Mas eis que ocorre um episódio muito interessante com relação a esses gafanhotos:

> **E tinham sobre eles, como seu rei, o anjo do abismo, cujo nome em hebraico é Abadom, e, em grego, Apoliom.**
>
> *Apocalipse 9:11*

Tanto *Abadom* quanto *Apoliom* significam *O Destruidor.*

Seria o *abismo*, também conhecido como Inferno ou Poço do Abismo, o mesmo lugar chamado de *Tártaro* na Epístola de Pedro? Seria essa a atual morada dos anjos malignos que habitavam o mundo antes do Dilúvio? E não haverá uma nítida semelhança etimológica entre o deus grego da antiguidade chamado *Apolo* e o anjo aqui descrito como o rei que tinha domínio sobre os gafanhotos do abismo, cujo nome em grego é *Apoliom*?

Não estou afirmando que essa hipótese é a verdade definitiva. Mas se juntarmos todas as peças do quebra-cabeça baseado nas Escrituras, a mitologia greco-romana e os demais pedaços de informações que examinamos, daria a impressão de que o *Apolo* mitológico é um dos principais *Nephilim* que pecaram na época de Noé e foram lançados no *Tártaro* por sua transgressão. E que esse mesmo homem sobrenatural maligno não é ninguém mais que *Apoliom*, o rei que imperava sobre os gafanhotos que, no futuro, deverão emergir do poço do *Abismo*, o Inferno, para levarem agonia e destruição ao povo da Terra.

Na segunda metade deste livro examinaremos com maior profundidade os acontecimentos do Apocalipse. Por ora, creio que o que foi dito acima é pertinente ao contexto que vimos seguindo até aqui.

Se essa conjectura mostrar ser a verdade, ela confirmará que os deuses antigos, os deuses da Grécia e de Roma eram realmente os *Nephilim* e seus descendentes, e que essas criaturas encontram-se agora confinadas no *Tártaro*, o mundo inferior dos mitos e o poço do abismo ou *Abismo* das Escrituras aguardando o dia do julgamento. Além do mais, o trecho citado do Apocalipse, capítulo 9, afirma que o anjo que recebeu a chave para abrir o Poço do Abismo havia caído à Terra do céu, o que sugeriria que o abismo ou o *Tártaro* do qual *Apoliom* e os "gafanhotos" emergem é aqui na Terra. Isso combinaria com as mitologias que falam de um mundo inferior subterrâneo. *Hades*, irmão de *Zeus* e casado com *Perséfone*, era o guardião do mundo inferior, a morada dos mortos. Na mitologia romana ele é *Plutão*. No Egito, o soberano e juiz do mundo inferior era o deus *Osíris*, irmão e consorte de *Ísis*.

Num capítulo anterior, demos uma lista dos 12 signos do Zodíaco e das 36 constelações. Os nomes hebraicos e árabes dessas e de suas estrelas principais fornecem muitas informações. No contexto deste capítulo é interessantíssimo observar que no signo de *Gêmeos*, que significa "os gêmeos", as duas estrelas principais são da mesma magnitude. Em grego, elas são chamadas de *Apolo* e *Hércules*. Os latinos chamavam-nas *Castor* e *Pólux* (que era o nome de um navio no qual Paulo voltou de Malta depois de ter naufragado lá: Atos dos Apóstolos 28:11).

Apolo e *Hércules* eram filhos gêmeos de *Júpiter* (*Zeus*) e de *Leda*, embora alguns afirmem que *Ártemis* (ou *Diana*) era a irmã gêmea de *Apolo*.

Ártemis é a deusa grega do sexo e da fertilidade. Para os romanos, ela era *Diana*. *Ártemis* e *Diana* são ambas identificadas como *Astarote*, que era uma deusa e um ídolo dos *fenícios*, dos *filisteus* e dos *sidônios*. Esses povos modelavam árvores e arbustos na forma da genitália feminina para objetivos de culto.

Contudo, o importante aqui é que uma das duas estrelas mais brilhantes de *Gêmeos* tem o nome de *Apolo*, que significa "soberano" ou "juiz". (Em Apocalipse 9, *Apoliom* é o rei [soberano] dos "Gafanhotos".) Ademais, isso dá credibilidade à nossa tese de que os "caídos" originais, os anjos rebeldes, receberam nomes em homenagem a estrelas e conservaram esses nomes quando chegaram à Terra. Esses nomes sobreviveram por meio dos mitos e lendas antigas e nós os reconhecemos aqui como os "**poderosos homens de renome, os heróis de antigamente que ganharam nome**", os *Nephilim*. E a outra das duas estrelas mais brilhantes de *Gêmeos* é *Hércules* que faz par com *Apolo*. Essas duas estrelas (anjos) caíram na Terra e são dois dos principais deuses do começo da pré-história.

A propósito, numa clareira isolada dominada pelo monte Parnaso a aproximadamente 10 quilômetros do Golfo de Corinto, situa-se *Delfos*. Ali localizava-se o mais importante santuário de *Apolo*, que incluía o templo, o teatro e tesouros. Em *Delfos*, o oráculo de Apolo era consultado. Foi descoberto em 1890.[49] O que é intrigante é o fato de que o *Delfim* é uma constelação no signo da estrela *Capricórnio* que está situada no hemisfério norte perto de *Pégaso* e *Águia*. Prova adicional do conhecimento astronômico dos *Nephilim* e de suas conexões com os corpos celestes e seus deslocamentos, visto que *Delfos* obviamente deriva seu nome da constelação do *Delfim*.

Agora, decifrem isto. Anteriormente, neste capítulo, examinamos trechos da primeira e da segunda Epístolas de Pedro e um de Judas 6 relativamente aos anjos e seres sobrenaturais que estão enclausurados numa sombria prisão chamada *Tártaro*, aguardando o julgamento futuro. Lemos que o Messias ressuscitado, em seu novo corpo espiritual "proclamou seu triunfo" perante esses homens satânicos. A primeira Epístola de Pedro 3:19 identifica esses seres sobrenaturais ou anjos como aqueles que pecaram na época de Noé. Em outras palavras, Pedro afirma especificamente que o Messias apareceu, na prisão, para esses seres sobrenaturais, os *Nephilim*, que haviam causado todo o caos anteriormente ao Dilúvio. Agora vejamos o quebra-cabeça. Se os seres sobrenaturais que realizaram a primeira investida na Terra estão presos no *Tártaro*, onde estarão os anjos caídos que produziram a segunda investida algum tempo depois do Dilúvio?

Um estudo cuidadoso dos três trechos sucintos mostra que os anjos que cometeram pecado estão nessa prisão. Mas os textos em questão só identificam especificamente o Messias visitando os caídos que foram responsáveis por toda a violência e maldade na Terra antes do Dilúvio. De maneira que outra pergunta se faz necessária: onde estão os *Nephilim* que se materializaram depois do Dilúvio e começaram a multiplicar-se e a encher a terra de Canaã durante vários séculos, do tempo de Abraão, c. 1912 a.C. até a época de Davi, quase 1.000 anos mais tarde?

Os "filhos de Deus" que produziram a primeira investida antes do Dilúvio poderiam ser os mesmos que produziram a segunda algum tempo depois. Isso parece tanto ilógico quanto implausível, uma vez que os espíritos que estavam ativos antes do Dilúvio foram lançados à prisão por causa dos seus pecados. Mas se um segundo grupo desses seres, uma vez tendo saído de sua morada espiritual e tendo-se materializado no domínio dos sentidos não consegue voltar, então isso deve significar, se nossas deduções estiverem corretas, que esse mesmo grupo de *Nephilim* ainda está perambulando ou está oculto em algum lugar do nosso mundo atualmente!

Devo enfatizar novamente que isso é mera conjectura de minha parte. Mas poderia explicar por que algumas das pirâmides em terras distantes parecem relativamente recentes comparadas às pirâmides do antigo Egito e outras construções e templos que ocupam a região em torno do Mar Mediterrâneo. As pirâmides do México e da Guatemala e os templos de Angkor Wat, se dermos crédito aos nossos historiadores, foram todos construídos depois do nascimento de Cristo. Na verdade, dizem-nos que algumas dessas construções (Angkor Wat) podem ter sido habitadas por seus construtores ainda há algumas centenas de anos.[50]

Estariam os *Nephilim*, responsáveis pela investida contra os humanos que precipitou o Dilúvio, agora em fuga? Será por isso que o rastro deles começa em Canaã e no Oriente Médio e depois se espalha para terras distantes como Peru, Bolívia, Guatemala, México e depois Camboja?

Não temos motivos para crer que esses avatares não tenham viajado por toda parte mesmo nos tempos antes do Dilúvio. Existem amplos indícios dessa possibilidade. Por exemplo, as construções que deixaram em Stonehenge, como também as construções neolíticas na Irlanda, como Newgrange. O que também explica muitas outras construções estranhas, como as estátuas gigantes da Ilha da Páscoa. Explica, ainda, as muitas semelhanças que podem ser observadas entre os monumentos do Egito e os da Guatemala, do Peru e do México.

Por exemplo, os construtores dos templos egípcios entalhavam os encaixes clássicos em ambas as extremidades dos enormes blocos. Depois derramavam bronze ou ferro derretido nesses encaixes para fixar os dois blocos (ver Figura 9). Contudo os encaixes usados nos templos do Egito são semelhantes aos das grandes estruturas no alto dos Andes em Ti-

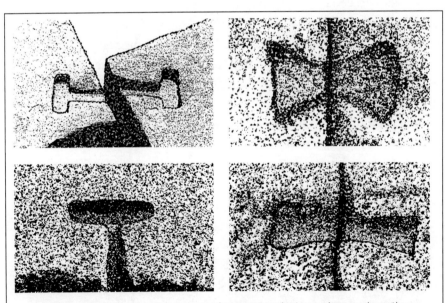

Figura 9 - Marcas de grampos usados por construtores do mundo antigo para unir blocos de pedra gigantescos. No sentido horário a partir do alto, à esquerda: Puma Punku, Tihuanaco, Bolívia; Angkor Wat, Camboja; Dendera, Egito; Ollantaytambo, Peru.

huanaco. Esses grampos de metal também são usados de maneira semelhante em Angkor Wat, no Camboja, o que sugere que os mesmos construtores foram responsáveis pelas obras em todos esses diferentes locais, ainda que milhares de milhas e de anos separados uns dos outros.

Estamos familiarizados com as histórias das viagens de Jasão e os Argonautas. Argo é a terceira constelação no signo de Câncer, e significa "o barco". Na lenda, Jasão encontrou muitas aventuras enquanto viajava em busca do esquivo Velocino de Ouro. Os Argonautas derivaram seu nome da constelação Argo, o que proporciona mais indícios da ligação dos deuses antigos com as estrelas e seus signos. Também nos diz que esses viajantes antigos jornadeavam por toda parte, provavelmente servindo-se dos corpos celestes para planejar suas rotas. Já que eram de inteligência sobrenatural, é mais do que possível que viajassem extensivamente tanto antes do Dilúvio quanto depois dele.

Conclusão

Devido à natureza e gravidade dos seus crimes na época de Noé, os *Nephilim* estão confinados num abismo terrestre conhecido como *Tártaro*. Possivelmente, trata-se do mesmo lugar mencionado nas mitologias grega, romana e egípcia quando esses povos referiam-se ao *"mundo inferior"*, *"Hades"* e *"reino dos mortos"*.

O Messias ressuscitado visitou esses prisioneiros sobrenaturais – responsáveis pela investida contra os humanos que precipitou o Dilúvio – em seu confinamento. Dado o fato de que as Escrituras mencionam apenas essas criaturas do período anterior ao Dilúvio, podemos inferir que os anjos responsáveis pela segunda investida, depois do Dilúvio, possam estar ainda em liberdade. Isso explicaria algumas das estruturas em questão nas Américas e no Camboja, erigidas em épocas muito mais recentes.

Um dos principais soberanos do panteão dos avatares antediluvianos nas lendas gregas é *Apolo*. No meio do Apocalipse vindouro, o Poço do Abismo é aberto e do seu interior emerge uma horda infernal de seres sobrenaturais. Esse bando está sob o domínio de um rei cujo nome em hebraico é *Abadom* e, em grego, *Apoliom*. Há uma clara conexão etimológica entre o antigo deus grego *Apolo* e esse futuro destruidor, *Apoliom*, que deverá ser libertado do Abismo no Apocalipse. (A propósito, em francês, Apolo é *Apollon*!)

Isso provaria que os deuses de antigamente, os heróis das lendas, eram realmente os *Nephilim* e seus descendentes. Estes eram "estrelas" que caíram do céu e corromperam a pureza de toda a raça humana a tal ponto que esta teve de ser destruída.

Apresentaremos mais indícios assombrosos e conclusivos no capítulo relativo ao Livro de Enoque, *Os Guardiões*, que mostrarão, sem qualquer dúvida, que essa sequência de acontecimentos é mesmo a verdadeira.

11

FILHOS DE UM DEUS MENOR

De todos os locais onde os antigos deuses deixaram suas impressões digitais, o Egito é, provavelmente, o mais acentuado. De fato, eles não apenas deixaram suas digitais, mas também seus guarda-roupas, diários, álbuns de fotografias, rituais religiosos, arquitetura etc. Quando lemos os escritores de *vanguarda* que tratam deste assunto, torna-se manifesto que as chamadas autoridades em egiptologia descartam como disparate muitos dos indícios que apontam para uma raça superior como os construtores desses monumentos. De acordo com essas autoridades, os antigos egípcios possuíam toda essa informação, capacidade técnica e conhecimento astronômico, mas o leitor fica sem qualquer explicação quanto a como eles teriam aprendido tudo isso. Deixam também de preceituar, esses especialistas, de que maneira um povo tão primitivo manejava enormes blocos de pedra, alguns com peso superior a 100 toneladas, colocando-os em posição a alturas de quase 50 metros quando, aparentemente, a roda ainda não fora inventada.

Não conseguem, ainda, essas "doutas cabeças", admitir que talvez houvesse existido afinal uma Arca, apesar do fato de onze grandes pedras redondas com orifícios terem sido encontradas na área do monte Ararat, na Turquia, onde pousou a Arca de Noé, bem como nas vizinhanças. Essas pedras, obviamente, foram usadas como lastro numa embarcação enorme. Existem também alguns indícios de que a proa de um barco de grandes dimensões esteja enterrada bem no alto dessa montanha e seja visível sob a cova superficial na qual se encontra.[51] O governo turco impediu quaisquer novas investigações no local e o interditou. Possivelmente, existem razões político-religiosas por trás dessa atitude. Mas se os cientistas admitiram que restos de uma Arca haviam sido encontrados, então talvez tenham de admitir também a possibilidade de que outras histórias bíblicas têm crédito, e isso contestaria a pretensa ciência e abriria uma caixa de Pandora totalmente nova, se me permitem o jogo de palavras.

Essa mentalidade de avestruz não leva a nada. As pirâmides e os templos do Egito não caíram do céu subitamente nem simplesmente se materializaram aparentemente sem história ou precedente. Simplesmente admitir que os egípcios antigos os construíram e deixar ficar por isso mesmo é totalmente absurdo. Numa viagem recente que fizemos ao Egito para observar alguns dos locais, fomos acompanhados por um guia de turismo muito entusiástico. Segundo ele, o Egito era o centro do mundo e toda a cultura havia começado lá. A matemática começou no Egito. Platão e Sócrates estudaram lá. Até mesmo o cristianismo começou no Egito. Quando perguntei-lhe quem havia construído as pirâmides ele, naturalmente, disse que tinham sido os egípcios. Minha tendência, entretanto, era discordar, uma vez que os indícios pareciam apontar para outra direção, pois as pirâmides e os templos desse país são simplesmente espantosos em detalhes e características. Com uma história que data de três ou mais milênios antes do início da era cristã, essas estruturas são graciosas e muito inspiradoras, e despertam no observador uma sensação de assombro. Contudo, aqui estávamos já quase no ano de 2004 d.C. e esse mesmo povo que, presumivelmente, construiu esses monumentos fantásticos, parecia ter grandes problemas para construir a mais elementar das habitações. De fato, se os egípcios foram os construtores das pirâmides, eles têm regredido desde então, enquanto grande parte do resto do mundo tem prosseguido no sentido de conquistar os proveitos dos avanços técnicos e outros da nossa era moderna.

Não é minha intenção denegrir o Egito ou seu povo. Mas imaginar que esse ou qualquer outro povo primitivo, anteriormente, talvez a 3000 a.C. tinha a capacidade exigida para planejar e construir tais estruturas é simplesmente implausível. Não. Os indícios, que estão bem à vista, insinuam que seres de uma civilização incrivelmente avançada, fascinados por assuntos astronômicos e possuidores de grande força e capacidade matemática foram os construtores.

Há apenas um grupo que pode habilitar-se como o dos candidatos potenciais. Os deuses primevos da pré-história. Não um punhado de personagens mitológicas forjadas das tradições ou lendas de rituais religiosos arcaicos, mas uma casta de eficientes seres superinteligentes e sobrenaturais. Homens de antecedente divino e cuja morada anterior era de natureza celeste. Homens-espírito que, no decorrer dos tempos antigos, transformaram-se e tornaram-se iníquos e maus. São estes os arquitetos das construções, os fundadores dos ritos religiosos e os originais sumos sacerdotes da antiguidade egípcia.

O conteúdo do "Livro dos Mortos" ou dos "Textos das Pirâmides" dos antigos egípcios fundamentam essa teoria? A resposta é uma sonora afirmativa. Assim como textos e construções da Grécia e de Roma (e de outros lugares) endossam essa verdade, assim também os monumentos e textos egípcios ajustam-se, como uma mão numa luva, aos textos hebraicos, que dão testemunho de uma raça de seres sobrenaturais angélicos caídos que povoaram esta Terra antes de serem aniquilados num dilúvio mundial.

Não cabe a mim pesquisar todos os recessos dos textos egípcios. Não tenho competência nem propensão para isso. Contudo, basta que se diga que todas essas escrituras profanas darão apoio e provarão a tese de que esses mesmos deuses de outrora são os agentes e iniciadores de todos os enigmas pertinentes ao Egito e ligados a ele e seu passado misterioso.

Mas permitam-me usar de cautela. A atividade dessas criaturas é praticar o embuste. Nem sempre o que se vê é real. Não tenho dúvida de que boa parte dos ritos fúnebres e rituais e doutrinas religiosas do Egito nada mais são do que dissimulações criadas para iludir e dominar mortais ingênuos e ignorantes que estavam sob a magia desses poderosos semideuses.

Portanto, eles não revelam suas verdadeiras natureza e identidade. O segredo e a escamoteação são seus amigos íntimos. Assim como aconteceu no Egito antigo e em outros lugares, assim também o foi através da história em todas as nações, até a atualidade e com a inclusão desta. Essas criaturas escondem-se por trás de doutrinas e padrões religiosos destinados a conduzir a cega maioria dos seus devotos pela senda do erro que, afinal, e inevitavelmente, termina em desespero e destruição.

Isso não significa dizer que eles não tenham poder. Possuem, sim, vasta influência e autoridade e força, o que demonstraremos nestas páginas na devida oportunidade. Mas, por ora, conscientizemo-nos de que os deuses do Egito são exatamente o que os seus textos afirmam. Assim como os "mitos" e "lendas" e escrituras e monumentos de outras eras paralelas estão nos contando de suas origens, assim também os artefatos do Egito estão gritando estridentemente para nós para falar do seu passado. Mas teremos ouvidos para escutar? Ou seremos, como os pretensos especialistas e cientistas, incapazes de reconhecer um avestruz a menos que uma dessas aves caia na cabeça deles?

Vamos agora ver o nome de alguns dos principais deuses e deusas do Egito, lembrando-nos sempre de suas réplicas da Grécia e de outras regiões do Mediterrâneo por volta das mesmas épocas.

Figura 10 - Algumas das mais proeminentes divindades do panteão egípcio na concepção de um artista. No sentido horário a partir de baixo, à esquerda: Cnum; Rá; Sobek; Anúbis; Hórus.

Ré ou *Rá* era o deus solar criador (ver Figura 10). Seu centro de culto era em Heliópolis. Ele é representado com a cabeça de um falcão, que tem um disco solar e uma naja à volta deste. Diz-se que *Ré* ou *Rá* fundiu-se com o deus da fertilidade, *Amon*, e os dois tornaram-se *Amon-Rá*, o rei dos deuses.

Amon (o *oculto*) era o principal deus da guerra do império egípcio e frequentemente aparece usando duas plumas e carregando uma lança. Acreditava-se que *Amon-Rá* tinha surgido das escuras águas primordiais de Nun. Ele criou a luz e a terra e depois concebeu os primeiros deuses, que se chamaram *Shu* e *Tefnut*. Irmão e irmã casaram-se e geraram *Geb* e *Nut* que, por sua vez, geraram quatro dos deuses principais: *Osíris, Ísis, Set* e *Néftis*. Esses nove deuses eram venerados em Heliópolis e são conhecidos como a Grande Novena.

Hórus é outro deus que pertence a esse panteão. Filho de *Osíris* e *Ísis*, ele desempenha papel importante e está presente em toda a história das diferentes eras do Antigo, Médio e Novo Império do Egito. Os seguidores de *Hórus* eram conhecidos como "mentores celestiais de mistérios".[52]

Osíris era o deus da morte e do renascimento e irmão e consorte de *Ísis*. Deus supremo do mundo inferior (*Hades?*) e primogênito de *Geb* e *Nut*, *Osíris* foi morto por seu irmão ciumento, *Set*.

Néftis era esposa de *Set*, mas quando este matou *Osíris*, ela aliou-se a *Ísis*.

Representado como um gavião ou falcão, *Hórus* lutou contra *Set* para reivindicar a herança do seu pai. Ele é representado desde os tempos pré-dinásticos e sempre aparece como um falcão ou homem-gavião.

Hator era a deusa do amor (sexo) e da bebida. Era uma deusa da fertilidade e era representada como uma mulher com cabeça de vaca ou com chifres.

Anúbis era o deus do embalsamamento e filho dos deuses *Néftis* e *Osíris*, que permitia a entrada dos mortos no mundo inferior. *Anúbis* tinha a cabeça de um chacal e o corpo de um homem. Ele era "aquele que ficava diante do pavilhão dos deuses" e o "senhor dos túmulos". Depois da cerimônia da pesagem das almas, *Anúbis* conduzia o morto ao trono de *Osíris*.

Thot era conhecido como o anjo escriba e dizem ter sido o inventor da astronomia, da ciência, da matemática, da magia e da escrita. Arbitrava questões entre os deuses. Tratou os ferimentos de *Hórus* e *Set* depois da luta destes.

Thot e *Maat* estão presentes em todos os textos mais antigos, inclusive nos Textos das Pirâmides que datam de 3000 a.C. ou talvez de antes. No "Livro dos Mortos", *Thot* é tido como aquele **"que faz cálculos no céu, aquele que conta as estrelas, o recenseador da terra e do que nela existe, e o medidor da terra"**. (É possível que ele tenha sido o arquiteto da Grande Pirâmide!)

Maat era esposa de *Thot* e deusa da verdade e da justiça.

Ptah está entre os mais antigos dos deuses e foi o supremo deus da criação em determinada época. Era o deus dos arquitetos, artistas e pedreiros e o criador de artes de desenho e escultura. Era representado como um deus-homem de cabeça raspada que empunhava um cetro. A divindade conhecida como *Cnum* era representada como um homem com cabeça de carneiro. Dizia-se que controlava a cheia anual do Nilo. E era também um dos deuses-homens primevos, e dele se dizia que tinha criado o homem em sua roda de oleiro.

Sobek era um deus com cabeça de crocodilo. Seu templo era em Kom Ombo nas margens do Nilo superior, onde residia com sua esposa *Hator*, e o filho deles, *Khonsu*. Qualquer inimigo dos deuses era imediatamente destruído por essa terrível deidade.

Sekhet ("a Poderosa") era uma deusa ameaçadora com cabeça de leoa. Era filha de *Rá* e consorte de *Ptah*. *Hator* metamorfoseou-se nela para destruir a humanidade, mas *Hator* foi astuciosamente induzida a beber cerveja que ela julgou ser sangue. Isso a deixou embriagada e, em consequência, interrompeu a destruição da humanidade. *Sekhet* era uma feroz deusa da guerra usada pelo vingativo deus solar contra a raça humana.

Em algum momento no decorrer do período do Antigo Império, os três primeiros faraós, segundo consta, foram concebidos por um sacerdote de *Rá*, depois de ter copulado com o próprio deus. Por causa disso, todos os faraós acreditavam ser descendentes diretos dos deuses; assim, faraó, significa "filho de *Rá*".[53]

Em nosso estudo da incursão dos *Nephilim* depois do Dilúvio, assinalamos que alguns dos seus descendentes eram conhecidos como *rafaim*, nome derivado de um certo *Rafa*. Seria esse *Rafa*, da região de Canaã, o mesmo *Rá* que gerou os três faraós? Afinal de contas, essas regiões distavam apenas algumas centenas de quilômetros uma das outras, tornando as viagens e o acesso relativamente simples. Esses descendentes de *Rafa* (hebraico: *terrível*) e seus camaradas íntimos, os *enacim*, descendentes de *Enac* (hebraico: *gigante, de pescoço longo)*, juntamente com outros descendentes dos *Nephilim,* tinham povoado toda a região de Canaã na época em que Abraão e Sara passaram por ali, c. 1912 a.C. (ou 436 anos depois do Dilúvio). Remanescentes desses "gigantes" ainda permaneciam na região quando Davi derrotou Golias c. 974 a.C. De maneira que, para os 938 anos supervenientes temos indícios que mostram que esses descendentes de *Nephilim* estavam na área genérica de Canaã, que ficava próxima do Egito e em certa época, foi uma província deste. Não é necessário qualquer esforço da imaginação para concluir que essas criaturas participavam sobremaneira, portanto, dos assuntos do Egito durante todo esse período.

Rafah é uma cidade que fica cerca de 32 quilômetros ao sul da atual Gaza na fronteira entre Israel e o Egito. Seu nome antigo era *Rapha*. É provável que o *Rapha* que deu o nome à cidade (originalmente) fosse um *Nephilim* pós-diluviano ou um de seus descendentes.

A propósito, *Enac* era filho de um tal *Arba*. Em hebraico, *Arba* significa *"força de Baal"*. Baal era a principal divindade masculina dos fenícios e cananeus e Astarote era sua principal deusa. Baal, em hebraico, significa *"senhor, dono"*, ou *"o senhor que possui"*. Esse *Enac* era um *Nephilim* e seu nome sugere uma conexão direta com *Baal*, outro apelido de Satã.

Arba construiu uma cidade que se chamou *"Quiriate-Arba"*, ou "cidade de *Arba*". A Bíblia diz que essa cidade foi fundada sete anos antes de Zoã no Egito (Números 13:22), que foi edificada pelos primeiros reis da 19ª dinastia. Ramsés II fez desta sua capital e Zoã foi cena do êxodo e célebre por sua sabedoria.

No nome *Enac* achamos outro vínculo com as estrelas, pois, no signo de *Escorpião* e na constelação de *Serpentário*, a estrela mais brilhante chama-se *Enac*, que significa "abrangente".[54] No Livro dos Números, 13:33, lemos que os espias enviados por Moisés disseram: *"Lá também vimos gigantes (Nephilim), os filhos de Enac, descendência de gigantes (Nephilim)."*

Assim como acontece com os deuses gregos e romanos, temos novamente a impressão de achar esse fio condutor relacionado com os *Nephilim* e seus descendentes no Egito.

Também já ficou demonstrado que os túneis de descida na Grande Pirâmide de Gizé alinham-se com quatro estrelas distintas em certas ocasiões. O túnel do lado norte que leva à Câmara do Rei alinha-se com a *alfa Draconis*, enquanto o túnel do lado sul alinha-se com a *Zeta Orionis*. O túnel do norte que leva à Câmara da Rainha alinha-se com a *beta da Ursa Menor* e o túnel do sul alinha-se com *Sirius*.

Embora não se tenha descoberto ainda qualquer conexão direta da *beta da Ursa Menor* com um deus egípcio, temos associações claras para as outras três. *Sirius* é a réplica celestial da deusa *Ísis* e é identificada com ela. *Zeta Orionis* é a estrela mais brilhante e a de posição mais baixa no cinturão de Órion. É associada com *Osíris*. Os antigos egípcios faziam referência a *Osíris* como o deus supremo da ressurreição e do renascimento na época remota conhecida como "Zep-Tepi" ou "Primeiros Tempos". Em um dos Textos dos Sarcófagos, assim se fala de *Osíris*: *"Osíris, Senhor dos Duplos.... que atravessa suas duas terras, que navega em frente das estrelas do céu."* E o encantamento 882 do Texto das Pirâmides afirma: "Ó Rei, **sois esta grande estrela, companheira de Órion**." *Órion*, o grande caçador da mitologia grega seria *Osíris*, que reinava no Egito a uma pequena distância?

De maneira que aqui temos mais dois dos deuses primevos da préhistória, *Osíris* e *Ísis*, associados com estrelas proeminentes e com nomes tirados delas. Mas o que dizer de *alfa Draconis*?

O *Dragão (Draco)* é a terceira constelação no signo de *Sagitário* e está localizada no hemisfério norte. Sua estrela mais brilhante chama-se *Thuban*, que significa "o Sutil". Nas ilustrações do planisfério dos céus, o Dragão é representado como uma serpente. Em 2170 a.C., o Dragão era a estrela polar. Em muitos lugares das Escrituras do Antigo Testamento e no Apocalipse, o dragão está diretamente associado com Satã. De maneira que, no túnel da Pirâmide que leva à Câmara do Rei e que se alinha com as estrelas, há uma ligação direta com o *Dragão*, que é a serpente ou Satã, que é mais sutil do que qualquer animal do campo. Assim está escrito sobre ele no Apocalipse:

> **E foi expulso o grande dragão, a antiga serpente que se chama diabo e Satanás, o sedutor de todo o mundo, sim, foi atirado para a Terra, e, com ele, os seus anjos.**
>
> *Apocalipse 12:9*

Isso não deixa dúvida quanto à identidade do dragão. E agora temos um importante indício da conexão entre a Grande Pirâmide de Gizé e o príncipe comandante do bando rebelde de anjos caídos, Satã, e dois de seus subordinados terrestres: *Osíris* e *Ísis*.

Se voltarmos nossa atenção para a queda original de Lúcifer nos recordaremos de que, nas palavras do profeta Isaías, foi sua ambição arrogante que o levou a cair em desgraça. Mas o trecho de Isaías revela outro detalhe interessante:

> **Tu dizias no teu coração: "Eu subirei ao céu; acima das estrelas (*anjos*) de Iahweh exaltarei o meu trono e no monte da congregação me assentarei, nas extremidades do Norte."**
>
> *Livro de Isaías 14:13*

O Dragão está situado no céu do hemisfério norte e esse versículo leva a crer que a morada de Iahweh e de sua congregação também seja no norte.

No versículo 519 dos Textos das Pirâmides encontramos outra ligação celestial entre esses avatares primordiais, *Ísis* e *Osíris*, e o filho deles, *Hórus*.

"Ó Estrela d'alva, Hórus do mundo inferior, divino falcão."

Lúcifer significa literalmente "Estrela da Manhã", expressão aqui empregada como um complemento de um dos principais heróis da galeria de deuses que se inicia nos albores do Egito antigo. *Hórus* desempenha um papel importante durante toda a história dos faraós e mais além, e é nitidamente identificável em gravações em pedra em muitos dos templos do Egito. Frequentemente, ele é apresentado como um homem grande, com mais que o dobro do tamanho dos seus cativos, e muitas vezes aparece segurando vários escravos ou prisioneiros pelos cabelos com uma mão, enquanto o outro braço, erguido, empunha uma arma pronto para abater a presa.

Haverá qualquer dúvida de que As Pirâmides de Gizé, conhecidas pelos antigos egípcios como o "portão para o outro mundo" e que datam da época primeva, o *"Zep-Tepi"* ou *"Primeiros Tempos"* dos deuses *Hórus*, *Ísis* e *Osíris*, estavam diretamente relacionados com as atividades dos *Nephilim* e de seus descendentes? Em seu excelente livro *Heaven's Mirror*, Graham Hancock nos assegura que os Textos de Edfu afirmam que o desenvolvimento desses locais deverá ocasionar "o ressurgimento do mundo dos deuses que existiu outrora". Hancock diz também que a época dos "sete sábios" foi uma era em que os seres divinos estabeleceram-se ao longo das margens do Nilo; esses seres divinos ficaram conhecidos como os "deuses construtores". Foi nessa terra primeva que as primeiras moradas dos deuses foram erigidas, mas essa antiga possessão foi destruída por um dilúvio colossal e a maioria de seus habitantes pereceu afogada e suas moradas foram inundadas.[55]

A esta altura deve ter ficado manifestamente óbvio ao leitor que existe uma conexão clara e distinta entre grande parte dos indícios subsistentes nos textos egípcios e nos relatos bíblicos do Dilúvio de Noé, e as atividades dos *Nephilim*. Mas essas conexões tornam-se mais pronunciadas e o quadro mais nítido ainda à medida que os indícios se acumulam.

Outro exemplo da obsessão que os deuses do Egito tinham em relação às estrelas e seus cursos encontra-se no teto do Templo de Hator em Dendera (ver Figura 11). Aqui encontramos não apenas os 12 signos do Zodíaco e seus personagens principais, mas também representações dos próprios deuses manifestamente vagando entre as constelações; estão incluídos *Mercúrio*, *Vênus*, *Marte*, *Júpiter* e *Saturno*. *Sirius*, o *Draco* e *Órion* também são claramente visíveis.

Na tentativa de estabelecermos as razões dessa obsessão pelos corpos celestes e também por uma busca sem fim pela imortalidade e pela vida eterna (o que fica evidenciado pelos seus vários rituais e ritos religiosos), é necessário termos em mente que houve um tempo em que es-

Figura 11 - O Zodíaco no teto do Templo de Hator em Dendera, mostrando muitos dos deuses vagueando entre as constelações.

ses homens sobrenaturais eram donos desses tesouros. Antes de sua rebelião e de sua decisão voluntária de tomar o partido de Lúcifer e tentar usurpar o trono de Iahweh, esses anjos possuíam tanto a imortalidade quanto uma morada celestial entre as estrelas. Mas por terem acreditado na mentira da serpente foram alijados da presença de Iahweh e lançados à Terra. Essa foi a recompensa deles.

Depois de terem vivido entre corpos celestiais e possuído a imortalidade, estão agora exilados numa terra distante. E, como a maioria dos exilados, anseiam por ser reintegrados à sua condição original e retornar ao antigo lar. Além do mais, eles agora enfrentam a probabilidade do castigo máximo, conforme profetizado e prometido por Iahweh: "**Ele (o Messias) te esmagará a cabeça**" (e, por extensão, a cabeça dos teus companheiros), *Gênesis 3:15*.

Assim, não é de admirar que, tendo apostado no perdedor, essas forças do mal tentassem fazer tudo que estivesse ao seu alcance para eliminar o Messias, frustrar o plano de Iahweh e assim evitar a própria destruição e recuperar a imortalidade. Foi essa a razão principal que levou os *Nephilim* a infiltrarem-se na Terra. E a encheram de violência. O plano era exterminar toda a vida humana, pondo fim, assim, à "linhagem da descendência da mulher", de maneira que o Messias fosse impedido de nascer. Mas Iahweh sempre parece estar um passo à frente nesse eterno jogo de xadrez e ele manteve a linhagem por meio de Noé e sua família.

Depois do Dilúvio, quando os príncipes das trevas ficaram sabendo que Abraão possuiria a Terra Prometida, e que por meio dele a descendência continuaria, Satã novamente tentou impedir a realização dessa profecia inundando toda a área de Canaã com uma segunda incursão dos *Nephilim*, de maneira que Israel não conseguisse possuir a terra e a linhagem fosse interrompida mais uma vez. Mas, ai dele, seu plano fracassou novamente e, como sempre, a profecia de Iahweh realizou-se.

E assim a luta continua. Muitas vezes, através dos tempos, Satã importunou Israel e a linha da descendência da mulher a fim de frustrar a profecia e destruir a promessa de um Messias redentor. Quando o Messias foi crucificado e colocado num túmulo, Satã e sua hoste pensaram ter finalmente vencido e evitado sua extinção. Tenho certeza de que fizeram uma grande comemoração naquela noite. E talvez seja por isso que o Messias, em seu novo corpo espiritual ressuscitado, foi à presença dos anjos caídos em sua prisão no *Tártaro*. Sem dúvida um dos melhores exemplos de desmancha-prazer que já ocorreu na história.

Mas estou me afastando do assunto. Mais à frente, as perguntas pertinentes ao contexto maior daquilo que está ocorrendo, precisamente, e por que, serão respondidas com alguns pormenores. Consequentemente, o leitor estará mais capacitado a compreender as razões dessa batalha cósmica e aonde isso vai nos levar e como tudo terminará. Mas, por ora, voltemos ao passado.

Em muitos dos templos e monumentos dos deuses de eras passadas, os sacrifícios de sangue pareciam ser uma parte importante do ritual. As pirâmides dos maias no México e em outros locais deixaram-nos a impressão de que os deuses tinham apetite insaciável por sangue fresco.

Os astecas, segundo dizem, sacrificavam até 60.000 indivíduos por ano, frequentemente enterrando facas no peito da vítima e arrancando-lhe o coração, enquanto este ainda batia, a fim de aplacar os deuses.

O historiador Muñoz Camargo descreveu um sacrifício desse tipo: "Um indígena que tinha sido sacerdote do demônio contou-me que quando arrancavam o coração da infortunada vítima, a força com que o órgão pulsava e estremecia era tão intensa que este comumente erguia-se do solo três ou quatro vezes antes de esfriar."[56]

Sabemos que no tempo de Abraão, muitos dos povos circunvizinhos praticavam sacrifícios humanos. Então quando Iahweh ordenou a Abraão que levasse seu filho Isaque ao alto do monte Moriá e o oferecesse em sacrifício, Abraão não hesitou em obedecer ao Senhor. Uma das razões de sua não-vacilação foi que tinha pleno conhecimento de que sacrifícios humanos eram a norma nas regiões ao seu redor. Foi esse o local onde o Messias foi sacrificado dois mil anos mais tarde. E, assim como Abraão fora impedido de matar seu filho e um cordeiro fora sacrificado em lugar

Figura 12 - Uma seção da Paleta do rei Narmer, que data de 3200 a.C. aproximadamente, mostra o faraó do mesmo nome fazendo uma oferenda votiva ou oferenda dádiva a seu "pai", o deus Amon-Rá. A paleta de ardósia, decorada em ambos os lados, esteve em tempos passados em exposição no Templo de Hórus em Nekhen (Museu do Cairo).

Figuras 13/14 - Relevos do Egito mostrando a grande diferença de tamanho entre esses dois faraós e seus súditos.

de Isaque, no Calvário, o Messias, o Cordeiro de Deus, foi oferecido como o sacrifício supremo pela humanidade.

Contudo, no Egito, segundo meu antigo guia, sacrifícios humanos nunca haviam sido oferecidos aos deuses. Presumo que o guia não queria que nada, fosse o que fosse, causasse má impressão sobre o Egito ou à cultura deste. Mas as imagens e gravações em pedra contam uma história diferente. No Vale dos Reis, por exemplo, há um relevo que representa uma fila de prisioneiros, muitos com a cabeça decepada de onde o sangue esguicha em todas as direções. Em outro relevo, um prisioneiro ajoelha-se diante de um dos faraós. As mãos dele estão amarradas atrás das costas e o rei, com o braço erguido e arma na mão, está a ponto de desferir o golpe. Atrás do prisioneiro, um sorriso torcido nos lábios, um dos deuses observa com ar de aprovação. Quando inquiri meu guia sobre o significado desse relevo, ele respondeu que era "simbólico".

Na enorme muralha ao lado da entrada do templo maciço em Edfu há um relevo de *Hórus* com cinco prisioneiros núbios em sua mão esquerda, seu braço direito erguido, pronto para executar os infelizes. *Narmer*, considerado o primeiro dos reis do Egito, viveu no período pré-dinástico de 3000 a.C. ou antes. É considerado um "golpeador de cabeças" (ver Figura 12). Num período muito posterior, provavelmente c. 1200 ou 1300 a.C., vemos outro faraó recebendo oferendas de seus súditos (ver Figura 13). Mas devemos observar mais minuciosamente essas duas figuras, distantes quase dois mil anos uma da outra. A primeira das figuras, Narmer, data aproximadamente da época dos deuses da Grécia e de Roma, a era dos Titãs (daí o nome do navio *Titanic*). Uns dois mil anos mais tarde, nos dias de Ramsés II, houve a "batalha pela terra" entre Josué e os gigantes que habitavam toda a área de Canaã. Se compararmos o tamanho de Narmer e o do faraó da Figura 13 com o tamanho dos outros homens, veremos que aqueles são pelo menos duas vezes maiores. Observem, também, a diferença de tamanhos na Figura 14.

Isso acontece em muitas das pinturas e esculturas egípcias antigas. Invariavelmente, os deuses ou os faraós são enormes se comparados às pessoas comuns que os cercam. Isso se verifica em muitas das pinturas de cenas comuns de rituais religiosos, ou cenas de caçadas ou de guerra. É claro que, dirão muitos, isso pretendia indicar que os reis e os deuses eram superiores aos simples mortais retratados nas mesmas cenas. Os eruditos desdenharão qualquer ideia de que talvez esses deuses e seus descendentes fossem realmente duas vezes maiores que homens comuns. A julgar pelas aparências, essas representações dão a Narmer e ao faraó da Figura 13 quase a mesma altura (isto é, aproximadamente 4 a 5,50 m). Como no caso de Golias, que tinha pouco mais de 4 m de altura e Og, rei de Basã, cuja cama media 5,60 m de comprimento e mais de 2,75 m de largura (Figura 5).

Não é improvável supor que esses deuses e soberanos, que planejaram e construíram com detalhes magistrais os templos e pirâmides do Egito, eram totalmente imprecisos na representação do próprio tamanho e altura? Não, para aqueles que têm olhos é óbvio que, assim como os Titãs eram grandes na estatura e na força, assim também seus semelhantes, os *Nephilim* do Egito e seus descendentes eram homens monstruosos e gigantes. Essa enorme superioridade de tamanho habilitava-os a escravizar pessoas comuns e ser seus senhores, para que deuses e reis exercessem domínio absoluto. Isso é um fato em qualquer local do mundo onde esses templos e pirâmides extraordinários foram encontrados. Se assim não fosse, e os *Nephilim* e seus descendentes fossem iguais aos mortais, seriam rapidamente derrotados e eliminados e não teríamos registros ou monumentos que testemunhassem sua existência.

Imensa força física era, sem dúvida, um atributo desses super-homens. Mas eles dispunham de algo mais do que simples força física para erigir esses edifícios, alguns dos quais incluem na sua estrutura enormes blocos de pedra colocados a grandes alturas. Em Sacsayhuaman, nos Andes, por exemplo, há uma pedra cujo peso é calculado em cerca de 355 toneladas e está colocada a uma altura de 8,5 m.[57] Consideremos, também, os 2,3 a 2,5 milhões de blocos da Grande Pirâmide e o corte e a colocação desses blocos em vista do problema oferecido pelas várias câmaras e corredores. A simples extensão e magnitude dessa estrutura quase desafia a lógica, e hoje, não há possibilidade de que tal façanha possa ser repetida. Portanto, como é que os construtores realizaram essas tarefas grandiosas e com tal precisão matemática?

A esse enigma tentaremos responder agora.

As lendas do deus Viracocha e os mitos dos Andes falam do deus de pele branca e de seus compatriotas, descritos como "os mensageiros, os seres luminosos", que chegaram em tempos primordiais e foram os responsáveis pela construção dos grandes templos por meio da magia. Diziam que Viracocha tinha criado homens gigantes dos céus para construírem os templos.[58] Mas depois afogou-os a todos e cobriu de água o mundo (parece familiar?). Os incas também acreditavam que eles eram exilados do mundo acima e lutavam para voltar à antiga morada.[59] É devido à sua conexão espiritual que os deuses de outrora conseguiram realizar façanhas físicas tão colossais. Para citar alguns exemplos dessa força, voltemos às Escrituras. Primeiramente a uma passagem já citada relativa a um homem possuído por uma "legião" de demônios:

> Chegaram à outra margem do mar, à terra dos gerasenos. Ao desembarcar, logo veio dos sepulcros, ao seu encontro, um homem possesso de espírito imundo, o qual vivia nos sepulcros, e nem mesmo com cadeias alguém podia prendê-lo; porque, tendo sido muitas vezes preso com grilhões e cadeias, as cadeias foram quebradas por ele, e os grilhões, despedaçados. E ninguém podia subjugá-lo.
>
> *Marcos 5:1-4*

Esse é um exemplo do poder espiritual em seu lado negativo. Pois aqui temos um homem que, em circunstâncias normais, de maneira alguma conseguiria "despedaçar" cadeias e romper grilhões em seus pés. O que o capacitou a realizar essa proeza física foi o poder espiritual do qual ele havia sido impregnado. Em outras palavras, foi o poder espiritual demoníaco agindo por meio dele que despedaçou as cadeias e rompeu os grilhões dos seus pés. Os mesmos poderes espirituais utilizados pelos *Nephilim*, pelos Titãs, etc.

A seguir temos a história dos sete filhos de um sumo sacerdote. O pano de fundo aqui é o apóstolo Paulo curando muitas pessoas e exorcizando demônios enquanto pregava entre os gentios. E então alguns impostores tentaram fazer o mesmo:

> E alguns judeus, exorcistas ambulantes, tentaram invocar o nome do Senhor Jesus sobre possessos de espíritos malignos, dizendo: "Esconjuro-vos por Jesus, a quem Paulo prega."
> Os que faziam isso eram sete filhos de um judeu chamado Ceva, sumo sacerdote.

Mas o espírito maligno lhes respondeu: "Conheço a Jesus e sei quem é Paulo; mas vós, quem sois?"

E o possesso do espírito maligno saltou sobre eles, subjugando a todos, e de tal maneira prevaleceu contra eles que, desnudos e feridos, fugiram daquela casa.

Atos dos Apóstolos 19:13-16

Isso parece bastante humorístico em certo nível. Mas a questão aqui é que um homem possuído de um espírito maligno era mais forte do que sete outros.

Em Lucas 4 temos um dos registros das tentações do Messias. E no versículo 5 lemos:

O diabo, levando-o para mais alto, mostrou-lhe, num instante, todos os reinos da Terra.

Confesso que não entendo plenamente o que aconteceu aqui. O que persiste é que o diabo conseguiu mostrar ao Messias todos os reinos da Terra "num instante". Aqui houve, sem dúvida, interferência do poder espiritual e isso constitui mais um exemplo dos recursos disponíveis no reino espiritual.

Êxodo, capítulo 7 proporciona outro exemplo do poder espiritual negativo acessível ao mundo demoníaco:

Então Moisés e Aarão se chegaram a Faraó e fizeram como o Senhor lhes ordenara; lançou Aarão a sua vara diante de Faraó e diante dos seus oficiais, e ela se tornou em serpente.

Faraó, porém, mandou vir os sábios e encantadores; e eles, os sábios do Egito, fizeram também o mesmo com as suas ciências ocultas.

Pois lançaram eles cada um a sua vara, e elas se tornaram em serpentes; mas a vara de Aarão devorou as varas deles.

Todavia, o coração de Faraó se endureceu, e não os ouviu...

Êxodo 7:10-13

Eis aí um exemplo perfeito do poder do bem e do mal. Ademais, essa cena decorre no Egito antes do êxodo, c. 1490 a.C. É interessante observar que os sábios e encantadores transformaram suas varas em serpentes empregando suas "ciências ocultas". O que torna isso digno de nota é que existem apenas informações muito superficiais sobre o povo que construiu muitos dos grandes monumentos espalhados pelo mundo. Parece que esconderam seus rastros e ocultaram suas intenções de maneira muito proposital. Os Druidas, por exemplo, não deixaram textos e passaram suas tradições oralmente e em segredo. (Sacrifícios de sangue também eram parte dos seus rituais místicos.)

As atividades dessas seitas eram invariavelmente envoltas em mistério. Assim, também, com as ciências ocultas e negras dos encantadores dos faraós. Somente os iniciados tinham acesso aos ritos mais profundos e clandestinos da sociedade secreta.

Assim, quando ponderamos sobre como esses deuses moldaram e assentaram essas pedras gigantescas nos monumentos que construíram, não podemos nos esquecer de que estamos lidando com seres que tinham grande poder espiritual à sua disposição.

Os Titãs e os *Nephilim* não eram grandes apenas em estatura e em força física. A infusão do poder espiritual de que dispunham capacitava-os a realizar façanhas ainda mais pujantes. E o líder deles foi o ser sobrenatural mais exaltado de todos quando criado. Lembremo-nos de como Ezequiel o descreve:

Tu és o sinete da perfeição, cheio de sabedoria e formosura...
De ouro se te fizeram os engastes e os ornamentos; no dia em que foste criado, foram eles preparados.
Tu eras querubim da guarda ungido, e te estabeleci.
Permanecias no monte santo de Deus.
No brilho das pedras andavas.
Perfeito eras nos teus caminhos, desde o dia em que foste criado até que se achou
iniquidade em ti...
Elevou-se o teu coração por causa da tua formosura, corrompeste a tua sabedoria por causa do teu resplendor.

Ezequiel, 28-12-17

Em nenhum outro lugar as Escrituras falam de qualquer dos *"filhos de Deus"* ou qualquer outro ser angelical da maneira como falam de Lúcifer. Não estamos lidando aqui com um ser comum. Ele era tão poderoso que julgou-se acima do Altíssimo, capaz de destronar Iahweh. Esse é o poder que jaz por trás das "ciências ocultas" de toda feitiçaria e magia negra desde o início dos tempos. Lúcifer – uma de suas alcunhas – é o "impostor". A ocupação dele é praticar atividades sigilosas e dissimuladas. Seu *modus operandi* consiste em nos despistar e nos ocupar com buscas inúteis por caminhos errados. Escritores e pesquisadores não têm descoberto os praticantes dessas ciências ocultas e os construtores de templos dos quais falamos principalmente porque, na maioria dos casos, eles têm feito escavações nos lugares errados. E Lúcifer e seu bando têm sido tão bem-sucedidos em ocultar sua pista que poucos artífices são suficientemente qualificados para levantar a pedra e revelar a serpente que se esconde por baixo.

Não sabemos ao certo que ferramentas usaram ou que meios empregaram para moldar esses grandes monumentos. Mas quando os colonizadores e agentes de Lúcifer conseguem realizar proezas como transformar varas em serpentes, ou fazer um homem romper grilhões e correntes como se fossem de papel, será tarefa tão difícil construir uma pirâmide ou erigir grandes templos? Como já dissemos, estamos lidando com seres que se consideravam iguais ao próprio Iahweh. E basta olharmos para o poder manifestado pelo Messias quando ele estava na Terra para vermos mais exemplos da força espiritual, ainda que, nesse caso, de caráter totalmente positivo. Por exemplo:

Porque em verdade vos afirmo que, se alguém disser a este monte: "Ergue-te e lança-te no mar... assim será com ele."

Marcos, 11:23

Os evangelhos estão repletos de passagens sobre o poder do espírito conforme exemplos do Messias. Nos Atos dos Apóstolos há, ainda uma vez, muitos exemplos dos discípulos executando suas tarefas e emulando o que o Messias havia feito anteriormente. Então, será de surpreender que o precursor do Messias, que já estava presente antes da fundação deste mundo (e provavelmente desempenhou papel proeminente em seu planejamento e construção), tenha capacidade para projetar e construir simples pirâmides e templos? Para ele e seus lacaios não constitui grande problema construir traçados intrigantes em Nazca. Mas o que é espantoso é a maneira pela qual Satã e seu bando infernal conseguiram manter praticamente o mundo inteiro nas trevas e na ignorância durante tanto tempo.

Quando pesquisamos os alinhamentos matemáticos e astronômicos das pirâmides e dos templos do México, da Guatemala, do Camboja e do Egito (e de outros lugares) não nos esqueçamos de que esses homens-espírito estão intimamente familiarizados com as estrelas e seus cursos. Também são plenamente conscientes dos signos e estações que assinalam a precessão dos equinócios. E tenho certeza de que observam cuidadosamente a ocorrência de quaisquer conjunções ou outros sinais nas estrelas que anunciem o próximo grande acontecimento no calendário profético. Pois eles têm plena consciência do que está por vir.

Lembramo-nos de *Thot*, tido na conta de mestre da matemática e da astronomia e de "anjo escriba". Lembramo-nos de que o demônio foi capaz de mostrar ao Messias todos os reinos da Terra "num momento". Estamos cientes de que, por meio de suas maquinações e artifícios, o mundo inteiro está preso na rede da ilusão e do desespero. Portanto, é manifestamente claro que o arquiteto e responsável por trás de todas as imponentes pirâmides e templos deste mundo, e pelos atos sombrios que caracterizaram os tempos antigos é ninguém mais que Satã, o demônio, a antiga serpente que ilude o mundo inteiro. Ele é o cérebro e o motivador por trás dos seus deuses menores, os *Nephilim*.

Mas por que escolher o formato de pirâmide? Não seria mais prático construir um templo ou uma torre ou uma estátua ou algum outro ícone? Mas uma pirâmide? O formato é tão incomum e inadequado! Ou haveria outra razão que fez os deuses escolherem a pirâmide? Acredito que haja grande significação nessa forma e uma boa razão que levou à sua construção. Responderemos esse enigma no devido tempo.

12

OS GUARDIÕES

Eu gostaria de encerrar esta seção mencionando outros detalhes de informação que podem lançar mais luz sobre o tema em questão. Em capítulos anteriores falamos da possibilidade de que a engenharia genética ou modificação genética possa ter sido praticada em tempos antigos. No Egito, também, temos indícios que sugerem a possibilidade de que isso tenha ocorrido se aceitarmos as gravações em pedra e outros registros pelo que aparentam ser. Pode-se dizer o mesmo com relação a muitos dos impérios que existiram antes e depois do Dilúvio.

Observemos a Figura 15. É um entalhe que data da época de Salmanasar III, um rei assírio, e foi esculpida num obelisco. Se esses seres não são reais, por que os artesãos e seus soberanos se dariam a tanto trabalho para realizá-la? Afinal de contas, a produção dessas imagens em detalhes tão minuciosos deve ter exigido um trabalho bem longo de algum escultor de pedra. Deve ter sido, também, um empreendimento caro. O mesmo pode ser dito da outra figura da mesma procedência (Figura 16).

Existem muitas outras ilustrações que retratam diferentes criaturas metade animal, metade humana. São aproximadamente da mesma época e de países relativamente próximos um do outro. Por que os artistas e seus patrocinadores se dariam ao incômodo de produzir essas imagens se não estivessem tentando comunicar uma ideia? E por que há tantas imagens semelhantes, visto que provêm de diferentes regiões e sociedades? Creio que esses artistas poderiam ter utilizado seu tempo e esforço criando belas imagens de centenas de temas diferentes. E por que produziriam essas imagens se não estivessem empenhados em transmitir algo real?

No templo de Ísis em Filae, no Egito, fiquei perplexo diante de uma gravação numa parede próxima do santuário. Era um dos faraós oferecendo uma esfinge bebê a um dos deuses. O surpreendente era que tudo nessa imagem parecia muito real. A esfinge parecia-se com uma criança bem nova com o corpo de um animal. Se se tratava de uma simples estátua que estava sendo presenteada ao deus, por que o trabalho de gravá-la na parede? Afinal, há centenas de estátuas bem grandes representando esfinges por todo o Egito. Por que, então, dar tanta importância a uma estátua em miniatura?

Se os seres sobrenaturais tivessem usado cruzamento para produzir um animal com cabeça humana, isso poderia realmente ser uma oferenda condizente com um deus. Mas uma estátua! Se isso fosse mesmo uma aberração metade humana, metade animal que tivesse nascido recentemente, talvez merecesse uma escultura assim elaborada.

Figura 15 - Presume-se que essa pequena criatura que está sendo conduzida pelo Rei Salmanasar III seja um "macaco", mas nem os pés nem os dedos das mãos abertos são de macaco. Gravação no obelisco negro do Rei Salmanasar III (Museu Britânico).

Figura 16 - Essas criaturas de cruzamento misto estão gravadas no obelisco negro do Rei Salmanasar III (Museu Britânico).

E temos os próprios deuses. *Hórus* tinha a cabeça de um falcão ou gavião. *Anúbis* era o deus do embalsamamento com cabeça de chacal. *Thot* era um íbis, e *Sobek*, o deus com cabeça de crocodilo. *Set* tinha uma cabeça singular, semelhante à de um tamanduá. E assim por diante. O que leva à pergunta: por que esses seres são sempre representados como metade humanos e metade animais? Os especialistas dirão que tudo isso é simbólico e é uma indicação da autoridade e do poder dos deuses. Mas haverá aqui algo mais complexo do que aquilo que conseguimos ver?

Seriam essas criaturas realmente o que parecem? Teriam os *Nephilim* empregado seus poderes de criação para manipular geneticamente esses demoníacos semideuses a fim de conquistar poder e manter o domínio sobre os simples mortais que povoavam a Terra? Observemos as imagens gerais que temos do panteão dos deuses. Lá está o grego *Pan*, metade homem, metade bode. Os *Centauros*, metade homem, metade cavalo, representados amplamente na arte antiga. O *Minotauro* era o monstro com cabeça de touro e corpo de homem que habitava o Labirinto. Este teria se entrosado muito bem com seus patrícios do Egito.

Sabemos que os deuses do Egito eram extremamente avançados na arte da medicina. Encontramos indícios disso no Templo de Sobek em Kom Ombo que dá vista para o Nilo. Esculpido numa das paredes, há um conjunto de instrumentos médicos que, segundo um ilustre cirurgião, são equivalentes a muitos dos instrumentos cirúrgicos da atualidade. Disse-me esse cirurgião que a cirurgia cosmética praticada por esses seres era tão ou mais avançada do que as nossas técnicas modernas.

É de notar, ainda, que o nome Angkor, no Camboja, sítio de ruínas arqueológicas, provém das palavras "Ankh", que significa vida, e "Hor", derivada de *Hórus*. Ou seja, "Hórus vive".[60] Bem, se ele está vivo, isso se enquadraria perfeitamente com nossa teoria de que talvez os *Nephilim* que realizaram a segunda incursão contra seres humanos depois do Dilúvio ainda têm o campo livre, pois, conforme afirmamos anteriormente, as pirâmides do México e da América Central, segundo se crê, foram construídas muito depois das do Egito. E os templos do Camboja são relativamente recentes, tendo sido erigidos, ao que tudo indica, entre 800 e 1200 d.C. Se essas datas forem precisas, é bem possível que Hórus esteja vivo, sim, e ele e seu alegre bando de *Nephilim* pós-diluvianos têm conseguido manter-se um passo à frente da civilização durante os últimos milhares de anos!

Posso estar enganado com relação a essas especulações em particular. Nada é entalhado em pedra, se me perdoarem a metáfora. Mas é bom examinar de uma perspectiva diferente os indícios que temos a fim de que, esperemos, possamos encontrar a verdade.

Livro de Enoque

Enoque era um descendente direto de Adão da sétima geração. Nasceu em 3382 a.C. (ver Apêndice). Embora o *Livro de Enoque* não seja parte do cânon do Antigo Testamento, fragmentos da obra foram encontrados entre os Manuscritos do Mar Morto, que, segundo se avalia, datam de 300 a.C., aproximadamente. Ainda que esse livro não esteja incluído no Antigo Testamento, ele é citado no Novo Testamento por Judas, que era irmão (ou meio-irmão) do Messias. Enoque escreve extensivamente com relação aos anjos caídos, a quem ele se refere como os "Guardiões", e ao Apocalipse. As citações que se seguem são do Livro de Enoque e farei comentários à medida que as lermos.[61] É importante refletir sobre esses excertos à luz das informações que já verificamos.

> E sucedeu que naquela época, quando os filhos dos homens tinham se multiplicado, nasceram-lhes filhas belas e graciosas. E os Anjos, filhos do céu, as viram e as desejaram, e disseram uns aos outros: "Vamos, escolhamos esposas dentre as filhas dos homens e geremos filhos."
>
> E Semjaza, que era o líder deles, disse-lhes: "Temo que na verdade não concordareis em praticar esse ato, e eu serei o único a ter de pagar a penalidade de um grande pecado." E todos lhe responderam e assim disseram: "Pronunciemos um juramento e comprometamo-nos todos por imprecações mútuas a não abandonar este plano mas levá-lo a cabo."
>
> E todos pronunciaram o juramento e comprometeram-se por imprecações mútuas a realizar o planejado. E eram duzentos ao todo; que nos dias de Jared desceram no cume do monte Hermom, e o chamaram de monte Hermom, porque assim tinham jurado e se comprometido por imprecações mútuas. São estes os nomes de seus líderes: Semiazaz, seu líder, Arakiba, Rameel, Kokabiel, Tamiel, Ramiel, Danel, Ezeqeel, Baraqial, Asael, Armaros, Bartarel, Ananel, Zaqiel, Samsapeel, Satarel, Turel, Jomjael, Sariel.
>
> Cada um destes chefiava um grupo de dez.
>
> *Livro de Enoque VI 1-8*

Jared, que nasceu em 3544 a.C., foi o pai de Enoque e tinha 162 anos quando seu filho nasceu. Isso seria ao tempo em que esses anjos renegados chegaram à Terra, por volta da época em que muitos especialistas acreditam que a Grande Pirâmide foi construída. Também permitiria uma ampla margem de tempo, cerca de 1.000 anos, suficiente para a população da Terra tornar-se conspurcada e depravada pela ação dessas criaturas antes do Dilúvio em 2348 a.C.

E todos os outros juntos tomaram esposas, e cada um escolheu uma para si, e eles começaram a ter relações com elas e a se macularem com elas, e lhes ensinaram sortilégios e encantamentos, e a colher raízes, e as fizeram conhecedoras de plantas. E elas ficaram grávidas e deram à luz gigantes, cujo tamanho atingia grande altura: e consumiam todos os recursos dos humanos. E quando os humanos não mais os podiam sustentar, os gigantes viraram-se contra eles e os devoraram.

E eles começaram a pecar contra aves e animais, e répteis e peixes, e a devorar a carne uns dos outros e beber o sangue.

E a terra fez acusações contra os indisciplinados.

Livro de Enoque VII 1-6

Essa passagem consolida todos os indícios bíblicos anteriores que afirmam que anjos caídos vieram à Terra e procriaram com mulheres comuns que deram à luz gigantes e estes tornaram-se os "heróis da antiguidade, varões de renome".

Num capítulo anterior, conjecturamos que os anjos caídos, os *Nephilim*, afetaram de alguma maneira os animais e aves da Terra, pois parece insólito que Iahweh condenasse "**os animais, os répteis e as aves do céu**" (*Gênesis* 6:7). Contudo, no Livro de Enoque, com referência a esse detalhe, lemos que esses anjos réprobos começaram a *"pecar contra aves e animais e répteis e peixes...."* O contexto dessa passagem é o pecado sexual, pois, de que outra maneira é possível pecar contra essas criaturas? Será isso outra alusão à engenharia genética? Estará Enoque insinuando aqui que os *Nephilim* estariam se dedicando à produção de criaturas metade humanas, metade animais que aparecem em numerosas imagens em muitos países durante essa mesma era?

Note-se, também, que foram esses seres angélicos que ensinaram aos humanos "sortilégios e encantamentos e a colherem raízes" ou seja, feitiçaria, magia negra, dê o nome que quiser. Tudo está se originando da mesma fonte. "E os fez conhecedores de plantas." Isso quer dizer que os gigantes levaram os humanos a cultivar e produzir drogas como ópio e heroína? Pois não é possível que isso tenha provindo de Iahweh. Também somos informados aqui sobre como esses gigantes começaram a devorar a carne uns dos outros e a ingerir sangue. Isso combina com muitas das histórias dos deuses gregos que, segundo aprendemos, entregavam-se a todas essas atividades.

E Azazel ensinou aos humanos como fazer espadas, e facas, e escudos, e couraças e os fez conhecer os metais (da Terra) e a arte de trabalhá-los; e braceletes e ornamentos, e a utilização do antimônio e o embelezamento das pálpebras e todos os tipos de gemas caras, e todas as tinturas corantes.

E começou a surgir muita iniquidade e a humanidade e os seres humanos praticaram fornicação e foram levados para o mau caminho e tornaram-se corruptos em todos os seus costumes.

Semjaza ensinou encantamentos e (a utilização) de raízes cortadas; Armaros ensinou a dissipação de encantamentos; Baraqijal ensinou astrologia; Kobabel as constelações; Ezeqeel o conhecimento das nuvens; Araziel os signos da Terra; Shamsiel os signos do sol e Sariel o curso da lua.

E à medida que os homens pereciam, choravam, e o seu lamento subia aos céus...

Livro de Enoque VIII 1-4

No nome desses "filhos de Deus" caídos e nas coisas que eles deram aos humanos, encontramos a astrologia, as constelações, o curso do Sol e da Lua. Isso propicia mais indícios de que o Zodíaco e seus signos não foram simplesmente inventados pela imaginação dos homens comuns ao longo do tempo, mas já eram conhecidos por essas "estrelas" caídas, e esse conhecimento, juntamente com outras fórmulas mágicas, foi transferido aos seres humanos. Também é evidente que a astrologia, considerada por alguns como a falsa contrapartida da astronomia, tem seu fundamento no mal e provém das forças das trevas.

O *Livro de Enoque* prossegue:

E Miguel, Uriel, Rafael e Gabriel, do céu olharam para baixo e viram muito sangue sendo derramado, e toda a desordem que se abatera sobre a Terra.

E disseram ao Senhor de todas as Eras: "Vós vedes o que Azazel fez, ele ensinou todo tipo de iniquidade na Terra e revelou os segredos eternos que estavam (protegidos) no Céu, que os homens estavam se esforçando para conhecer.

E foram procurar as filhas dos homens na Terra, e deitaram-se com elas e se macularam, e ensinaram a elas todos os tipos de pecados. E as mulheres deram à luz gigantes, e assim, toda a Terra se encheu de sangue e de iniquidade."

Livro de Enoque IX 1-11

Miguel e Gabriel já conhecemos. Seus nomes ocorrem frequentemente nas Escrituras em muitos lugares. Uriel e Rafael nunca foram mencionados nas Escrituras. São novos para nós. A leitura dessa passagem nos fará meditar sobre a história original de Gênesis 6, sobre como a Terra se encheu de violência e de sangue por obra dos gigantes ou Titãs, os *Nephilim* e seus descendentes. O Livro de Enoque acrescenta ainda mais detalhes e perspicácia. Mas o que fará Iahweh com relação a esse grande pecado? A história prossegue:

E então o Altíssimo, o Santo, o Grande, falou e enviou Uriel ao filho de Lameque e assim lhe disse:
"Vai a Noé e dize-lhe em meu nome, 'esconde-te' e revela-lhe que o fim está se aproximando; que toda a Terra será destruída, pois um dilúvio vai cobrir a Terra inteira e destruirá tudo que nela existe. Instrui Noé de que ele poderá salvar-se e sua semente poderá ser preservada para todas as gerações do mundo."

Livro de Enoque X 1-3

Enoque tinha um filho cujo nome era Matusalém, que significa "quando ele morrer, ele (isto é, o dilúvio) será enviado". Matusalém morreu com a idade de 969 anos no primeiro mês do Dilúvio, ano de 2348 a.C. (ver Apêndice).[62] Ele foi o primeiro homem a alcançar essa idade. Quando tinha 187 anos, Matusalém teve um filho a quem deu o nome de Lameque. Quando Lameque tinha 182 anos teve um filho a quem chamou Noé, que significa literalmente *repouso, alívio ou consolação*. Pois Noé iria dar repouso e alívio aos males perpetrados à sua volta.

No início desta seção, devotada ao Livro de Enoque, lemos que foi "nos dias de Jared" que os anjos caídos desceram no monte Hermom e começaram suas torpezas. Jared nasceu em 3544 a.C. e Noé em 2948 a.C., de maneira que as atividades dos caídos, ou "Guardiões" como Enoque os denomina, ocorreu numa determinada época durante os 596 anos entre Jared e Noé. E ainda há mais 600 anos da vida de Noé antes da ocorrência do Dilúvio. Tempo mais do que suficiente para os deuses da Grécia e de Roma e do Egito erigirem seus templos e outros edifícios e estabelecer suas lendas.

> E o Senhor disse a Rafael: "Amarra as mãos e os pés de Azazel e lança-o nas trevas; e faz uma abertura no deserto, em Dudael, e lança-o ali. E no dia do grande julgamento, ele será lançado às chamas. E toda a Terra foi contaminada pelas atividades ensinadas por Azazel: ele é responsável por todos os pecados."
>
> E a Gabriel assim falou o Senhor: "Aja contra os bastardos e os réprobos, e contra os filhos da fornicação; e destrói os filhos da fornicação e os filhos dos Guardiões de entre os homens e manda-os embora; coloca-os um contra o outro para que se destruam mutuamente em batalha, pois seus dias não serão longos."
>
> E o Senhor disse a Miguel: "Vai, prende Semjaza e seus companheiros que se uniram com mulheres e se macularam com elas em toda a sua impureza..... Naquele dia eles serão conduzidos ao abismo do fogo; (e) ao tormento e ao cárcere no qual serão confinados para sempre.
>
> E destrói todos os espíritos dos réprobos, e os filhos dos Guardiões, porque eles ultrajaram a humanidade."
>
> *Livro de Enoque X 4-15*

Nessa passagem, o passado e o futuro estão encadeados na mesma ideia. Vemos os Guardiões, os anjos caídos, serem condenados por terem corrompido a humanidade e serem enviados a um cárcere, que não parece ser diferente do *Tártaro*, para lá serem detidos até um julgamento futuro, que está marcado para o final do Apocalipse e que será discutido na parte posterior deste livro. Também o Abismo é citado, mas é um abismo futuro que é referido como um local de suplício e confinamento para toda a hoste celeste do mal e seus mentores e os ímpios nos capítulos finais do Apocalipse.

O Livro de Enoque prossegue com a proclamação de bênçãos e de júbilo dirigida aos virtuosos num Paraíso futuro. Mas há também observações sobre as hostes angélicas, tanto do bem quanto do mal, e poderá ser útil, à luz da tese até aqui desenvolvida, citar sucintamente algumas dessas passagens.

O trecho que se segue é das seções XV e XVI. Os anjos condenados já citados pedem a Enoque que entregue uma súplica ao Altíssimo solicitando a comutação da sentença. Enoque lê a súplica e adormece. Durante o sono tem uma visão e relata as palavras que lhe foram ditas. Nessa seção ele cita o próprio Altíssimo:

> "Vai e diz aos Guardiões do Céu, que te enviaram para interceder por eles: Vós deveríeis interceder pelos homens, e não os homens por vós.
>
> Por que deixastes o Céu alteroso, sagrado e eterno e vos deitastes com mulheres, e vos maculastes com as filhas dos homens e tomastes esposas e vos comportastes como os habitantes da Terra, e gerastes gigantes (como vossos) filhos.
>
> E embora fôsseis (seres) sagrados e espirituais vivendo a vida eterna, vos maculastes com o sangue das mulheres e gerastes (filhos) com o sangue de carne e osso, como (também) o fazem aqueles que morrem e se extinguem.
>
> E agora, os gigantes, que são gerados do espírito e da carne, serão chamados de maus espíritos sobre a Terra, e na Terra será a morada deles.
>
> E os espíritos dos gigantes afligem, oprimem, destroem, atacam, guerreiam e promovem destruição na Terra, e provocam distúrbios: eles não se alimentam, contudo sentem fome e sede, e cometem transgressões.
>
> E agora, quanto a esses Guardiões que te enviaram para que tu intercedesses por eles, que estiveram outrora no Céu (diz a eles): 'Estivestes no Céu, mas nem todos os mistérios vos haviam ainda sido revelados, e conhecestes alguns sem mérito, e esses na dureza de vossos corações, vós os participaram às mulheres,

e por meio desses mistérios, mulheres e homens fazem muito mal na Terra.'

Portanto, dize-lhes: 'Não tereis paz.' "

Livro de Enoque XV 2 a XVI 4

Embora o Livro de Enoque não faça parte do cânon das Escrituras, julgamos apropriado citá-lo extensamente, pois ele se entrosa com as outras partes das Escrituras que discutimos até aqui. Além disso, ele faz acréscimos àquilo que já conhecemos tanto do Antigo quanto do Novo Testamento e preenche muitas das lacunas com detalhes não encontrados em nenhum outro lugar.

A seguir temos uma seção de Enoque XVIII 11 a XIX 3, na qual ele descreve lugares de natureza transcendental. Com relação ao *Tártaro* e um futuro destino arrostando os anjos iníquos e seus companheiros, ele descreve o que viu:

E vi um abismo profundo, com colunas de chamas celestiais.

Vi ali sete estrelas como grandes montanhas ardentes e, quando lhe perguntei a respeito delas, o anjo disse: "Esse lugar é a extremidade do Céu e da Terra: tornou-se um cárcere para as estrelas e a hoste do Céu. E as estrelas que circulam sobre o fogo são aquelas que transgrediram os mandamentos do Senhor no início de sua ascensão, porque não saíram em seu horário estabelecido. E o Senhor ficou colérico com elas, e confinou-as até a época em que a culpa delas seja consumada (até) por dez mil anos." E Uriel disse para mim: "Aqui permanecerão os anjos que se uniram às mulheres; e seus espíritos, adotando muitas formas diferentes, estão maculando a humanidade, desencaminhando-a e levando-a a fazer sacrifícios a demônios até o dia do grande julgamento no qual todos serão julgados e serão exterminados. E também as mulheres dos anjos, que se desviaram do bom caminho, se tornarão sereias."

E só eu, Enoque, tive a visão, o fim de todas as coisas: E homem nenhum verá o que vi.

Livro de Enoque XVIII 11 a XIX 3

Aqui fala-se de anjos mulheres que se desencaminharam. No Egito *Ísis* era uma das principais deusas, assim como *Atenas* e *Afrodite* o eram na Grécia.

Enoque era, ou melhor, é, uma entidade muito enigmática, na medida em que temos muito pouca informação sobre ele. Ele é citado em apenas alguns versículos em Gênesis 5, que nos dizem quem era o pai dele e que ele "andou com Deus". Também somos informados de que ele foi transportado ao céu e não experimentou a morte. Isto é, ele foi levado por Iahweh e nunca morreu. Assim como sucedeu com Elias (ver *2 Reis 2:11*). O nome Enoque significa *"instrução, iniciação* ou *ensino"*; contudo, não encontramos nenhum ensino dele nas Escrituras. Muitos estudiosos da Bíblia poderiam descartar o Livro de Enoque porque ele não faz parte do cânon. Entretanto, o fato de Judas, meio-irmão do Messias fazer citações diretas do Livro de Enoque, dá ao autor do livro muito crédito. Em seus próprios escritos, Enoque é descrito como um "escriba da justiça".

O fato preponderante de que os apóstolos e os discípulos tinham conhecimento dos escritos de Enoque e os citavam dá alta seriedade ao livro e sugere que deveríamos nos conscientizar do seu conteúdo e dar-lhe atenção.

As revelações do Livro de Enoque comprovam os indícios apresentados nesta hipótese até este ponto. Ao discutir as pirâmides e outros monumentos antigos, muitos afirmam acreditar que alienígenas e extraterrestres chegaram à Terra vindos de muito longe e foram os responsáveis por essas construções. A teoria aqui apresentada corroboraria essa suposição. A única diferença é que as Escrituras não classificam de "alienígenas" ou "extraterrestres" esses seres, mas referem-se a eles como "anjos caídos", "filhos de Deus", ou *"Nephilim"*. Enoque chama-os de "estrelas", "seres sobrenaturais" e os "Guardiões".

Eles deixaram sua morada espiritual nos céus, vieram à Terra e materializaram-se no âmbito dos sentidos. Aqui uniram-se com seres humanos e produziram um híbrido do ser humano e espírito. Esses híbridos eram de grande tamanho e, devido à sua constituição genética, eram iníquos e irredimíveis. No decurso de vários séculos na Terra, espalharam sua corrupção e contaminaram toda a humanidade, com exceção de oito almas. O mentor por trás dessa incursão dos *Nephilim* foi Satã e sua *raison d'être* foi destruir totalmente a raça humana de maneira que a linhagem do Messias fosse rompida e seu nascimento impossibilitado. Dessa maneira, Satã esperava anular a profecia de Iahweh dada em Gênesis 3:15, que diz que a "descendência da mulher" esmagaria a cabeça da serpente.

Mas o plano fracassou. Noé e sua família foram as únicas almas que restaram neste planeta. Sua linhagem era pura e não contaminada pelos *Nephilim* e descendentes. Num dilúvio de proporções universais, Iahweh destruiu toda a população por causa da sua situação pecaminosa e preservou Noé e sua família. Assim, a linha de descendência do Messias foi salva e os descendentes da mulher não conheceram obstáculos.

Depois do Dilúvio, quando a humanidade começou a crescer novamente, houve uma segunda incursão dos anjos caídos e os *Nephilim* perambularam pela Terra mais uma vez. À época em que Moisés conduziu os filhos de Israel para longe da servidão no Egito, toda a região de Canaã, a Terra Prometida, estava repleta dos *Nephilim* e seus descendentes. Mais uma vez, Satã tentou frustrar a profecia de Iahweh e impedir os israelitas de possuírem a terra povoando a região com gigantes. Mas esse ardil fracassou quando Josué e seus exércitos derrotaram as criaturas e destruíram as 60 "cidades de gigantes de Basã", e o rei delas, Og.

Os anjos caídos, responsáveis pela primeira degradação da Terra antes do Dilúvio, estão encarcerados num lugar chamado *Tártaro*, onde aguardam um julgamento futuro. Conforme já vimos anteriormente, o Messias foi a esse local e anunciou seu triunfo a essas criaturas de maneira bastante semelhante à dos generais romanos que proclamavam suas conquistas perante a cidade de Roma ao retornarem de algum longínquo campo de batalha.

Não sabemos o que aconteceu aos caídos "filhos de Deus" que ocasionaram a segunda degradação da Terra depois do Dilúvio. Talvez ainda perambulem pela Terra, ocultando-se em alguma floresta sombria e funesta, desconfiados do avanço e da investida violenta do homem.

Mas qual é o significado de tudo isso, e aonde vai nos levar? Nos próximos capítulos discutiremos o significado da forma da pirâmide e introduziremos um novo conceito: a *Pirâmide do Apocalipse*.

Se a primeira parte deste livro assemelhou-se a um tranquilo passeio de barco num rio sinuoso e indolente que às vezes mostrava paisagens atraentes ao longo do percurso, preparem-se agora para enfrentar as corredeiras. É que daqui para a frente a emoção e as tensões deverão aumentar e fazer com que o leitor se segure nos lados do barco até os nós dos dedos ficarem brancos. Mas depois de passarmos pelas corredeiras, voltaremos às águas tranquilas e à segurança da terra firme, figurativamente falando.

A viagem prossegue.

Os capítulos seguintes já haviam sido publicados no meu segundo livro, Apocalipse 2000. Contudo, sofreram modificações e foram atualizados, e são agora apresentados com muitas informações novas.

13

DE VOLTA AO FUTURO

Antes de examinarmos as predições do Apocalipse é importante, primeiramente, compreendermos como funciona a profecia. Cerca de um terço de todos os textos bíblicos é profético. Vale dizer, eles predizem eventos futuros. Se ocorrerem esses acontecimentos, a veracidade da profecia está confirmada. Se o acontecimento não se materializar, fica demonstrada a falsidade da predição (ou profecia).

Contudo, nas profecias bíblicas, isso nunca acontece. Na totalidade das Escrituras,[63] por exemplo, há 737 profecias distintas. Algumas delas são citadas apenas uma ou duas vezes. Outras são repetidas centenas de vezes. Do total dessas profecias, 594 foram consumadas até o presente, com 100% de exatidão em cada uma delas. Em outras palavras, mais de 80% dessas profecias já foram cumpridas até o último detalhe. As que estão por cumprir-se pertencem ao futuro e são a essas que vamos dedicar nossa atenção.

Nenhum outro livro, secular ou religioso, é tão profético em sua natureza quanto a Bíblia. Nenhum outro livro contém tais profecias relativas ao futuro e, ainda que as contivesse, o não-cumprimento de tais profecias há muito os teria desacreditado. No Novo Testamento há 845 citações do Antigo Testamento e dessas, 333 referem-se ao Messias.

Em sua primeira vinda, o Messias literalmente cumpriu 109 profecias relacionadas a ele. Durante as últimas 24 horas de sua vida, 25 profecias específicas se realizaram, todas elas incluídas no Antigo Testamento entre 500 e 1.000 anos antes do seu nascimento.[64] Segundo a lei das probabilidades, as possibilidades de 25 predições específicas se realizarem num período de 24 horas da vida de uma pessoa devem ser de alguns bilhões para uma.

Vejamos algumas dessas profecias do Antigo Testamento que foram cumpridas nas últimas 24 horas da vida do Messias. Foi profetizado que:

1. O Messias seria traído por 30 moedas de prata (*Zacarias 11:12*)
2. Ele seria traído por um amigo (*Salmo 41:9*)
3. Ele seria abandonado pelos discípulos (*Zacarias 13:7*)
4. Ele seria acusado por falsas testemunhas (*Salmo 35:11*)
5. Ele permaneceria mudo na presença dos seus acusadores (*Isaías 53:7*)
6. Ele seria açoitado (*Isaías 50:6*)
7. Suas vestes seriam repartidas (*Salmo 22:18*)
8. Ele seria escarnecido pelos inimigos (*Salmo 22:7,8*)
9. Dariam a ele fel e vinagre para beber (*Salmo 69:21*)
10. Nenhum osso do seu corpo seria quebrado (*Salmo 34:20*)
11. Ele morreria na presença de pecadores e ladrões (*Isaías 53:12*)
12. As 30 moedas de prata seriam usadas para comprar o campo do oleiro (*Zacarias 11:13*)

Durante sua vida, o próprio Messias fez muitas profecias. Em determinada ocasião, ele disse a seus discípulos que seria inevitável ter de ir a Jerusalém futuramente, padecer muito nas mãos dos principais sacerdotes e ser executado. Ao ouvir isso, Pedro levantou-se e, em essência, disse ao Messias: "De maneira alguma isso acontecerá enquanto eu estiver por perto. Eu vos defenderei." Mas o Messias repreendeu Pedro e lhe disse: **"Antes que o galo cante, tu me negarás três vezes."**

Mateus 26: 69-75

Logo depois, quando o Messias foi detido e submetido à tortura, diversas pessoas acusaram Pedro de ter estado com ele. Depois da terceira negativa de Pedro, a madrugada começou a raiar e o galo cantou. Pedro lembrou-se das palavras do Messias e chorou amargamente.

Em outra ocasião, o Messias sentou-se perto de uma cisterna para descansar. Uma mulher samaritana chegou e começou a tirar água. Normalmente, os judeus nunca falariam com um samaritano, pois o consideravam a forma mais baixa de vida, mas o Messias dirigiu a palavra a essa mulher. Depois de conversar com ela, ele disse: "Vai, chama teu marido e vem cá". Respondeu ela: *"Senhor, não tenho marido."* E ele lhe disse: *"Tivestes cinco maridos e o homem que tendes agora não é vosso marido."* Ao ouvir isso, ela fitou-o com toda atenção e respondeu: *"Senhor, vejo que és profeta"* (João 4:16-19). Houve ainda outra oportunidade na qual, próximo do fim do seu ministério, ele caminhava com os discípulos enquanto estes admiravam a magnificência do Grande Templo em Jerusalém. Enquanto maravilhavam-se com a construção, o Messias lhes disse: *"Não restará pedra sobre pedra."* Assim profetizou ele a destruição do Templo. Menos de 40 anos depois essa profecia foi cumprida quando um general romano chamado Tito e seus soldados destruíram tão completamente o Templo que não ficou pedra sobre pedra.

Em seu livro *Armageddon: Appointment with Destiny*,[65] um especialista de nome Grant R. Jeffrey realizou um estudo no qual avaliou a probabilidade de algumas dessas profecias virem a ocorrer. Para isso, aplicou probabilidades numéricas a elas. Por exemplo, em *Miqueias 5:2* está profetizado que o Messias nasceria na aldeia de Belém. Ora, àquela época, havia milhares de aldeias em Israel, de maneira que as possibilidades de ele vir a nascer em Belém, um povoado pequeno e insignificante, eram realmente de milhares para uma. Jeffrey apresentou uma estimativa conservadora de 200 para 1. Depois, ele considerou outra profecia: de que o Messias faria sua entrada em Jerusalém montado num jumento (*Zacarias 9:9*). Contudo, reis não andam para lá e para cá montados num jumento, e assim, Jeffrey estipulou em 50 para 1 a probabilidade de isso acontecer.

Então as probabilidades conjugadas de ambas essas profecias virem a ocorrer com relação a um homem são de 200 x 50 ou 10.000 para 1. Jeffrey submeteu a esses cálculos outras 11 profecias específicas relativas ao Messias. Entre estas contam-se as seguintes:

PROBABILIDADE

1. O Messias nasceria em Belém
(*Profetizado em Miqueias 5:2*)   1 em 200
2. Ele entraria em Jerusalém montado num jumento
(*Profetizado em Zacarias 9:9*)   1 em 50

3. Ele seria traído por um amigo
(Profetizado no Salmo 41:9)   1 em 10
4. Suas mãos e pés seriam traspassados
(Profetizado no Salmo 22:16)   1 em 100
5. Seria traído por 30 moedas de prata
(Profetizado em Zacarias 11:13)   1 em 100
6. O dinheiro pelo qual Ele foi traído seria lançado no
Templo e trocado pelo campo do oleiro
(Profetizado em Zacarias 11:13)   1 em 200
7. Seria crucificado na presença de ladrões
(Profetizado em Isaías 53:12)   1 em 100

Jeffrey especificou probabilidades a 11 diferentes profecias do Antigo Testamento relacionadas ao Messias. Quando ele estabeleceu a probabilidade de essas predições serem cumpridas durante a vida de um homem, as probabilidades estatísticas revelaram-se uma probabilidade em 10 quintiliões. Ou, uma probabilidade em 10.000.000.000.000.000.000.

Ele equiparou a possibilidade de essas profecias acontecerem com uma analogia simples:

"Imagine que você me desse um anel do seu dedo. Eu pego esse anel, embarco num avião e voo sobre os sete oceanos do mundo. Em algum lugar sobre um desses oceanos eu arremesso o anel pela janela. Depois volto à sua presença, dou a você um barco e uma vara de pescar. Digo a você para velejar sobre todos os oceanos do mundo. Quando você achar que a sorte o chama, você para o barco, joga a linha na água e tem uma probabilidade de fisgar seu anel e tê-lo de volta."

Quando Jeffrey calculou as probabilidades, com base nos números apresentados, ele deduziu que elas seriam menores do que um vinte avos de uma polegada quadrada face a toda a extensão marítima submersa de todos os oceanos do mundo. O que representa, aproximadamente, o tamanho de uma letra impressa desta página.

Jeffrey considerou apenas 11 predições. Conforme já relatei, o Messias literalmente cumpriu 109 profecias do Antigo Testamento, 25 delas específicas, durante as últimas 24 horas de sua vida. Imaginem quais seriam as probabilidades estatísticas das profecias que ainda iriam ocorrer!

Contudo, sei que muita gente argumentará que os Evangelhos foram escritos depois da morte do Messias. Outros afirmarão que os autores dos Evangelhos cometeram fraude em suas referências às profecias antigas. Mas essa argumentação não faz sentido.

Os evangelistas eram pessoas comuns que exerciam ocupações comuns. Não eram escritores, nem sacerdotes, nem líderes religiosos. Marcos era pastor. Mateus, um ultrajado coletor de impostos. Lucas era médico. Alguém acha que eles se reuniriam e premeditariam e executariam uma trama de tal magnitude? Alguém seria capaz de persuadir quatro de seus amigos a escrever quatro relatos diferentes de um incidente que se alongasse por mais de 89 capítulos e milhares de palavras? Não creio. Conforme o leitor descobrirá, as coisas aqui são mais complexas do que aparentam ser.

Para citar um exemplo de como a profecia desabrocha – que é muito pertinente ao nosso estudo e ao mundo em que vivemos atualmente – basta olharmos para Israel. Em centenas de profecias em todo o Antigo Testamento, foi predito que os israelitas seriam expulsos da Palestina e de Jerusalém, que seriam dispersados para os quatro cantos do mundo (judeus errantes), e que, em todo lugar onde aportassem, seriam perseguidos, desprezados e odiados.

Em 70 d.C. essa profecia começou a ser cumprida. Depois de saquear Jerusalém, Tito massacrou aproximadamente um milhão de judeus. O restante dispersou-se pelos quatro cantos da Terra. Onde quer que tenham ido, os judeus foram caluniados e perseguidos. Essa perseguição culminou nas câmaras de gás dos nazistas, onde milhões foram exterminados. Assim, essa profecia específica, que aparece centenas de vezes, foi literalmente cumprida em um grupo étnico.

Mas não é tudo. Em dezenas de outras profecias, somos informados, Iahweh reuniria seu povo novamente nos últimos dias e o instalaria na Palestina e em Jerusalém, onde os judeus teriam, finalmente, sua pátria. Isso seria feito para mostrar às outras nações que estávamos vivendo nos últimos dias. Pela virada do século 20, alguns judeus começaram a restabelecer-se na Palestina. E então, em maio de 1948, Israel tornou-se novamente uma nação, quase 2.000 anos depois da dispersão do seu povo. A próxima vez que o leitor assistir a imagens na TV relativas ao povo judeu em Israel, estará observando o cumprimento da profecia. Aproximadamente cinco milhões e meio de judeus vivem atualmente em Israel e a paz mundial depende do que acontece nesse país. Embora os judeus possuam apenas um sexto de 1% de toda a terra árabe, eles são, não obstante, detestados pela maioria dos árabes. Por que o povo judeu sofreu tanto? Por que será que, aonde quer que tenham ido, foram humilhados e perseguidos?

Com a Crucificação do Messias, as aflições do povo judeu tiveram início, pois, quando eles rejeitaram o Messias, chamaram a desgraça sobre suas cabeças. Quando clamavam pelo sangue do Messias, gritaram a uma só voz:

"Caia sobre nós o seu sangue, e sobre nossos filhos!"

Mateus 27:25

Desde esse dia, a espada tem estado sobre os judeus, pois Iahweh tinha-lhes prometido que seu castigo cairia sobre eles na tribulação futura. Mas Iahweh havia primeiramente prometido reintegrar seu povo em Israel e Jerusalém, e indicou que esse ato constituiria um sinal para outras nações.

E Ele levantará um estandarte para as nações, ajuntará os desterrados de Israel, e recolherá os dispersos de Judá desde os quatro confins da Terra.

Isaías 11:12

Não nos esqueçamos de que isso foi escrito cerca de 650 anos antes de Cristo. E no entanto, 2.600 anos mais tarde, os judeus estão celebrando sua volta à pátria! Essa é apenas uma das muitas passagens do Antigo Testamento que preveem a volta da nação de Israel depois que seu povo se dispersou pelo mundo.

E aqui estamos no século 21. Já são mais de 50 anos que os judeus voltaram a Israel. É a profecia se realizando à frente dos nossos olhos. Também está escrito que no futuro este mundo perecerá na pedra que é Jerusalém (*Zacarias 12:2-4*).

Profecia é história escrita antecipadamente. Devido ao fato de as Escrituras terem sido negligenciadas durante tanto tempo por tanta gente, não sabemos interpretá-las nem como fazê-lo. O perfil moral da Bíblia deixa claro que ela não é obra do homem, que o homem não poderia tê-la escrito.

Como diz Clarence Larkin em seu livro *Dispensational Truth*: "Ela [a Bíblia] particulariza com severidade pungente e impiedosa os pecados dos seus maiores personagens, homens como Abraão, Jacó, Moisés, Davi e Salomão, acusando-os de falsidade, traição, orgulho, adultério, covardia, assassinato e flagrante licenciosidade. E mostra a história dos Filhos de Israel como uma humilhante crônica de ingratidão, idolatria, descrença e rebelião. Não é exagero dizer que, sem orientação e instrução específicas do Espírito Santo, os judeus jamais teriam registrado a história pecaminosa de sua nação dessa maneira."

O Apocalipse é quase inteiramente profético. Sua temática é os últimos dias da vida do ser humano nesta Terra como a conhecemos. Esse livro tem sido erroneamente chamado de "A Revelação de São João Divino", uma vez que seu título correto é citado no capítulo um, versículo um: "A Revelação de Jesus Cristo... ." Em grego, a palavra "revelação" é *"apokalupsis"*, que significa "desvelamento", como na retirada de um véu para revelar o rosto. Em outro sentido, pode significar retirar um véu a fim de revelar futuros acontecimentos, da mesma maneira que as cortinas são afastadas para mostrar um palco.

Nesta seção vamos examinar uma síntese de muitas das profecias encontradas no Apocalipse, o Livro da Revelação. Tentaremos decodificar muitas dessas predições e procuraremos colocá-las em linguagem comum. Também examinaremos muitos dos sinais que, segundo o que está escrito, precederão esses acontecimentos futuros. Sondaremos as profecias e os sinais e os consideraremos à luz de muitos dos acontecimentos que estão ocorrendo à nossa volta no mundo atual.

Muitos dos incidentes descritos no Apocalipse são bastante assustadores; portanto, vamos demonstrar, também, como poderão ser evitados. Pois existe uma alternativa, uma rota de fuga, um outro caminho que se afasta dos acontecimentos configurados nas profecias do Apocalipse. No momento, todavia, voltemos ao futuro.

Parúsia

Um pouco antes de sua morte, o Messias conversou em particular com seus discípulos. Esse encontro deu-se no Monte das Oliveiras, uma colina perto de Jerusalém. Os apóstolos fizeram-lhe uma pergunta muito pertinente, registrada em Mateus 24:3:

> "Dize-nos", pediram eles, "quando sucederão estas coisas, e que sinal haverá da tua vinda (*Parúsia*) e da consumação do século?"

Revelarei agora a resposta dada por Ele. Depois apresentarei detalhes a respeito de cada questão e estabelecerei o devido vínculo com as profecias do *Apocalipse*. Esses sinais, pressagiados pelo profeta Jesus Cristo, estão diretamente relacionados ao período da Grande Tribulação, que terá a duração de sete anos.

Versículos 4,5
E Ele lhes respondeu: "Vede que ninguém vos engane. Porque virão muitos em meu nome, dizendo: "Eu sou o Cristo", e enganarão a muitos.

Versículo 6
E, certamente, ouvireis falar de guerras e rumores de guerras; vede, não vos assusteis, porque é necessário assim aconteça, mas ainda não é o fim.

Versículo 7
Porquanto se levantará nação contra nação, reino contra reino, e haverá fomes e terremotos em vários lugares.

Versículo 8
Porém tudo isso é o princípio das dores.

Versículo 10,11
Nesse tempo, muitos hão de se escandalizar, trair e odiar uns aos outros; levantar-se-ão muitos falsos profetas e enganarão a muitos.

Versículo 12
E, por se multiplicar a iniquidade, o amor se esfriará de quase todos.

Versículo 21
Porque nesse tempo haverá grande tribulação, como desde o princípio do mundo até agora não tem havido, nem haverá jamais.

Versículo 22

Não tivessem aqueles dias sido abreviados, ninguém seria salvo; mas, por causa dos escolhidos, tais dias serão abreviados.

Versículo 24

Porque surgirão falsos cristos e falsos profetas operando grandes sinais e prodígios para enganar, se possível, os próprios eleitos.

Versículo 25

Vede, eu vo-lo tenho predito.

Versículo 35

Passará o céu e a terra, porém as minhas palavras não passarão.

Em Lucas 21, há um enunciado paralelo no qual o Messias estende-se um pouco mais sobre essa profecia:

Versículo 25

Haverá sinais no sol, na lua e nas estrelas; sobre a Terra, angústia entre as nações em perplexidade por causa do bramido do mar e das ondas.

Versículo 26

Haverá homens que desmaiarão de terror e pela expectativa das coisas que sobrevirão ao mundo.

Versículo 28

Ora, ao começarem estas cousas a suceder, exultai e erguei a cabeça; porque a vossa redenção se aproxima.

Lucas 21:25,26,28

Observem o último comentário. O Messias diz que quando virmos essas coisas, saberemos que nossa redenção se aproxima. Eu argumentaria que todas essas coisas já estão acontecendo. Mas vamos ser mais específicos. O primeiro sinal contra o qual o Messias nos acautelou foi:

1. Falsos cristos, falsos profetas e a impostura

O leitor já terá notado, ultimamente, a profusão de cultos e seitas excêntricos que aparecem nos noticiários. Centenas, se não milhares de novos grupos estão brotando por todo o hemisfério ocidental. A maioria deles tem um líder que afirma estar autorizado por Deus. Todos acreditam estar de posse da verdade.

Tem havido, também, um enorme aumento no número de "falsos profetas". Cada vez que abrimos um jornal ou uma revista defrontamos com um anúncio que oferece predições pessoais sobre o futuro. É possível ligar para uma emissora de rádio para relatar problemas pessoais e pedir a um "profissional" que leia para nós as cartas de Tarô e nos diga como lidar com nossa situação. De cada quatro pessoas que apanham um jornal no Reino Unido, três leem seus horóscopos. Por toda parte abrem-se lojas de artigos místicos e lojas "Nova Era". Nelas podem-se encontrar livros e informações sobre todas as artes e práticas ocultas da Nova Era. Podem-se encontrar desde baralhos de Tarô a mapas astrológicos, de pedras da sorte a cristais. Portanto, isso é uma manifestação do predomínio de falsos profetas e impostura, que, segundo previsões, presenciaríamos com a aproximação dos últimos dias. Ninguém está ensinando qualquer doutrina cristã alternativa a nossos filhos. Em consequência, eles absorvem sofregamente essa impostura para preencher o vazio espiritual em suas vidas.

Somos especificamente proibidos de nos relacionar com cartomantes, adivinhos, necromantes e outros falsos profetas que estão em oposição ao Deus verdadeiro e seu filho. Frequentemente a Bíblia nos previne sobre essas pessoas, mas por desconhecermos essas verdades somos presas fáceis para os agentes das trevas. Imagine, leitor, que você quisesse conhecer o futuro e estivesse num saguão onde houvesse duas portas. Numa das portas está o nome Jesus Cristo. Na outra, Luis Cifer. Por qual dessas portas você passaria? A maioria das pessoas que eu conheço não tem constrangimento em consultar adivinhos, astrólogos ou quiromantes. Mas quando tento lhes transmitir o que o Messias diz sobre o futuro elas não querem saber. De fato, muitas delas ficam francamente aborrecidas.

A primeira coisa contra a qual somos acautelados durante o período de tribulação são as pessoas que afirmam ser cristãos autênticos e profetas do Deus verdadeiro. Quando virmos esses sinais começarem a se manifestar, saberemos que o tempo está próximo. Abra os olhos. Olhe à sua volta. A adversidade é iminente.

2. E ouvireis falar de guerras e rumores de guerras... nação se levantará contra nação e reino contra reino.

Recentemente, os Estados Unidos aprovaram um vasto aumento em seu orçamento militar. A Coreia do Norte e a China têm a capacidade de devastar cidades americanas com ogivas nucleares. A Índia e o Paquistão já são potências nucleares. A Rússia tem quase o dobro das armas nucleares dos Estados Unidos. Juntos, esses dois países têm 35.000 armas nucleares, estratégicas e táticas.

Guerras estão irrompendo no mundo inteiro e rumores de guerras fervilham em dezenas de regiões. Em lugares diversos, velhos adversários estão renovando seus conflitos.

O versículo 7 diz que *"reino se levantará contra reino"*. Reino, em grego, é *ethnos*, de onde nos vem "étnico". Em outras palavras, limpeza étnica quer dizer uma tribo contra outra.

Guerras e rebeliões recebem cobertura em nossos jornais e televisões diariamente. Mas são meros presságios da última grande guerra que será travada ao final dos sete anos da Grande Tribulação. Como foi dito anteriormente, quando virmos todas essas coisas se realizarem, isso será como as dores do parto. À medida que o nascimento se aproxima, a intensidade da dor aumenta. Veremos mais e mais guerras e potencialidades para a guerra entre mais nações. Veremos mais limpezas étnicas entre povos diferentes. Todas essas coisas terão de acontecer.

Vejam-se as páginas da história. Desde o início estão repletas de relatos de batalhas e triunfos de um exército sobre outro. Desde que Caim matou seu irmão, Abel, o homem não cessou de fazer guerra contra seu próximo. Diziam que a Primeira Guerra Mundial era a guerra para pôr fim a todas as guerras. Como é pequeno o conhecimento das pessoas! Em Mateus 24:22 Jesus disse que **"não tivessem aqueles dias sido abreviados, ninguém seria salvo"**. Foi somente em anos recentes que alguns países vieram a possuir armas capazes de destruir todas as coisas viventes da face da Terra. Se não aprendermos com a história, estaremos condenados a repeti-la.

3. Haverá grandes terremotos, epidemias e fome em vários lugares. (*Lucas 21:11*)

Os terremotos vêm aumentando com frequência e intensidade em todas as décadas desde o início dos registros nos fins do século 19. Até a década de 1950, ocorriam, em média, de dois a quatro terremotos de vulto a cada dez anos. Na década de 1960 houve 13 grandes terremotos. Na década de 1970, houve 51. Nos anos da década de 1980, 86. E entre 1990 e 1996, houve mais de 150 grandes terremotos.[66]

Além dos terremotos, continuam as predições, as pessoas ficarão "**perplexas por causa do bramido do mar e das ondas**". Aqui, acredito que o Messias estivesse se referindo a um aumento da incidência da imprevisibilidade climática. Culpa-se o aquecimento global pelo clima excêntrico que vimos experimentando em cada quadrante do globo. Tornados e furacões destroçam cidades e aldeias, deixando devastação e morte em seu rasto. Ondas monstruosas inundam terras baixas e afogam milhares. Inundações em escala jamais observada desalojam milhões de pessoas. Em todos os países os padrões climáticos estão sofrendo alterações. As calotas polares estão derretendo e já recuaram cerca de 240 quilômetros durante os últimos dez anos. O buraco na camada de ozônio já tem as dimensões da América do Norte, incluído nesta o Canadá. Ainda que quiséssemos tomar providências para desfazer essa tendência, não o conseguiríamos.

Com relação à fome e à pestilência é a mesma história. A fome coletiva está aumentando no mundo inteiro, não obstante o fato de que existe superprodução de alimentos no mundo desenvolvido. Seria de esperar que, nestes dias de fibra óptica, ciberespaço e internet, tivéssemos encontrado uma maneira de alimentar pessoas famintas. Numa época em que a fome coletiva continua a devastar o Terceiro Mundo, fazendeiros de outros países estão sendo retirados da terra numa proporção alarmante. E esse padrão está sendo repetido em escala mundial. Será coincidência, ou haverá outra coisa ocorrendo aqui? Jesus disse que um aumento colossal de pestilência (doenças) ocorreria nos últimos dias. É difícil saber onde começar, pois quase semanalmente ficamos sabendo da existência de vírus novos e mais resistentes e novas formas de bactérias letais são descobertas.

Não obstante os avanços da medicina, doenças antigas que imaginávamos extintas estão reaparecendo e matando milhões de pessoas novamente. Cólera e malária são dois exemplos: três mil crianças morrem de malária diariamente. A tuberculose é outra moléstia que julgávamos estar sob controle. Atualmente, ela está dizimando três milhões de pessoas por ano. O vício de heroína, *crack* e cocaína são outras formas de pestilência que tocaiam nossas cidades, sugando a vida dos nossos jovens. E existe a AIDS.

Em todos os países da África é a mesma história. Em certas aldeias, só se encontram velhos, velhas e crianças novas e órfãs. Atualmente, mais de 25 milhões de pessoas na África são portadoras do vírus HIV, e esse número cresce rapidamente.

Entre as pessoas de baixa instrução na África, existe uma lenda urbana em circulação que é verdadeiramente arrepiante. As pessoas acreditam que se alguém tiver AIDS e mantiver relações sexuais com um bebê, sua doença será curada. Na África do Sul, recentemente, nove homens foram a julgamento pelo estupro de uma menina de dez meses. É hediondo, mas está acontecendo por todo o continente africano.

A população mundial cresce à razão de 90 milhões de pessoas por ano e vai dobrar de seis bilhões para 12 bilhões em 40 anos. Recentemente, o Millenium Institute registrou as seguintes projeções ambientais alarmantes:

- As espécies biológicas estão se extinguindo à razão de 104 por dia (são quase 38.000 espécies de animais, peixes, plantas etc. que se extinguem a cada ano).

- Nos próximos dez anos, um terço de todas as espécies que existem hoje terá desaparecido.

- Em menos de cinco anos, mais da metade das reservas mundiais de petróleo terá sido consumida.

- Em aproximadamente 60 anos a concentração de dióxido de carbono na atmosfera da Terra terá dobrado.[67]

Da próxima vez que a sua mente estiver saturada de imagens televisivas de guerra, fome, pestilência, doenças e desastres naturais, lembre-se de que sua redenção está próxima.

"Exultai e erguei a vossa cabeça; porque a vossa redenção se aproxima."

Lucas 21:28

14

O TEMPO DOS SINAIS

Dizer que o hemisfério ocidental é sobretudo cristão é uma impropriedade. Quaisquer vestígios do cristianismo estão desaparecendo rapidamente e estão sendo substituídos pelo neopaganismo. Vivemos numa era pós-cristã e nossos valores morais decaíram de acordo com essas circunstâncias.

Ao descrever o estado moral e espiritual do mundo dos últimos dias, o Messias comparou-o a dois outros distintos períodos da história. Primeiramente, ele disse que seria como nos dias de Noé, quando todas as pessoas "comiam, bebiam, casavam-se e davam-se em casamento". O outro período da história ao qual o Messias se referiu foi o tempo de Ló quando este viveu nas cidades de Sodoma e Gomorra. Vamos dar uma olhada mais cuidadosa nessas duas sinopses e ver se notamos qualquer coisa incomum nelas:

> "Assim como foi nos dias de Noé, será também nos dias do Filho do Homem. As pessoas comiam, bebiam, casavam e davam-se em casamento, até ao dia em que Noé entrou na arca.
> E veio o Dilúvio e destruiu a todos.
> O mesmo aconteceu nos dias de Ló. As pessoas comiam, bebiam, compravam, vendiam, plantavam e edificavam.
> Mas no dia em que Ló saiu de Sodoma, choveu do céu fogo e enxofre e destruiu a todos.
> Assim será no dia em que o Filho do Homem se manifestar.
>
> *Lucas 17:26-30*

O pano de fundo da época de Noé encontra-se em Gênesis, capítulo 6, que já vimos extensivamente. O texto nos diz que o número de pessoas que viviam na Terra àquela época havia aumentado grandemente. Mas também a violência e a imoralidade que praticavam haviam aumentado. *"Comiam, bebiam, casavam e davam-se em casamento"*, o que implica que essas eram as atividades principais de suas vidas; comer bem e embriagar-se, de modo que pudessem satisfazer a luxúria da carne.

Um estudo desses capítulos do Gênesis mostra-nos que por causa da influência dos *Nephilim* as pessoas daquela época haviam descido quase ao nível dos animais. Parte de suas práticas religiosas consistia em queimar os próprios filhos em sacrifício a deuses pagãos. A tal grau tinham-se degenerado ao nível de selvagens que, diz o Gênesis:

Viu o Senhor que a maldade do homem se havia multiplicado na Terra e que era continuamente mau todo desígnio do seu coração.
Gênesis 6:5

Foi por isso que o castigo de Deus caiu sobre o mundo naquela época. Da destruição que se seguiu, só se salvaram Noé, sua esposa, três filhos e as esposas destes. Deus deu a Noé instruções para construir uma arca e enchê-la de animais. Isso exigiu muito tempo, talvez uns 70 anos, antes de o Dilúvio ocorrer. Durante todo esse tempo, as pessoas ridicularizavam Noé por construir essa enorme embarcação, pois nunca ninguém vira chuva, muito menos um dilúvio. E assim, o modo de vida dessas pessoas não se alterou. Um dia, quando menos esperavam, as fontes dos oceanos se romperam e as comportas dos céus se abriram e a chuva começou a cair.

Cada pessoa, animal e ave pereceu afogado. A Terra inteira foi engolida por essa inundação cataclísmica. A cheia continuou a crescer durante 150 dias, antes de as águas começarem a retroceder. Quase um ano havia se passado quando Noé chegou à terra firme e saiu da arca. Está escrito que "assim como foi, assim será". Quando se repetirem as condições que existiam ao tempo de Noé, será um indício da proximidade da Segunda Vinda.

O mesmo se deu no tempo de Ló, quando ele vivia com a esposa e duas filhas na cidade de Sodoma. As condições nesse local têm grande semelhança às da época de Noé. Vejamos o cenário da situação de Ló:

Ao anoitecer, vieram os dois anjos a Sodoma, a cuja entrada estava Ló assentado; este, quando os viu, levantou-se e, indo ao seu encontro, prostrou-se, rosto em terra.

E disse-lhes: "Eis agora, meus senhores, vinde para a casa do vosso servo, pernoitai nela e lavai os vossos pés; levantar-vos-eis de madrugada e seguireis o vosso caminho."

Mas, antes que eles se deitassem, os homens daquela cidade cercaram a casa, os homens de Sodoma, assim os moços como os velhos, sim, todo o povo de todos os lados.

E chamaram por Ló e lhe disseram: "Onde estão os homens que, à noitinha, entraram em tua casa? Traze-os fora a nós para que abusemos deles."

Gênesis: 19:1,2,4,5

A história prossegue e mostra que, para afastar os homens e rapazes que habitavam Sodoma, Ló ofereceu-lhes suas duas filhas. Mas eles não se interessaram por elas. Queriam os dois homens para poder estuprá-los coletivamente. E assim ameaçaram Ló. Mas os anjos puxaram Ló para dentro de casa e infligiram cegueira aos homens. E disseram a Ló que reunisse mulher e filhas e fugisse para as montanhas, pois Deus ia destruir Sodoma e as outras pequenas cidades da redondeza. Os membros da família foram advertidos de que não deviam parar de caminhar nem olhar para trás. Enquanto fugiam, Deus fez chover enxofre e fogo sobre Sodoma e Gomorra. Mas a mulher de Ló olhou para trás e foi transformada numa estátua de sal.

De maneira que as condições na vida de Ló eram as mesmas que as do tempo de Noé. E assim serão nos últimos dias antes do segundo advento do Messias.

O mesmo aconteceu nos dias de Ló. As pessoas comiam, bebiam, compravam, vendiam, plantavam e edificavam.

Lucas 17:28

O que se deduz disso é que era uma época economicamente próspera. As pessoas viviam para saborear comida e bebida. Havia muita atividade econômica lucrativa, o que significava muito trabalho de construção e plantio de hortaliças, grãos e frutas. As pessoas desfrutavam de boa situação. Isso lhes dava bastante tempo para desfrutar as boas coisas da vida, arte, comidas finas e os melhores vinhos. E o Gênesis nos diz que "todos os homens de Sodoma, tanto os moços como os velhos" foram à casa de Ló porque queriam abusar dos dois homens aos quais ele havia dado abrigo.

Na Bíblia, a homossexualidade é um pecado nefando. E foi por causa dessa promiscuidade desenfreada que Deus destruiu Sodoma e Gomorra e as pequenas cidades à sua volta. Citemos ainda o Gênesis:

Disse mais o Senhor: "Com efeito, o clamor de Sodoma e Gomorra tem-se multiplicado, e o seu pecado se tem agravado muito...."

Gênesis 18:20

O clima moral que cerca esses dois acontecimentos – o Dilúvio ao tempo de Noé e a destruição de Sodoma e Gomorra – são exemplos da sentença divina que cairá sobre a Terra, conforme está assinalado no Apocalipse. Por ter o homem rejeitado Deus e o Seu Messias, a ira de Deus mais uma vez descerá sobre a humanidade. Mas, da mesma maneira que Noé e sua família foram trasladados antes do Dilúvio e Ló e sua família foram retirados antes de Sodoma e Gomorra serem destruídas pelo enxofre e fogo, assim também o povo de Deus será retirado quando o Messias surgir repentinamente nas nuvens para "extasiar" os seus. Assim, aqueles de nós que creem em Deus e aceitam Seu filho como Nosso Senhor e Salvador serão salvos da ira e da Grande Tribulação que cairá subitamente sobre aqueles que menos esperam. Falando desses últimos dias, Paulo diz:

Quando andarem dizendo: "paz e segurança", eis que lhes sobrevirá repentina destruição, como vêm as dores de parto à que está para dar à luz; e de nenhum modo escaparão.

I Tessalonicenses 5:3

Não há uma surpreendente semelhança entre as condições que existiam na época de Noé e de Ló e as condições do mundo atual? As pessoas desfrutavam de boa situação. Os negócios prosperavam. O trabalho de construção florescia e havia muita comida e bebida. Consequentemente, as pessoas não tinham de trabalhar tanto. Também havia violência em larga escala. A busca do prazer era o principal objetivo e a atividade e imoralidade homossexuais proliferavam.

Em nossos dias somos constantemente bombardeados pelo temário libero-secular-humanístico que nos diz: "Se isso faz você se sentir bem, não hesite em fazê-lo." Os filmes, as revistas e a TV continuamente promovem o "sexo livre para todos". De maneira que todos os males consequentes que acompanham esses pecados predominam. O divórcio aumenta por toda a parte. Doenças sexualmente transmissíveis alastram-se. O mesmo ocorre dentro da comunidade *gay*. E, as mais das vezes, a maioria dos jovens de hoje aceita como normais as práticas homossexuais.

Contudo, todos os pecadores têm a oportunidade de abandonar os vícios e receber a dádiva da graça e da vida eterna. No Novo Testamento, referindo-se à homossexualidade, Paulo escreve:

> **Por causa disso, os entregou Deus a paixões infames; porque até as mulheres mudaram o modo natural de suas relações íntimas por outro, contrário à natureza.**
>
> **Semelhantemente, os homens também, deixando o contato natural da mulher, se inflamaram mutuamente em sua sensualidade, cometendo torpeza, homens com homens, e recebendo, em si mesmos, a merecida punição do seu erro.**
>
> *Romanos 1:26,27*

Essa é a concepção de Iahweh. Não sou o autor da Bíblia. Mas, como cristão, minha consciência me obriga moralmente a defender aquilo em que acredito. É minha esperança que pessoas de crenças contrárias tolerem a posição cristã. Afinal de contas, pedem-nos frequentemente que sejamos tolerantes com a comunidade *gay*.

Somos todos pecadores e ficamos sempre aquém do chamado de Deus. Sou pecador, e ninguém sabe disso melhor do que eu. "Deus ama o pecador, mas detesta o pecado." O Messias morreu pela humanidade inteira. Todos poderão ser salvos se assim o desejarem. Lembram-se de Maria Madalena? Ela foi apanhada em adultério, cujo castigo era a morte. No entanto, Jesus disse: "Eu também não te condeno. Segue teu caminho e não peques mais." Não a condenou e, de fato, ela tornou-se uma de suas melhores amigas e esteve ao pé da Cruz com as outras mulheres quando os discípulos se ausentaram.

"Como foi antes, assim será." Foi isso que o Messias nos disse para ficarmos aguardando, há quase dois mil anos. Quando virmos predominando em nosso mundo as mesmas condições que existiam no tempo de Noé e de Ló, saberemos que o dia está próximo.

Por causa da imoralidade em que as pessoas estavam imersas, Deus pronunciou uma sentença contra elas. Assim agiu para nos dar um exemplo. Em ambos os casos ele retirou os probos antes de destruir os outros. A imoralidade e a depravação do mundo atual são uma imagem especular dos dias de Noé e de Ló. A Terra está amadurecendo para o Juízo Final. O dia está próximo. É hora de tomar uma decisão. A escolha é nossa.

O Dinheiro Fala Mais Alto

Na primeira e segunda epístolas de Paulo a Timóteo, temos informações adicionais relativamente às condições pertinentes aos "últimos dias". Isso se refere aos últimos dias antes do Arrebatamento do povo de Deus e o início subsequente dos sete anos da Grande Tribulação. Em 1 Timóteo 4:1, Paulo nos oferece um discernimento interessante:

> Ora, o espírito afirma expressamente que, nos últimos tempos, alguns apostatarão da fé, por obedecerem a espíritos enganadores e a ensinos de demônios.
>
> *1 Timóteo 4:1*

O versículo acima diz que as pessoas serão iludidas por espíritos enganadores e demônios. A impostura leva a outro sinal dos últimos dias: a apostasia.

Isso é um afastamento de Iahweh e da moral cristã para a confiança em si mesmo. Durante centenas de anos o hemisfério ocidental prosperou porque confiou nos princípios cristãos e nas leis originalmente dadas a Moisés. Mas agora muitas dessas leis estão sendo descartadas. Numa escala quase universal, podemos perceber que o homem está vivendo em total oposição aos preceitos do cristianismo.

> Sabe, porém, isto: nos últimos dias, sobrevirão tempos difíceis. Pois os homens serão egoístas, avarentos, jactanciosos, arrogantes, blasfemadores, desobedientes aos pais, ingratos, irreverentes, de-

safeiçoados, implacáveis, caluniadores, sem domínio de si, cruéis, inimigos do bem, traidores, atrevidos, enfatuados, mais amigos dos prazeres que amigos de Deus.

2 Timóteo 3:1-4

O ideal cristão é totalmente oposto a tudo isso. Mas quando olhamos à nossa volta, à sociedade atual, o que testemunhamos é precisamente o que está descrito acima. Atualmente as pessoas amam a si próprias. O Segundo Mandamento nos diz que devemos amar ao próximo como a nós mesmos. Mas as pessoas contemporâneas amam a si mesmas de maneira egoísta. Consequentemente, são arrogantes e jactanciosas.

Gananciosos. Terá havido alguma época na história em que o dinheiro foi tão importante? Atualmente, para a maioria das pessoas, o dinheiro é Deus. Se as pessoas não o possuírem não conseguem achar satisfação. Toda a nossa vida parece girar em torno da busca do dinheiro. E, tendo-o conseguido, voltamo-nos para os prazeres em vez de louvarmos a Deus. E as pessoas que enriquecem, quase sempre sucumbem à arrogância. De fato, a arrogância talvez seja o único pecado que enxergamos prontamente nos outros, mas nunca em nós mesmos. E a arrogância sempre precede a queda.

Nos últimos dias as pessoas se tornarão *"blasfemadoras, desobedientes aos pais, ingratas, irreverentes"*. Estamos nos tornando cada vez mais isolados. E cada vez mais *"ingratos"*. Damos pouco valor às coisas e quase nunca nos detemos para dizer "obrigado". É que nos tornamos *"irreverentes"*. Não temos consideração para com os "poderes mais altos". A sociedade torna-se mais materialista e cada vez menos espiritual.

Paulo nos diz que nos últimos dias as pessoas serão *"desafeiçoadas"*, tornar-se-ão mais insensíveis e inexoráveis. Jesus disse a mesma coisa quando falou dos últimos dias. **"E por se multiplicar a iniquidade, o amor se esfriará de quase todos"** (*Mateus, 24:12*). Assim, as pessoas se tornarão *"implacáveis"*, pois seus corações se converterão em pedra devido à sua propensão para o pecado. As pessoas se tornarão *"caluniadoras"*. A referência aqui está relacionada à mentira e aos mentirosos. Isso é particularmente evidente em nossos líderes políticos da atualidade. Em todos os países existem líderes políticos que são mentirosos e gananciosos.

"*Inimigos do bem*" refere-se aos muitos que odiarão e desprezarão aqueles que acreditam no Messias e tentam incentivar a moral e os ensinamentos cristãos. Nos últimos dias as pessoas "*se voltarão para os prazeres em vez de louvarem a Deus*". Farrear, farrear, farrear. Se isso faz você se sentir bem, não hesite em fazê-lo. No mundo inteiro, tomar umas e outras e fazer sexo é o que está na moda.

Se já houve uma época na história que estivesse em consonância com a descrição que Paulo faz da desolação espiritual dos últimos dias, é agora. Mas se nos conscientizarmos dessas coisas, não seremos enganados por elas.

O dia do Senhor vem como ladrão de noite.
Quando andarem dizendo: "paz e segurança", eis que lhes sobrevirá repentina destruição, como vêm as dores do parto à que está para dar à luz; e de nenhum modo escaparão.
Mas vós, irmãos, não estais em trevas, para que esse dia como ladrão vos apanhe de surpresa.
Porquanto vós todos sois filhos da luz e filhos do dia; nós não somos da noite nem das trevas.

1 Tessalonicenses 5: 2-5

Nem Iahweh, nem o Messias nos dizem que as condições do mundo melhorarão antes da volta dEle. Dizem-nos que a expectativa é de que as coisas ficarão progressivamente piores. Guerras e rumores de guerras, fome e terremotos, pornografia infantil, gravidez na adolescência, aborto mediante solicitação, maus-tratos desenfreados a crianças, corrupção em altas esferas. A lista é infindável.

Em nossa época, violência e assassinato são uma ocorrência quase diária em toda parte. Esse colapso no respeito à vida humana certamente indica que estamos vivendo na geração que testemunhará a volta do Messias. E é a nossa única esperança, porque sem a certeza da segunda vinda dEle, estaremos condenados. Mas a boa notícia é que Ele voltará para nos salvar da ira que virá. E depois da ira Ele começará a colocar este mundo em ordem novamente. É nossa esperança certa.

15

O EMBUSTE

Depois de examinar muitos dos sinais que serão evidentes nos acontecimentos que levarão ao Apocalipse, estamos agora quase preparados para sondar o Livro do Apocalipse e refletir sobre o que ele tem a dizer. Posteriormente, discutiremos como poderemos evitar o período conhecido como a Grande Tribulação. Mas primeiramente eu gostaria de examinar as características daquele a quem a Escritura chama de Anticristo. Ao que sabemos, um líder político poderoso alcançará a proeminência num futuro período de sete anos e dominará a cena mundial. Mas, antes que ele possa assumir o poder, todos os cristãos terão de ser afastados para abrir caminho para os sete anos da Grande Tribulação.

O Advogado do Diabo

"Anti" significa "em vez de" e não "contra", como julga a maioria das pessoas.* Portanto, esse homem que será controlado diretamente por Satã, é aquele que vem "em lugar de" Cristo. Ele será o messias do diabo, por assim dizer. Terá um reinado breve, mas agitado, que durará sete anos a partir do início da Grande Tribulação. Ele despontará muito rapidamente no cenário político mundial e alcançará poder e influência extraordinários. Será o chefe de uma confederação de dez "reinos"

---

* Para o *Webster's Third New International Dictionary of the English Language,* o significado de anti é *oposto, contrário, contra, hostil, antagônico,* etc. Não há qualquer menção a "em vez de", ou "em lugar de". [N. do T.]

extremamente ricos e poderosos. Será o mais carismático e eloquente de todos os líderes. O mundo o amará. Ele falará a favor da paz mas se empenhará em guerra. A maioria das pessoas, mas não todas, será levada sub-repticiamente a pensar que ele é o líder capaz de trazer paz ao mundo. Como esse homem conseguirá tanto poder? Sobre isso só podemos especular. Historicamente, muitos ditadores alcançaram o poder utilizando-se de alguma desventura ou outra sofrida por sua pátria. Hitler, por exemplo, alcançou notoriedade depois do colapso econômico da Alemanha na década de 1920. Desse modo o Anticristo poderá perfeitamente surgir como o homem que vai conduzir o mundo à prosperidade e à paz depois de alguma catástrofe global. Isso poderia ser um desastre financeiro ou talvez um confronto militar em larga escala que leve o mundo à beira de um holocausto nuclear.

De uma maneira ou de outra, esse homem conquistará poder político e militar mundial sem precedentes. Não apenas terá ele admirável presença e habilidades de comunicação, terá também o que parece ser poderes mágicos. Dessa maneira ele enganará o mundo inteiro, exceto os eleitos de Deus, que verão a realidade por trás da máscara.

Ele será o líder político mais poderoso e carismático a chegar ao poder em todos os tempos. Em seu livro *Dispensational Truth*, Clarence Larkin diz a respeito desse homem:

> Ele será um homem complexo. Um homem cujo caráter abrangerá a competência de Nabucodonosor, Alexandre, o Grande e César Augusto. Terá a dádiva prodigiosa de conquistar homens impenitentes. O fascínio irresistível de sua personalidade, seus dotes versáteis, sensatez sobre-humana, grande capacidade administrativa e executiva, juntamente com suas faculdades de consumado adulador, diplomata brilhante, estrategista extraordinário farão dele o mais notável e proeminente dos homens. Todos esses talentos lhe serão concedidos, outorgados por Satã, de quem ele será um instrumento.

Esse líder poderosíssimo terá um aliado. No Apocalipse, esse cúmplice é chamado de "Falso Profeta". Será um homem religioso que dará apoio ao Anticristo. O "Falso Profeta" chefiará um movimento religioso mundial que terá toda a aparência de ser real, mas que será um embuste. O "Falso Profeta" iludirá muita gente com "sinais e prodígios enganosos". Ele terá poderes espirituais extraordinários, os quais, muitos acreditarão, originados de Deus. Mas sua fonte de poder será o diabo.

No primeiro século, os discípulos do Messias realizaram muitos "sinais, milagres e prodígios" em nome de Jesus. Esse homem e seus seguidores realizarão, igualmente, muitos milagres e prodígios. Mas, de acordo com a Palavra de Deus, estes serão "sinais e prodígios enganosos".

O público em geral está sendo inundado por uma torrente de filmes, programas de TV e livros que promovem e apoiam a "magia". *Buffy, a Caça-Vampiros, O Senhor dos Anéis* e *Harry Potter* são exemplos. Creio que todos esses estão sendo usados para "amaciar o terreno" e preparar as pessoas para a chegada desse líder futuro e seu cúmplice, que iludirão o mundo inteiro com os seus "sinais e prodígios enganosos".

Esse novo movimento religioso terá como base um culto pagão com adesão à astrologia e ao estudo dos sinais do Zodíaco como sua fundamentação. Creio, ainda, que já podemos divisar o desabrochar dessa futura seita religiosa com a emergência do movimento Nova Era no mundo inteiro. Porém, não é "novo", porque essa religião é antiga. Suas origens remontam à Babilônia dos tempos do Antigo Testamento e às atividades dos *Nephilim*.

O sexo desempenhará um papel muito grande nesse novo culto religioso, como também a crença de que todos somos deuses com o poder em nosso interior de fazer a paz com o planeta e restaurá-lo.

Olhemos à nossa volta. A Terra já está cheia dos discípulos do paganismo Nova Era. Vemos isso em toda parte e é a mídia que o impulsionou, especialmente a televisão.

É uma situação semelhante à de Sodoma e Gomorra antes da destruição. Ezequiel 16:49 nos dá um vislumbre das condições que prevaleciam nessas cidades:

Eis que esta foi a iniquidade de Sodoma, tua irmã: soberba, fartura de pão e abundância de ociosidade teve ela e suas filhas.

Portanto, temos aqui três pecados de Sodoma:

1. Soberba.
2. Fartura de pão.
3. Abundância de ociosidade.

É uma descrição precisa de muitos países do hemisfério ocidental atualmente. Devido a nossa situação de prosperidade, não necessitamos de Iahweh. Somos autossuficientes em fartura de pão e, consequentemente, uma abundância de ociosidade. Aqui não diz "abundância de desemprego". Há uma diferença. Muitos empresários não encontram pessoas capacitadas para ocupar vagas disponíveis, não obstante o fato de que muitos milhões estão desempregados. É porque existe "abundância de ociosidade".

Essas condições predominavam em Sodoma e Gomorra antes de sua destruição. São as condições que o Messias nos advertiu que deveríamos aguardar antes de Sua segunda vinda.

Na antiguidade, o Sol e o pênis eram adorados como os doadores da vida. Em muitos países pagãos, torres ou obeliscos que representavam o órgão masculino eram apontados na direção do sol em reconhecimento das qualidades de doadores de vida que ambos possuíam. O Egito era um centro bem conhecido desses símbolos fálicos. O obelisco que está na Praça de São Pedro em Roma, é o mesmo obelisco que em tempos idos ficava no templo antigo de Heliópolis, que era o centro do paganismo egípcio. Foi transportado para Roma a um custo muito alto por Calígula em 37-41 d.C. Tais torres e obeliscos representavam o pênis ereto e eram símbolos pagãos para o culto do sexo.

Há um vazio espiritual no mundo de hoje e as religiões não o estão preenchendo. Devido aos escândalos recentes que abalaram a igreja, o Catolicismo Romano perdeu sua autoridade moral. Como não conhecemos a Bíblia e temos pouco conhecimento da Palavra de Iahweh, pessoas corretas estão desnorteadas em sua fé. Devido ao fato de muitos sacerdotes terem pouco conhecimento ou crenças nas Escrituras, eles não podem apascentar seus rebanhos. Rituais religiosos vazios baseados nas tradições dos homens e nas doutrinas dos homens já não "colam" com os jovens. De modo que o vazio espiritual está sendo preenchido com música, drogas, álcool e sexo.

A desolação espiritual que estamos presenciando no mundo inteiro é a gênese da religião Nova Era, cujo líder será um homem descrito no Apocalipse como o "Falso Profeta".

Ele e o Anticristo conduzirão o mundo a uma era de pretensa paz. Segundo o profeta Daniel, o Anticristo assinará um acordo de paz com Israel que garantirá proteção militar a essa nação. Os judeus acreditarão nessa paz e na palavra do Anticristo, mas essa era de paz e prosperidade para o mundo terá curta duração, pois conduzirá a uma guerra que deixará milhões de judeus mortos e terminará com a grande batalha final, que será travada pela posse de Jerusalém.

Com a queda do Muro de Berlim e a dissolução do comunismo, a nova palavra da moda é "democracia". Muitos dos líderes políticos influentes e diplomatas estão trabalhando juntos para assegurar paz e prosperidade para todos. O cenário está sendo montado para revelar um grande líder político que conduzirá o mundo a uma nova era de paz. Mas esse homem será o Anticristo, o filho de Satã, e seu objetivo será a destruição total. No trecho que se segue, o Anticristo é denominado *"o homem da iniquidade"* e o *"iníquo"*.

> **Ninguém, de nenhum modo, vos engane, porque isto não acontecerá sem que primeiro venha a apostasia e seja revelado o homem da iniquidade, o filho da perdição.**
>
> **O qual se opõe e se levanta contra tudo que se chama Deus ou é objeto de culto, a ponto de assentar-se no santuário de Deus, ostentando-se como se fosse o próprio Deus.**
>
> **E, agora, sabeis o que o detém, para que ele seja revelado somente em ocasião própria.**
>
> **Com efeito, o mistério da iniquidade já opera e aguarda somente que seja afastado aquele que agora o detém.**
>
> **Então, será, de fato, revelado o iníquo, a quem o Senhor Jesus matará com o sopro de Sua boca e o destruirá pela manifestação de Sua vinda.**
>
> **Ora, o aparecimento do iníquo é segundo a eficácia de Satanás, com todo poder, e sinais, e prodígios da mentira, e com todo engano de injustiça aos que perecem, porque não acolheram o amor da verdade para serem salvos.**
>
> *2 Tessalonicenses 2:3-4, 6-10*

Agora estamos prontos para examinar as profecias do Messias relativas aos últimos dias e os sete anos da Grande Tribulação. Depois, com o conhecimento dos eventos que deverão ocorrer nesses tempos futuros, vamos refletir sobre como poderemos evitar nos tornarmos vítimas dessas predições apocalípticas.

16

A REMOÇÃO DO VÉU

Revelação de Jesus Cristo, que Deus lhe deu para mostrar aos seus servos as coisas que em breve devem acontecer.

Apocalipse 1:1

Alguns chamam este livro "A Revelação de São João Divino". Mas isso é incorreto. Seu título divino é "**A Revelação de Jesus Cristo**". A palavra grega *apokalupsis* significa revelação ou "remoção do véu". Assim, Jesus Cristo está desvelando o curso de acontecimentos futuros da mesma maneira que nós abriríamos a cortina para ter a visão de um palco. Também pode significar afastamento do véu de maneira que nos permita ver o rosto. Com relação a esse livro, ambas as descrições são válidas, pois Jesus Cristo está desvelando os acontecimentos de modo que possamos ver o que está no futuro. No futuro, também, todos verão o rosto do Messias. Durante séculos, o Apocalipse tem permanecido um enigma. Até mesmo estudiosos da Bíblia o compreendem muito pouco. Muitos dos acontecimentos pertinentes aos últimos dias deste mundo como o conhecemos estão enunciados nesse livro. Outras passagens proféticas tanto do Antigo quanto do Novo Testamento nele se realizam. O profeta Daniel recebeu muitas informações relativas ao final dos dias. Depois de ele ter registrado essas informações, Deus instruiu-o a "**selar as palavras desta profecia até o final dos tempos**". Creio que é por essa razão que poucos conseguiram decifrar seus segredos.

Mas agora o Apocalipse está começando a desvelar-se. E, ainda que contenha descrições de caos e de holocaustos, o próprio Messias nos assegura de que somos bem-aventurados se lermos ou ouvirmos essas palavras.

Bem-aventurados aqueles que leem e aqueles que ouvem as palavras da profecia e guardam as coisas nela escritas, pois o tempo está próximo.

Apocalipse 1:3

Muitos ministros e professores de religião empregam grande parte do seu tempo ensinando os textos dos Evangelhos e as Epístolas e, contudo, deixam de lado o Apocalipse. Isso é um paradoxo, porque nesse último livro da Bíblia, o próprio Jesus fala-nos diretamente, pois é a revelação dEle.

Nesta seção me esforçarei para sintetizar alguns dos acontecimentos profetizados nesse livro. Não é tarefa fácil, já que o texto é de difícil decodificação. Entretanto, farei o possível para explicar as partes inteligíveis e fazê-las condizer com outras profecias paralelas das Escrituras.

Ao largo da costa sudeste da Turquia há uma pequena ilha de nome Patmos. Lá o apóstolo João foi encarcerado por sua pregação da ressurreição do Messias. Os romanos tinham uma pedreira nessa ilha e João provavelmente cumpriu sua pena lá. Àquela altura ele era um homem velho, já com seus 90 anos. Foi nesse local que ele recebeu a Revelação e foi instruído a anotar tudo que viu e ouviu. No versículo um do capítulo quatro está declarado:

Depois disso, tive uma visão: havia uma porta aberta no céu. E a primeira voz que ouvira falar-me como de trombeta, disse: "Sobe até aqui, para que eu te mostre as coisas que devem acontecer depois destas."

E ele prossegue dando detalhes do que ele viu nesse outro lugar chamado "Céu". É um espetáculo espantoso. Ele vê um trono e Quem nele está sentado é Iahweh. Esse trono está rodeado de 24 outros que estão ocupados por Anciãos. Quem são esses Anciãos, não sabemos, mas eles fazem reverência a Iahweh e o adoram.

Depois disso, João nos conta, ele vê na mão direita dAquele que está sentado no trono um pergaminho escrito dos dois lados. Esse pergaminho está lacrado com sete selos. Mas quem é digno de abrir os selos e olhar dentro? João chora porque nem no Céu nem sobre a Terra podia ser encontrado alguém capaz de abrir o pergaminho e olhar dentro.

Então João vê um Cordeiro no meio do trono. O Cordeiro toma o pergaminho da mão direita dAquele que está sentado no trono. E então todos os Anciãos cantam:

"Digno és de tomar o livro e de abrir-lhe os selos, porque foste morto e com o teu sangue compraste para Deus os que procedem de toda tribo, língua, povo e nação."

Apocalipse 5:9

Então o trono foi rodeado de 10.000 vezes 10.000 anjos (que são cem milhões desses homens sobrenaturais) e começaram a cantar em louvor dAquele que está sentado no trono e do Cordeiro, que é Jesus.

No capítulo 6, João observou enquanto o Cordeiro abria o primeiro dos sete selos:

Vi, então, e eis um cavalo branco e o seu cavaleiro com um arco; e foi-lhe dada uma coroa; e ele saiu vencendo e para vencer.

O Cordeiro abriu o segundo selo. E saiu outro cavalo, vermelho; e ao seu cavaleiro foi-lhe dado tirar a paz da Terra para que os homens se matassem uns aos outros; também lhe foi dada uma grande espada.

O Cordeiro abriu o terceiro selo, e eis um cavalo preto e o seu cavaleiro com uma balança na mão. E ouvi uma como que voz que dizia: "Uma medida de trigo por um denário; três medidas de cevada por um denário; e não danifiques o azeite e o vinho."

O Cordeiro abriu o quarto selo. Olhei, e eis um cavalo amarelo e o seu cavaleiro, sendo este chamado morte: e o Inferno o estava seguindo.

E foi-lhes dada autoridade sobre a quarta parte da Terra para matar à espada, pela fome, pela peste e por meio das feras da Terra.

Apocalipse 6:2-8

Estes, às vezes, são chamados de Os Quatro Cavaleiros do Apocalipse. Mas que significa tudo isso? Para descobrir, voltemos à passagem paralela em Mateus, capítulo 24.

De acordo com o Messias, as primeiras coisas para as quais deveremos ficar de olhos abertos, são os falsos profetas e os falsos cristos. Muitos sairão para enganar a muitos, disse ele. Ele também nos disse que devemos nos precaver contra o grande impostor que diria "Eu sou o Messias" (Mateus 24:5). Este é o Anticristo que surgirá no cenário político mundial logo depois do Arrebatamento. Ele se colocará na vanguarda como aquele que pode trazer paz a um mundo à beira da guerra e da desordem. Os povos do mundo saudarão esse homem com os braços abertos. Acreditarão que terão de unir-se sob a liderança de um forte ditador que pode trazer a paz. Isso explica por que vemos o primeiro cavaleiro aparecer num cavalo branco portando um arco sem flecha, pois esse homem prometerá paz e reconciliação. Será ele quem intermediará um acordo de paz entre Israel e as nações árabes assegurando-lhes proteção. Isso assinalará o início dos sete anos de Tribulação, segundo o profeta Daniel (Daniel 7:27). Um período enganoso de paz e estabilidade virá a seguir. Até mesmo os judeus confiarão nesse poderoso líder político. Porém, ainda que todos amem esse homem e acreditem que estão ingressando numa nova era de paz mundial, o mandato dele terminará no maior holocausto militar já testemunhado na Terra.

De maneira que o cavaleiro do cavalo branco é o Falso Cristo, também chamado de o Homem do Pecado, o Filho da Danação Eterna, o Anticristo.

A maneira como as coisas estão evoluindo politicamente no mundo mostra-nos que o cenário está sendo construído para um governo mundial único. Quem teria imaginado, há apenas alguns anos, que a guerra fria terminaria? Quem poderia ter intuído o colapso total do comunismo na Rússia e na Europa oriental num tempo tão breve? O panorama político mundial alterou-se quase da noite para o dia. Agora a democracia empolga o mundo inteiro com promessas de liberdade e prosperidade para todos. A democracia é o veículo e o dinheiro é o combustível que promete entregar à humanidade esse futuro melhor. Essa será a promessa do cavaleiro que monta o cavalo branco.

E saiu outro cavalo, vermelho; e ao seu cavaleiro foi dado tirar a paz da Terra para que os homens se matassem uns aos outros; também lhe foi dada uma espada.

O segundo sinal do qual Jesus falou em *Mateus 24* foi: "Ouvireis falar de guerras e rumores de guerra... Nação se levantará contra nação, e reino contra reino." Isso se relaciona diretamente com o cavaleiro do cavalo vermelho, pois no período da Grande Tribulação, depois de uma pretensa paz que terá uma duração muito curta, se estabelecerá o caos total. No presente, o mundo está numa encruzilhada perigosa. Há centenas de conflitos acontecendo e centenas mais fervilhando sob a superfície, esperando sua vez de eclodir. Quando o cavaleiro do flamejante cavalo vermelho tiver via livre, todas essas tensões adquirirão aparência de realidade, e a guerra e a matança atingirão uma escala que ninguém sequer imaginaria.

O Cordeiro abriu o terceiro selo, e eis ali à minha frente um cavalo preto e o seu cavaleiro com uma balança na mão. E ouvi como que uma voz que dizia: "Uma medida de trigo por um denário; três medidas de cevada por um denário; e não danifiques o azeite e o vinho."

Podemos relacionar essa passagem ao terceiro sinal dado pelo Messias quando ele profetizou os últimos dias: **haverá fomes**. O cavaleiro do cavalo preto distribui essas fomes. A cor preta sempre significa fome. E o ato de pesar o pão sempre significa escassez. Muitas fomes já foram profetizadas na Bíblia. Veja-se a história de José e sua túnica talar de várias cores. Quando o Faraó teve um sonho, não conseguiu encontrar pessoa alguma em sua corte que soubesse interpretar o sonho. Consultou seus adivinhos, médiuns, quiromantes, e astrólogos. Mas eles eram destituídos de informações úteis, assim como, nos dias atuais, seus correlatos são destituídos da verdade.

E então o Faraó mandou chamar José e perguntou-lhe se podia interpretar o sonho. José respondeu que não, mas disse que Deus lhe daria a resposta. O Faraó repetiu o relato do sonho a José. No sonho, o Faraó havia estado na margem do Nilo quando sete vacas gordas e saudáveis saíram do rio. Estas foram seguidas por sete vacas magras que engoliram as vacas gordas.

Depois ele viu sete espigas de milho maduras e saudáveis que haviam brotado da mesma haste. E depois destas vieram sete outras espigas franzinas e fustigadas pelo vento leste. As sete espigas franzinas engoliram as sete espigas sadias.

José disse ao Faraó que os dois sonhos tinham o mesmo significado. O Egito ia experimentar sete anos de grande abundância de alimentos. Mas a esses se seguiriam sete anos de fome. A escassez de víveres devastaria a terra e os sete anos de abundância seriam esquecidos devido à inclemência da fome.

José sugeriu ao Faraó que escolhesse um homem para supervisionar a economia durante os sete anos bons. Esse homem construiria armazéns e guardaria um quinto da colheita durante cada um dos sete anos de fartura de maneira que, ao tempo dos anos de penúria, teriam alimento suficiente para sustentá-los.

O Faraó ouviu a interpretação e compreendeu seu significado. Também compreendeu que fazia sentido seguir o conselho de José. E assim, deu a tarefa a José. Elevou-o a tal ponto que só o Faraó estava acima de José na hierarquia do império egípcio. Começando do mais humilde entre os humildes na prisão do Estado, José foi elevado ao segundo cargo mais alto da nação. E tudo porque confiava em Iahweh.

Posteriormente, a história confirma que tudo aconteceu exatamente da maneira que José havia predito. Depois dos sete anos de abundância, seguiram-se sete anos de pungente escassez de víveres. Durante esse período, todos os países circunvizinhos imploraram ao Egito que lhes vendesse comida. Isso fez com que o Egito acumulasse muito ouro e tesouros desses países. É um fato histórico.

Agora o cavaleiro do cavalo preto indica que há uma escassez de alimentos a caminho. O leitor poderá zombar dessa probabilidade ou acreditar nela. O Faraó foi suficientemente prudente para levar a sério a interpretação do sonho e tomar medidas para evitar a tragédia.

Creio que o cavaleiro do cavalo preto está prevendo um grande holocausto econômico, uma época em que o salário de um dia vale uma simples medida de trigo e três medidas de cevada. De uma maneira ou de outra, isso descreve o colapso dos sistemas econômicos e monetários do mundo. Hoje em dia, por toda parte, podemos ver sinais desse iminente colapso financeiro.

O Cordeiro abriu o quarto selo. Olhei, e eis um cavalo amarelo e o seu cavaleiro, sendo este chamado morte; e o Inferno o estava seguindo.
E foi-lhes dada autoridade sobre a quarta parte da Terra para matar à espada, pela fome, pela peste, e por meio das feras da Terra.

Apocalipse 6:8

Esse é o quarto castigo mencionado por Jesus em Mateus 24:7. É o castigo da "pestilência". A palavra grega aqui empregada é *thanatos*, que significa morte, causada nesse caso por pestilência e doença. "Pestilência" é seguida de túmulo (*Hades*). Palavras que ocorrem juntas, já que a segunda é consequência da primeira. Hades segue o cortejo da morte porque a morte termina no túmulo. Guerras, fomes, e a pestilência resultante são os meios empregados pela morte e são sempre seguidos de uma consequência comum – entrega ao túmulo.

Já discutimos anteriormente o imenso problema da atualidade que é a disseminação de pestilência e doenças. Contudo, o que estamos vendo agora é nada comparado à devastação que será desencadeada na Grande Tribulação, pois segundo predições, metade da população mundial morrerá em consequência de guerras, fomes, pestilências e doenças que esses Cavaleiros da Revelação representam. Em cifras atuais, isso significa que aproximadamente três bilhões de pessoas morrerão.

Mais uma vez, urge que ouçamos as palavras do Messias:

Quando começarem a acontecer estas coisas, erguei-vos e levantai a cabeça, pois está próxima a vossa libertação.

Lucas, 21:28

Não está manifestamente óbvio que essas profecias, escritas há quase dois mil anos, estão se desenrolando perante os nossos olhos? Disseramnos que esses acontecimentos poderiam ser comparados ao trabalho de parto de uma mulher. As contrações tornam-se mais frequentes e mais violentas à medida que o momento do nascimento se aproxima. Do mesmo modo, veremos essas convulsões tornarem-se mais frequentes e mais violentas à medida que nos aproximamos dos sete anos da Grande Tribulação.

Desse modo, este mundo inevitavelmente terá de passar pela ansiedade, dor e banho de sangue da Grande Tribulação antes de ressuscitar para a liberdade do Paraíso Recuperado.

Nas palavras de Jesus:

Porque em verdade vos digo que, até que passem o céu e a terra, não será omitido nem um só i, uma só vírgula da Lei, sem que tudo seja realizado.

Mateus 5:18

Os Sete Selos, as Sete Trombetas, as Sete Taças

O Quinto, o Sexto e o Sétimo selos são então abertos. Segue-se um breve resumo:

O Quinto Selo

Depois do Arrebatamento ou "remoção dos cristãos", uma população imensa permanecerá para suportar os sete anos de ira. Muitos dos que zombam do cristianismo agora e que se recusam a dar ouvidos às advertências ficarão isolados. As pessoas se voltarão para Iahweh e para o Messias em busca de salvação e socorro. Serão sete anos medonhos, mas existe esperança.

Somos assegurados de que um grande número de judeus se converterá aos ensinamentos do Messias nessa Tribulação. Um total de 144.000 pessoas, 12.000 de cada uma das 12 tribos de Israel. De alguma maneira esses 144.000 se converterão e se tornarão evangelistas enérgicos. Como consequência da pregação desses milhares de pessoas, multidões passarão a acreditar e descobrirão que o Messias é sua única esperança. Mas há um aspecto negativo aqui, pois muitos desses crentes morrerão por causa de sua fé.

Mais tarde, somos assegurados ainda, o Anticristo reivindicará fidelidade total. Isso exigirá que todos exponham um sinal ou marca na mão direita ou na testa. Essa marca será um número 666, a marca da Besta. Aquele que se recusar a deixar exposta essa marca não poderá comprar, vender, nem fazer negócios. E muitos dos que se recusarem a fazê-lo por causa de sua fé serão executados pelo Anticristo e suas forças de governo de um mundo único. A conclusão a extrair do Quinto Selo é que grandes números de cristãos morrerão durante o período da Tribulação.

O Sexto Selo

O Sexto Selo fala de um terremoto tão grande que toda montanha e toda ilha será afastada do seu lugar. As pessoas do mundo inteiro ficarão tão aterrorizadas que pedirão aos rochedos que caiam sobre elas.

Caí sobre nós e escondei-nos da face daquele que se assenta no trono e da ira do Cordeiro.
Porque chegou o grande dia da ira deles; e quem é que pode suster-se?

Apocalipse 6:16,17

O Sétimo Selo

O Sétimo Selo introduz os sete castigos das Trombetas. São estes uma outra série de flagelos que cairão sobre a Terra no seu devido tempo. Depois desses castigos das Trombetas, haverá uma nova série de castigos, chamados de castigos das Taças. Também são em número de sete.

Não sabemos se todos esses castigos ocorrem simultaneamente ou se se seguirão uns aos outros. Contudo, apresentarei um breve resumo dos castigos das Trombetas e das Taças. Posteriormente, enfocaremos aspectos específicos deles.

A Primeira Trombeta: *Apocalipse 8:7*

Quando o primeiro anjo faz soar sua trombeta, granizo e fogo misturados com sangue são atirados à Terra. Um terço de toda a erva verde e um terço de todas as árvores serão queimados.

A Primeira Taça: *Apocalipse 16:2*

A primeira taça é derramada e produz úlceras horríveis naqueles que têm a marca da Besta. Lemos que um terço de toda a erva verde, árvores e plantas serão queimadas ao soar da primeira trombeta. O que está ocorrendo atualmente com a camada de ozônio não será um precursor desses flagelos? Em muitos países, as pessoas já estão sendo chamuscadas pelo sol devido aos danos feitos à camada de ozônio.

Os cientistas estão dizendo que se a redução da camada de ozônio atingir 15%, milhões de pessoas morrerão de câncer de pele. Se a tênue camada de ozônio for danificada além de um certo nível, não poderá ser reparada. O efeito disso será uma elevação nas temperaturas do mundo e o aquecimento global. Consequentemente, poderemos esperar uma redução na disponibilidade de alimentos e um aumento da fome.

Todos esses riscos ambientais encaixam-se perfeitamente nas profecias do fim dos tempos. Todos eles parecem estar ocorrendo simultaneamente. E não é apenas a minha opinião. É um fato científico.

A Segunda Trombeta: *Apocalipse 8:8,9*

Quando a segunda trombeta for soada, algo com a aparência de uma montanha descomunal, toda em chamas, será lançado ao mar. Em consequência, toda vida em um terço dos oceanos perecerá e todas as embarcações serão destruídas.

A Segunda Taça: *Apocalipse 16:3*

A segunda taça prevê uma catástrofe semelhante àquela anunciada pelo som da segunda trombeta: um objeto gigantesco em chamas assemelhando-se a uma estrela cairá no oceano e destruirá toda a vida e todas as embarcações em um terço dos oceanos.

Isso poderia ser um vasto meteoro. Ou, ainda, João poderia estar descrevendo algum tipo de holocausto nuclear, outro desastre ambiental como aquele ocorrido em Chernobyl. No sermão no Monte das Oliveiras, o Messias disse que haveria um aumento de terremotos e erupções vulcânicas nos últimos dias. Isso já está ocorrendo.

A Terceira Trombeta: *Apocalipse 8:10,11*

Esta anuncia uma colossal estrela ou meteoro de nome "Absinto", que cai ardendo como uma tocha sobre todos os rios e lagos, poluindo a água em um terço do mundo inteiro. Muitos morrerão por beberem a água poluída.

A Terceira Taça: *Apocalipse 16:4*

A terceira taça faz com que as nascentes e fontes de água potável sejam transformadas em "sangue". Isso se encaixa na profecia da terceira trombeta, que João descreveu como uma colossal estrela ardente que caiu sobre as nascentes de água doce e poluiu um terço da água do mundo.

Quantos países do mundo possuem armas de guerra biológicas? Muitos, diria eu. Sabemos que essas armas mortais já estão no mercado. Uma pequena quantidade de um veneno dessa natureza despejada em um reservatório, poderia matar dois milhões de pessoas. E existem fundamentalistas muçulmanos radicais que adorariam infligir esse tipo de "justiça" ao Ocidente, particularmente aos Estados Unidos da América, a quem detestam.

Quer essa "Amargura" refira-se à guerra biológica ou à precipitação radioativa, é algo que teremos de aguardar para ver. Mas as potencialidades de uma e de outra são uma realidade inflexível em nosso mundo perigosamente instável.

A Quarta Trombeta: *Apocalipse 8:12*

Em consequência do soar dessa trombeta, um terço de toda a luz desaparecerá. O Sol, a Lua e as estrelas perderão um terço de sua claridade. Isso terá efeitos catastróficos na temperatura da Terra.

A Quarta Taça: *Apocalipse 16:8,9*

> **O quarto anjo derramou a sua taça sobre o sol, e foi-lhe dado queimar os homens com fogo. Com efeito, os homens queimaram-se com o intenso calor, e blasfemaram o nome de Deus, que tem autoridade sobre estes flagelos, e nem se arrependeram para Lhe darem glória.**

Apocalipse 16:8,9

A Quinta Trombeta: *Apocalipse 9:1-12*

Como se as coisas já não fossem suficientemente críticas, temos aqui uma descrição de uma águia em voo que proclama em altos brados:

> **Ai! Ai! ai dos que moram na Terra, por causa das restantes vozes da trombeta dos três anjos que ainda têm de tocar.**

Apocalipse 8:13

A quinta trombeta introduz uma sequência funesta de acontecimentos. A fechadura de um lugar chamado o Abismo vai ser aberta. Desse poço sairão hediondas criaturas demoníacas que se parecem com gafanhotos. Essas criaturas terão o poder de torturar com seu ferrão, mas não de matar.

Elas não conseguirão tocar aqueles que tiverem o "selo" de Deus, pois estes serão protegidos. Mas todas as outras pessoas serão presas dessas criaturas semelhantes a escorpiões, que infligirão sua tortura durante cinco meses. Por causa dessa agonia, os homens procurarão a morte, mas não a encontrarão. Desejarão muito morrer, mas a morte os frustrará.

A Quinta Taça: *Apocalipse 16:10,11*

Quando a quinta taça for derramada haverá trevas sobre o "Reino da Besta".

Os homens remordiam a língua por causa da dor que sentiam e blasfemavam o Deus do céu por causa das angústias e das úlceras que sofriam; e não se arrependeram de suas obras.

Apocalipse 16:10,11

A Sexta Trombeta: *Apocalipse 9:13*

O anjo que tocar a sexta trombeta lançará tropas montadas da ordem de 200 milhões de soldados. Essas tropas matarão um terço da humanidade enquanto passarem impetuosamente sobre a amplitude da Terra. Se tomarmos por base as cifras populacionais da atualidade, podemos dizer que essas tropas matarão cerca de dois bilhões de pessoas.

A Sexta Taça: *Apocalipse 16:12*

A sexta taça será derramada sobre o rio Eufrates fazendo com que ele seque e permitirá que os "reis do Oriente" marchem sem empecilho rumo ao Oriente Médio para o confronto final do Armagedom. Isso se encaixa na profecia da sexta trombeta, que descrevia um exército de 200 milhões que viria do Oriente e exterminaria um terço da população do mundo em sua marcha para o Ocidente.

O Eufrates sempre foi a antiga linha divisória entre a Europa e o Oriente. No original grego, "leste" é traduzido literalmente por *reis do sol levantando-se*", referência óbvia aos povos da Ásia. Essa profecia diz que um exército de 200 milhões atravessará o Eufrates para entrar em combate com tropas do Ocidente. Atualmente, a China é o único país do mundo que pode formar um exército de 200 milhões. Contudo, essa profecia foi escrita há quase dois mil anos. O leitor consegue ver como o quebra-cabeça está se encaixando?

Agora são espíritos "enganadores" que saem e incitam os "reis da Terra" a se reunirem em preparação para o combate. A profecia da sexta taça termina com todas as hostes dos inimigos alinhadas para o combate.

A Sétima Trombeta: *Apocalipse 11:15*

Esta introduz os castigos das taças descritos nos Capítulos 12-18. São acontecimentos ainda mais terríveis que aqueles já previstos. Ainda que esses castigos dos selos, das trombetas e das taças nos sejam dados na ordem, há algum indício que sugere que ocorrerão simultaneamente, pois todos esses castigos culminam no sétimo castigo, o que é comum a todos aqueles que foram dados previamente: um terremoto colossal.

Ouvi, vinda do santuário, uma grande voz, dizendo aos sete anjos: "Ide, e derramai pela Terra as sete taças da cólera de Deus."

Apocalipse 16:1

A Sétima Taça: *Apocalipse 16:18*

O derramamento da sétima taça coincide com as profecias do sétimo selo e da sétima trombeta. Descreve um terremoto catastrófico que destruirá cidades e fará ilhas desaparecerem. Esse terremoto será seguido de pedras de granizo com peso aproximado de 45 quilos cada, caindo do céu sobre os homens. Em cada um dos três castigos finais está declarado que o grande terremoto será precedido de:

... Relâmpagos, vozes, e trovões, e ocorreu grande terremoto.

Apocalipse 16:18

Não temos como saber com certeza o que isso significa. Mas lançando um olhar retrospectivo sobre a história recente e olhando para o futuro em direção à sequência de acontecimentos vindouros que começam a se manifestar, parece ser um ataque nuclear. As armas da atualidade são suficientes para exterminar toda a vida no planeta Terra muitas vezes. As grandes potências estão agora preparando-se para esse dia. Embora o vale de Megido seja o ponto focal, o mundo inteiro estará implicado nessa conflagração.

A paz mundial depende do que ocorra em Israel. O conflito árabe/israelense é o que atrairá vastos exércitos para essa região. E a *raison d'être* para justificar a presença desses exércitos nesse local é o petróleo no Oriente Médio. Existem muitas profecias sobre Jerusalém nos dias finais e como ela será uma rocha onde muitas nações perecerão. Já foi dito que a luta nessa área será tão feroz que o sangue alcançará até as rédeas dos cavalos a uma distância de 350 quilômetros.

Quem teria imaginado que uma pequena nação de cerca de cinco milhões de pessoas que ocupa uma área tão pequena poderia ser o estopim que incendeia o mundo?

17

O ABISMO

Quando o quinto anjo toca a trombeta em Apocalipse 9, defrontamos com uma imagem assustadora. Uma "estrela" recebe a chave do Abismo. Estrela é outro nome de um anjo de Deus. Essa entidade é o carcereiro do Abismo. Do poço do Abismo sobe fumaça e da fumaça saem gafanhotos que têm o poder de torturar pessoas, mas não de matar.

> E o seu tormento era como tormento do escorpião quando ele fere alguém.
> Naqueles dias, os homens buscarão a morte e não a acharão; também terão ardente desejo de morrer, mas a morte fugirá deles.
>
> *Apocalipse 9:5,6*

O rei dos "gafanhotos" que sai do Abismo chama-se *Apoliom*. Anteriormente, nestas páginas, já falamos sobre ele. Mais à frente, voltaremos a ele para acrescentar mais informações relativas a suas atividades durante o Apocalipse.

Creio que as descrições dadas nesta seção com referência aos "gafanhotos" têm um duplo objetivo. Primeiramente, elas falam das forças sobrenaturais agindo por trás dos bastidores e, em segundo lugar, mostram as realidades físicas da guerra em toda rudeza, tal como a experimentamos na Terra.

Mas os espíritos malignos que sairão do Abismo são reais, demônios de verdade. E quando forem soltos, durante a Grande Tribulação, causarão grande devastação entre as pessoas descrentes do mundo. No

Capítulo 9 do Apocalipse, fala-se de um exército colossal de 200 milhões que virá do Oriente. Esse exército dizimará um terço da população do mundo à medida que caminha para o Ocidente rumo ao Oriente Médio. João teve uma visão há quase dois mil anos e teve de descrever o que viu em termos de sua experiência. O que ele descreveu seria na verdade uma guerra *high-tech* do século 21?

> Assim, nesta visão, contemplei que os cavalos e seus cavaleiros tinham couraças cor de fogo, de jacinto e de enxofre. A cabeça dos cavalos era como cabeças de leões, e de sua boca saía fogo, fumaça e enxofre.
>
> Por meio desses três flagelos, a saber, pelo fogo, pela fumaça e pelo enxofre que saíam da sua boca, foi morta a terça parte dos homens.
>
> Pois a força dos cavalos estava na sua boca e na sua cauda: porquanto a sua cauda se parecia com serpentes, que tinha cabeça, e com ela causavam dano.
>
> *Apocalipse 9:17-19*

João estará descrevendo criaturas reais ou uma guerra nuclear? Tem a aparência de guerra moderna quando ele fala de fumaça, fogo e enxofre. Talvez ele esteja descrevendo o disparo de mísseis, pois essas armas podem matar um terço da humanidade num período muito curto. Ele fala de cavalos e daqueles que os cavalgam. Diz que o poder deles estava em suas cabeças e em suas caudas. Isso parece descrição de mísseis, pois estes explodem quando suas "cabeças" atingem o alvo. As caudas, diz ele, eram como serpentes. Isso poderia ser o rasto que um míssil deixa atrás de si enquanto serpenteia pelo ar a caminho do seu alvo. Isso se aplica à descrição anterior dos gafanhotos do Abismo.

> O aspecto dos gafanhotos era semelhante a cavalos preparados para uma batalha.
>
> Sobre sua cabeça parecia haver coroas de ouro; e o seu rosto era como rosto de homem.
>
> Tinham também cabelos, como cabelos de mulher; os seus dentes, como dentes de leão.

Tinham couraças, como couraças de ferro; o barulho que as suas asas faziam era como o barulho de carros de muitos cavalos, quando correm ao combate.

Tinham ainda cauda, como escorpiões, e ferrão; na cauda tinham poder para causar dano aos homens, por cinco meses.

Apocalipse 9:7-10

Quando João fala de uma cabeça com uma coroa e um rosto humano, estaria ele descrevendo o capacete de um piloto de combate? Quando um helicóptero gira suas pás, faz lembrar os cabelos de uma mulher se agitando ao vento. E o barulho dos helicópteros de ataque se assemelharia a muitos cavalos e carros da antiguidade empenhando-se em combate. Os ferrões em suas caudas poderiam ser suas metralhadoras e mísseis e o dano que produzem poderia ser o efeito da guerra bacteriológica. João disse que esses gafanhotos tinham asas cujo barulho era como o estrondo de muitos cavalos. Ora, gafanhotos voam e se aglomeram em grandes números. João deve estar descrevendo aviões de guerra e bombardeiros e helicópteros. Acredito que ele os chamou de gafanhotos porque estava tendo uma visão de algo no futuro que lhe era totalmente estranho. Não nos esqueçamos de que João já tinha mais de 90 anos quando teve essa visão. Portanto, quando viu um "enxame" de aeronaves em voo, só poderia descrevê-las em termos de sua experiência. Ele disse que tinham dentes como dentes de leão. Os mísseis e foguetes que equipam aviões e helicópteros de combate poderiam, realmente, ser descritos como dentes de leão.

João desconhecia o barulho produzido por motores a jato, portanto ele diz que era como o estrondo de muitos cavalos e de carros quando correm ao combate. O que ele está tentando descrever é um ataque aéreo colossal que emprega armamentos *high-tech* de última geração.

Portanto, devemos ter medo? Não.

Quase todos se dão conta de que o mundo está numa ladeira escorregadia. Todos podem ver os perigos que se encontram à frente, mas ninguém tem respostas. As pessoas que deviam estar amedrontadas são aquelas que enfiam a cabeça na areia e dizem: "Vai dar tudo certo." Deveríamos incentivar essas pessoas a dar atenção às profecias. Assim talvez elas poderiam ter uma probabilidade de evitar o caos dos últimos dias.

Duas Testemunhas

No Capítulo 11 do Apocalipse temos um relato de "Duas Testemunhas". Esses dois homens serão enaltecidos por Iahweh e dele receberão poderes. Ninguém sabe quem serão. Alguns acreditam que um deles será Elias, que foi levado para o alto e arrebatado no Antigo Testamento (*ver 2 Reis 2*). Nos dias de Acab, Elias fechou os céus de maneira que nenhuma chuva caiu durante três anos e meio (*1 Reis 17:1*). Eis o que diz o Apocalipse relativamente às duas testemunhas de Deus:

> **Se alguém pretende causar-lhes dano, sai fogo da sua boca e devora os inimigos.**
> **Elas têm autoridade para fechar o céu, para que não chova durante os dias em que profetizarem. Têm autoridade também sobre as águas, para convertê-las em sangue, bem como para ferir a Terra com toda sorte de flagelos, tantas vezes quantas quiserem.**
>
> *Apocalipse 11:5-6*

A segunda testemunha, na opinião de alguns, será Moisés, pois só ele tinha o poder de transformar água em sangue e de fazer as pragas aparecerem na terra, como o fez quando cativo no Egito (*Êxodo 7:19, 19:15*). Além disso, no Monte da Transfiguração, foram Moisés e Elias que apareceram falando com Jesus (*Mateus 17:1-11*). Os poderes a serem assumidos por esses dois homens são aqueles que foram previamente exercidos por Moisés e Elias nos tempos do Antigo Testamento. Essas duas testemunhas profetizarão durante cerca de três anos e meio contra aqueles que dominam o mundo. O Anticristo e seus lacaios os odiarão sobremaneira, mas não conseguirão matá-los até que os três anos e meio tenham transcorrido. Então, a "besta do abismo" os atacará e os matará. Os dois corpos permanecerão na rua por três dias e meio. As pessoas da Terra observarão os corpos e se rejubilarão por causa dessas mortes porque esses dois profetas as haviam "atormentado" por um longo tempo. E então algo espantoso acontece:

Mas, depois dos três dias e meio, um espírito de vida, vindo da parte de Deus, neles penetrou, e eles se ergueram sobre os pés, e àqueles que os viram sobreveio grande medo.

E subiram ao Céu numa nuvem, e os seus inimigos as contemplaram.

Apocalipse 11:11,12

Atualmente, a única maneira de os povos do mundo poderem ver essa cena, será através da televisão global, pois, segundo o texto, todas as pessoas do mundo verão os dois cadáveres na rua. Isso, naturalmente, não parece surpreendente, exceto quando nos damos conta de que a profecia foi escrita há quase dois mil anos. Os incrédulos estarão comemorando a morte desses dois "fundamentalistas" quando, subitamente, estes voltam à vida e postam-se perante eles. Enquanto as pessoas que observam são tomadas pelo medo, os dois profetas serão levados para o Céu numa nuvem, assim como o foi o Messias (*Atos 1:10,11*). É claro que muitos acreditam que essas predições não passam de voos da imaginação, que tais coisas nunca acontecerão. Permitam que eu diga: a Bíblia está cheia de milagres e de proezas quase inacreditáveis. Da divisão das águas do Mar Vermelho ao Messias alimentando cinco mil pessoas com alguns pães e peixes. Da criação do universo por Iahweh à ressurreição de Lázaro pelo Messias. O Apocalipse, igualmente, é um livro de sinais, milagres e prodígios.

O Apocalipse é, ele próprio, um milagre extraordinário. Pois, neste momento, quem o lê, está lendo a história antes de ela acontecer. E o leitor pode ter certeza de que todas essas coisas se realizarão. Num dia que não deve tardar, os povos do mundo verão esses dois profetas dar testemunho de Iahweh. E esse dia pode estar mais próximo do que pensamos.

Batalha Cósmica

O capítulo 12 do *Apocalipse* descreve uma batalha no céu entre Satanás e seus anjos malignos de um lado, e Miguel e seus anjos do outro. Aparentemente, Satanás ainda tem acesso ao reino celeste, pois em *Jó 1:6-12* está escrito que Satanás foi à presença de Deus. E na passagem do Apocalipse transcrita a seguir o mesmo é dito:

Pois foi expulso o acusador de nossos irmãos, o mesmo que os acusa de dia e de noite, diante do nosso Deus.

Apocalipse 12:10

Contudo, uma batalha tem início, Satanás é derrotado e arremessado à Terra e seus anjos com ele.

Houve então uma batalha no Céu. Miguel e seus anjos guerrearam contra o dragão. Também pelejaram o dragão e seus anjos.
Todavia, estes não prevaleceram; nem mais se achou no céu o lugar deles.
E foi expulso o grande dragão, a antiga serpente, que se chama diabo ou Satanás, o sedutor de todo o mundo.
Ele foi atirado para a Terra e com ele os seus anjos.

Apocalipse 12:7-9

Quando o diabo é expulso do Céu, está cheio de ira, pois sabe que não dispõe de muito tempo. Vai, então, atrás daquilo que se chama "a mulher" para matá-la. "A mulher" é uma figura de linguagem que significa Israel. Agora o diabo tenta matar todos os judeus remanescentes. Mas Iahweh os socorre fazendo-os fugir para o deserto, onde ficam protegidos por três anos e meio. O diabo, então, vai no encalço dos cristãos que obedecem à palavra de Iahweh.

É durante a segunda metade dos sete anos da Grande Tribulação que o inferno inteiro, literalmente, vai manifestar-se com ímpeto. Pois o diabo, depois de expulso do Céu, sabe que o tempo que lhe resta é exíguo. É interessante que no versículo acima ele é chamado de "o sedutor de todo o mundo". (Embora Satanás tenha sido expulso do Céu há muito tempo, aparentemente ele ainda tem um certo acesso limitado ao reino celeste, pois *Apocalipse 12:10* diz que ele diariamente acusa os irmãos lá, na presença de Deus.)

Não resta dúvida quanto à identidade dessa criatura, pois ela recebe cinco títulos aqui: o **dragão**, a **antiga serpente**, o **diabo** ou **Satanás**, o **acusador**. O Messias referiu-se a essa futura expulsão quando afirmou profeticamente em *Lucas 10:18*:

"Eu vi Satanás cair do céu como um relâmpago."

É depois de ser expulso do Céu e ser arremessado à Terra que ele assume controle total de seu escolhido, o Anticristo, e seu homem transforma-se literalmente no diabo personificado. Agora ele romperá o tratado de paz que fez com os judeus e procurará destruí-los. A essa altura, ele também tentará exterminar todos os que se voltaram para o Messias recusando-se a aceitar o sinal da Besta. Durante essa época terrível, muitos cristãos serão martirizados por causa de sua fé.

Marca da Besta

Duas bestas aparecem no Capítulo 13 do Apocalipse. A primeira besta é o Anticristo que, segundo sabemos, será um líder político. Surgirá no cenário mundial depois do Arrebatamento. Esse capítulo nos conta que a primeira besta, o Anticristo, parece receber um ferimento fatal na cabeça. Miraculosamente, entretanto, ele é curado desse ferimento fatal e vive novamente. Com relação aos detalhes desse milagre só podemos fazer conjecturas. Talvez esse líder político seja assassinado. Todos sabem que ele morreu, mas então ele é ressuscitado dentre os mortos pelo poder do dragão (Satanás) e, em consequência, o mundo todo o adora e adora o dragão que deu sua autoridade ao Anticristo.

Conforme já dissemos anteriormente, a palavra "anti" não significa "contra", mas "em vez de", "em lugar de".* Ele será "em lugar de" Cristo, e o mundo o adotará, assim como rejeitou o verdadeiro Messias. Esse Anticristo será ressuscitado dentre os mortos exatamente como Jesus foi. Quando as hordas descrentes testemunharem essa ressurreição hipotecarão lealdade a esse filho de Satanás.

> Cheia de admiração, a Terra inteira seguiu a besta (Anticristo).
> E adoraram o dragão (Satanás) porque deu a sua autoridade à besta,
> E eles também adoraram a besta.
>
> *Apocalipse 13:3,4*

A Besta não é outro senão "Apoliom", que foi libertado do Abismo e que outrora vagava pela Terra, provocando destruição nos dias de Noé. É ele que agora é chamado o "Anticristo".

---

* Ver nota na p. 156. (N. do T.)

E esse homem se tornará o ditador mais famigerado que o mundo já viu. Abertamente ele difamará Iahweh e o Messias e perseguirá as pessoas que se voltam para Deus e matará muitas delas por causa de sua fé. Nisso ele será auxiliado por uma segunda besta que é o Falso Profeta. Assim como o Anticristo é um líder político, o Falso Profeta será um líder religioso. Receberá poderes de Satanás para realizar muitos sinais e prodígios enganosos, de maneira que possa iludir os habitantes da Terra. Terá tal poder "mágico" que realizará um milagre verdadeiramente deslumbrante que assombrará o populacho.

Ele os fez erigir uma imagem da Besta (Anticristo), que foi ferida à espada e contudo voltou à vida.
E foi-lhe concedido dar fôlego à imagem da primeira Besta, para que não só a imagem falasse, como ainda fizesse morrer quantos não adorassem a imagem da besta.

Apocalipse 13:14,15

É de admirar que os incrédulos do mundo oferecerão seu devotamento a esse homem? Pois essa Escritura nos diz que o Falso Profeta terá o poder de fazer imagens do Anticristo adquirirem vida e falar. Tais imagens poderiam ser estátuas ou fotos do Anticristo. Quando imaginamos como alguns dos enormes blocos de pedra foram cortados e colocados no lugar dentro das pirâmides e de outras massivas construções antigas, temos nossa resposta aqui nesse exemplo do poder espantoso acessível a Satanás e sua hoste. Muitos daqueles que creem em Deus e que não se deixam enganar serão mortos por se recusarem a submeter-se à imagem da Besta. Além de tudo, o Falso Profeta que trabalhará em conluio com seu senhor, o Anticristo, instalará um sistema destinado a excluir todos aqueles que se recusarem a aceitar sua soberania.

A todos, os pequenos e os grandes, os ricos e os pobres, os livres e os escravos, faz que lhes seja dada certa marca sobre a mão direita, ou sobre a fronte, para que ninguém possa comprar ou vender, senão aquele que tem a marca, o nome da Besta, ou o número do seu nome. Aqui está a sabedoria. Aquele que tem entendimen-

to calcule o número da Besta, pois é número de homem. Ora, esse número é 666.

Livro da Revelação 13:16-18

Em outras palavras, o Anticristo e seu governo formarão um clube. Se você não for membro desse clube, será boicotado. Você não conseguirá comprar nem vender nem fazer negócios se não se associar a esse clube. Para ingressar no clube, você terá de exibir essa marca da Besta, seja na mão direita, seja na fronte.

O versículo acima nos diz que o sistema de contabilidade utilizado pelo Anticristo fiscalizará todas as atividades de compra e venda de todas as pessoas no mundo. Não é extraordinário que esse texto tenha sido escrito há quase dois mil anos, e contudo só nos últimos anos a tecnologia para proporcionar tal controle tornou-se disponível? Sem dúvida, é um sinal importante de que estamos nos aproximando do cumprimento dessas exatas palavras quando as vemos transformar-se em realidade perante nossos olhos.

Uma possibilidade é de que essa marca da Besta será um *microchip* implantado sob a pele. Enquanto escrevo isto, a TV exibe comerciais incentivando as pessoas a usar cartões de crédito em vez de dinheiro. Gurus financeiros nos dizem que estamos caminhando rumo a uma sociedade que vai eliminar o dinheiro. O plástico é tão mais sensato e suprime muitas transações a dinheiro. Mas cartões plásticos podem ter desvantagens. A gente pode perdê-los, pode quebrá-los, ou eles podem ser roubados. O que faz o cartão funcionar é o minúsculo *microchip* em seu interior. Toda a informação está armazenada nesse minúsculo *chip*: a data do seu aniversário, sua classificação de crédito. Para solucionar os problemas relacionados com cartões plásticos, esses *chips* poderiam ser implantados sob a pele da mão direita. Não sabemos ao certo se a "marca da Besta" será usada dessa maneira durante os sete anos da Grande Tribulação. Estamos simplesmente observando os rumos que a sociedade está tomando e postulamos que esse poderá ser o caso. As pessoas que tiverem de suportar esses tempos saberão quando as coisas acontecerem. Mas qualquer um que aceite essa marca estará atraindo a condenação eterna. Pois somos advertidos com toda clareza das consequências dessa escolha:

> Se alguém adora a Besta e a sua imagem, e recebe a sua marca na fronte ou sobre a mão, também esse beberá do vinho da cólera de Deus, derramado sem mistura na taça da sua ira.
> Ele será atormentado com fogo e enxofre diante dos santos anjos e do Cordeiro.
> A fumaça do seu tormento sobe pelos séculos dos séculos.
> Não têm descanso algum, nem de dia nem de noite, os adoradores da Besta e da sua imagem, e quem quer que receba a marca do seu nome.
>
> *Apocalipse 14:9-11*

Será uma escolha difícil, pois se as pessoas não aceitarem essa marca, não terão o direito de comprarem as coisas necessárias. Os que se encontrarem nessa situação terão de sair da dificuldade por conta própria. Terão de cultivar seu próprio alimento e prover o próprio bem-estar e o de suas famílias. Terão de aprender autossuficiência e sobrevivência muito rapidamente a fim de conseguir atravessar o período dos sete anos. Além de ter de sobreviver sem a possibilidade de comprar ou vender ou fazer negócios, essas pessoas terão de argumentar com a ira de Satanás, pois foi profetizado que ele perseguirá e matará muitas dessas boas almas. Mas há esperança, pois Iahweh prometeu socorrer aqueles que resistirem até o fim.

Poderemos aceitar a marca da Besta e desfrutar os benefícios durante uma breve temporada, ou recusar a marca e nos arriscarmos a perder a vida. Mas, se aguentarmos até o final, colheremos as recompensas da glória eterna. Portanto, só há mesmo uma escolha a ser feita. Que essa escolha seja a vida eterna. Quem quer que aceite essa marca estará assumindo compromisso de fidelidade com o Anticristo, e com Satanás, que lhe dá esse poder. Uma vez feita a escolha, não há volta.

A maioria da população do mundo aceitará essa marca sem restrições. Essas pessoas não apenas adorarão o Anticristo abertamente, como se entregarão totalmente a Satanás e abertamente o adorarão também.

Quando muitos dos que tiverem empenhado sua fidelidade a Deus estiverem sendo assassinados por causa de sua recusa em aceitar essa marca, o resto do mundo aprovará e apoiará os assassinatos. Mas há uma oportunidade para que todos nós sejamos poupados desses tempos terríveis antes que eles ocorram. Tudo que temos de fazer é confiar em Iahweh e em Seu filho.

Apolo Impera

Quando o Messias predisse o tempo do Apocalipse, ele o comparou às condições que predominavam durante os dias de Noé e em Sodoma e Gomorra: "**Assim como foi, assim será.**" Vimos que as mesmas forças sobrenaturais que eram evidentes durante a época de Noé serão novamente desencadeadas sobre a Terra quando os mesmos anjos caídos forem libertados do *Tártaro* durante os sete anos da Grande Tribulação. Assim, a violência, a destruição e a imoralidade que predominavam antes do Dilúvio e em Sodoma e Gomorra, provocadas pelos *Nephilim*, uma vez mais serão levadas a efeito em escala mundial durante o Apocalipse.

O soberano desses anjos demoníacos do Abismo é *Apoliom*, ou, em hebraico, *Abadom*. No Apocalipse, esse ser é designado como a Besta que é o líder político chamado de o Anticristo. Seja *Apoliom* uma pessoa real ou um espírito que possui o homem que se torna o Anticristo, não sabemos dizer (como Satanás entrou em Judas em *João 13:27*). Contudo, esse homem semelhante a um deus será acolhido e adorado pelo mundo quase da mesma maneira que o Apolo da lenda grega, que sempre foi o epítome daquilo que o mundo considerava o homem perfeito. Para Byron, Apolo era *"o deus da vida, e da poesia, e da luz, o sol de membros humanos e adornado"*. Para Swinburne ele era *"a palavra, a luz, a vida, o sopro, a glória"*. Apolo é o ideal de homem do homem ocidental. Quando Hamlet de Shakespeare exalta sua visão do homem, é a Apolo que ele se refere: *"Que obra é o homem! Quão nobre em racionalidade! Quão infinito em capacidade! Na forma e no movimento, quão bem-feito e admirável! Nos gestos quão semelhante a um anjo! Na inteligência quão semelhante a um deus! A beleza do mundo!"* Racionalidade, nobreza, forma, gestos, inteligência, beleza – são esses os atributos essenciais de Apolo.

O Apocalipse nos diz que Apoliom terá um cúmplice chamado Falso Profeta. Esse homem possuirá poderes mágicos que o habilitarão a enganar as massas e a seguirem a Besta que é o Anticristo.

Ele opera grandes maravilhas, até mesmo a de fazer descer fogo do Céu sobre a Terra, diante dos homens.
Graças às maravilhas que lhe foi concedido realizar a serviço da Besta (Apoliom), ele seduz os habitantes da Terra.

Apocalipse 13:13,14

Temos aqui mais indícios dos poderes de que dispõem esses seres sobrenaturais, poderes que teriam utilizado em seus projetos de construções da era pré-diluviana. E isso virá a acontecer no decorrer dos sete anos da Grande Tribulação. Desde que se trata dos mesmos poderes sobrenaturais que estavam em evidência no tempo de Noé, é lícito supor que iniquidades semelhantes foram perpetradas àquela época.

Os dois profetas que dão testemunho de Iahweh e não podem ser feridos por homens comuns, acabam sendo mortos pela Besta que sai do Abismo, *Apoliom*. O nome deste, tanto em hebraico como em grego, significa "destruição" ou "destruidor" e seu poder sobrenatural permite-lhe matar os dois profetas de Iahweh quando ninguém mais poderia.

No Apocalipse 17 temos mais informações curiosas relativas ao Anticristo:

A Besta que viste existia, mas não existe mais; está para subir do Abismo, mas caminha para a destruição.
E aqueles que habitam sobre a Terra, cujos nomes não foram escritos no livro da vida desde a fundação do mundo, se admirarão ao ver a Besta, pois ela existia e não existe mais, mas reaparecerá.

Apocalipse 17:8,9

Essa afirmação tem confundido a maioria dos comentaristas. Já li muitas interpretações desse trecho, mas nenhuma pareceu-me fazer sentido. Contudo, se nossas suposições etimológicas forem corretas, e o *Apoliom* do Apocalipse é realmente o *Apolo* do Mundo Antigo, então essa profecia tem um significado claro. Pois Apolo existiu, durante os mil anos, aproximadamente, desde a época de Jared até os dias de Noé antes do Dilúvio. Agora ele **não existe**, pois está confinado no *Tártaro* em consequência de sua participação na corrupção moral que atribulou toda a humanidade e que causou o Dilúvio. "Mas **contudo voltará**", isto é, ele sairá do poço do Abismo no Apocalipse futuro próximo e se manifestará na pessoa do Anticristo.

Além do mais, quando ele se materializar, **caminhará para a sua destruição**. A maioria dos comentaristas acredita que isso significa *ele será destruído*. Mas o nome dele significa "destruição". E sabemos que o Anticristo causará devastação, que culminará na eliminação de metade da população mundial. Portanto, esse *Apolo*, o Destruidor, agirá no sentido de cumprir sua missão, que é a destruição da humanidade. Obviamente, isso foi exatamente o que ele fez na era pré-Dilúvio, quando a violência dominava a Terra e o sangue jorrava livremente.

Desse modo temos uma clara associação entre os avatares antediluvianos e deuses-construtores dos primitivos dias da Grécia, de Roma e do Egito, e os deuses do Apocalipse vindouro, a Besta ou Anticristo e o Falso Profeta, ambos os quais recebem seu poder do dragão, que é Satanás.

Outros atores também ocuparão o palco a essa época, mas os papéis principais no Apocalipse estão reservados para Satanás e seus cúmplices.

18

CONTAGEM REGRESSIVA FINAL

Em meados da década de 1930, Hitler deu início à construção de um arsenal maior do que qualquer outro já visto até então. Construiu aviões caças e bombardeiros. Seus tanques eram mais poderosos e mais rápidos do que quaisquer outros feitos anteriormente. Num breve espaço de tempo ele tinha uma força militar capaz de conquistar a maior parte do mundo. Enquanto ele preparava sua máquina militar, muitos dos que observavam exigiam ação. Argumentavam que, se não se armassem, sua segurança poderia ser colocada em perigo. Grupos liberais, naturalmente, eram contrários a essa reação. Ampliar seu arsenal, segundo estes, só viria aumentar as probabilidades de guerra. Assim, deixaram de agir.

Logo que se sentiu preparado, Hitler invadiu a Polônia quase sem dar um tiro. Continuou a invadir e a conquistar países com facilidade, rompendo todos os tratados de paz nesse processo. Quando o resto do mundo estava envolvido no conflito e Hitler foi finalmente detido, 70 milhões de pessoas haviam morrido.

A segunda metade dos sete anos da Grande Tribulação fará a primeira e a segunda guerras se assemelharem a um espetáculo secundário. Os protagonistas principais estão se armando até os dentes preparando-se para essa conflagração final. O palco está pronto. É apenas uma questão de tempo.

Em Ezequiel 38 e 39 lemos que "**um grande poder do norte**" atacará Jerusalém. Se verificarmos no mapa, veremos que "o grande poder" ao norte da Palestina é a Rússia. Muitos estudiosos acreditam que a Rússia e uma aliança de nações muçulmanas se unirão para efetuar esse ataque. Isso acontecerá aproximadamente em meados da Grande Tribulação. Virá como uma surpresa total para Israel que, a essa época, estará atravessando um período de paz. Pois consta que o Anticristo intermediará um tratado de paz entre Israel e seus vizinhos árabes, garantindo proteção a Israel (*Daniel 7:27*). Isso marcará o início dos sete anos da Tribulação.

Devido ao fato de Israel não estar esperando uma invasão, haverá uma espécie de falsa paz durante as etapas iniciais dos sete anos. Mas em determinado momento, o **"grande poder do norte"** juntamente com o **"rei do sul"**, desfechará um ataque surpresa. Dessa maneira, apanharão a todos de surpresa e a incursão deles será vitoriosa. Contudo, segundo Ezequiel, Deus destruirá esses exércitos nas colinas ao norte de Jerusalém. Mas não antes de Jerusalém ter sido saqueada e dois terços dos habitantes terem sido chacinados. O terço restante dos habitantes fugirá para o deserto. Mas quando esses exércitos se retirarem para as colinas ao norte de Jerusalém, serão inteiramente desbaratados (provavelmente pelo Anticristo e sua coalizão ocidental). O tratado de paz que havia sido promovido pelo Anticristo terá sido rompido. A essa altura, o Anticristo terá sido ressuscitado dentre os mortos e terá recebido plenos poderes de Satanás. Com a derrota dos exércitos russo e muçulmano, o Anticristo, apoiado pelo poder militar do Ocidente, se deslocará para preencher o vácuo de poder que existe no Oriente Médio. Ele estabelecerá sua base de atividades em Jerusalém, onde o templo terá sido reconstruído, de acordo com a profecia. O Anticristo, então, cumprirá outra profecia entrando no templo e identificando-se como o verdadeiro Messias, exigindo que o adorem e pronunciando blasfêmias contra o Deus do Céu.

> **Proferirá insultos contra o Altíssimo, e porá à prova os santos do Altíssimo; ele tentará mudar os tempos e a lei.**
>
> *Daniel 7:25*

> **O rei agirá a seu bel-prazer, exaltando-se e engrandecendo-se acima de todos os deuses. Ele proferirá coisas incríveis contra o Deus dos deuses.**
>
> *Daniel 11:36*

No Novo Testamento, Paulo corrobora as palavras de Daniel:

Ele se oporá e se levantará contra tudo que se chama Deus ou é objeto de culto, a ponto de assentar-se no santuário de Deus, ostentando-se como se fosse o próprio Deus.
O aparecimento do iníquo é segundo a eficácia de Satanás, com todo poder, e sinais, e prodígios da mentira.

2 Tessalonicenses 2:4,9

Enquanto isso está acontecendo, os "Reis do Oriente" decidem entrar em ação. Essa é a primeira referência aos povos da Ásia e do Extremo Oriente na Bíblia, contudo dizem-nos que um exército de 200 milhões massacrará um terço da população do mundo à medida que vai abrindo uma ampla área em sua investida contra o Ocidente.

Com exceção dessas sequências imaginárias de acontecimentos do fim dos tempos, a Bíblia, anteriormente, nunca fez referência a quaisquer grandes potências, seja do norte ou do Extremo Oriente. Foi só em anos recentes que a Rússia e a China tornaram-se superpotências com armas e arsenais nucleares capazes de infligir destruição em massa. Mais uma vez nos admiramos da exatidão da profecia à medida que vemos esses atores alinhando-se para cumprir seu destino.

O rio Eufrates sempre foi a linha divisória entre o Oriente Médio e a China e o Extremo Oriente. Diz a Escritura que as águas desse grande rio serão escoadas para preparar o caminho para esse exército de 200 milhões de homens. O Eufrates tem 2.700 quilômetros de extensão. O imenso exército continuará a se deslocar em direção ao sudoeste, tendo a Palestina como destino. O conflito com o Anticristo e seus aliados ocidentais será inevitável.

O Anticristo receberá sua autoridade de uma confederação de dez nações. A maioria dos especialistas em profecias de "fim dos tempos" acredita que essa confederação será composta dos fragmentos do redivivo Império Romano. Uma vez que os Estados Unidos são, em grande parte, constituídos de povos europeus que descendem do velho Império Romano, é possível e provável que venham a integrar uma aliança militar com a Europa e outras nações ocidentais.

A União Europeia está se transformando rapidamente no bloco de poder financeiro mais poderoso do mundo. Para a União Europeia, os

Estados Unidos e todas as outras potências mundiais, o petróleo é essencial para manter as engrenagens da indústria em funcionamento. Qualquer coisa que possa interferir com o fornecimento do petróleo ou ameaçá-lo é um problema que terá de ser solucionado.

Foi essa a razão que levou os americanos, juntamente com todos os outros países aliados, a participar tão rapidamente da Guerra do Golfo em 1991. Nas palavras de um crítico: "Se o Kuwait produzisse cenouras, os iraquianos ainda estariam lá."

O mundo está se alinhando em quatro blocos principais de poder. De um lado, temos o povo russo, que politicamente é chegado a outro grande bloco de poder, os árabes. Ambos têm uma coisa em comum: não gostam do Ocidente e desconfiam dele e especialmente dos Estados Unidos. Sempre que ocorre um incidente internacional, os russos quase sempre tomam o partido dos países árabes e vice-versa.

Econômica e politicamente, também é vantajoso para os russos aliarem-se aos seus vizinhos muçulmanos, ricos em petrodólares, uma vez que a economia daqueles não é forte. Em troca de dinheiro e petróleo, os russos fornecem equipamento bélico e conhecimento técnico.

Tanto americanos quanto russos têm grandes frotas de submarinos nucleares armados, com aproximadamente 200 ogivas nucleares cada um, capazes de destruir milhares de cidades e milhões de vidas. E esses mísseis podem alcançar seus alvos em questão de minutos.

A China, agora, tem a capacidade de atingir alvos no Ocidente. A Índia e o Paquistão tornaram-se recentemente potências nucleares e têm feito ameaças de guerra um ao outro. A Índia já tem uma população que excede um bilhão. A China, com uma população estimada em um bilhão e duzentos milhões, vem cultivando ligações mais estreitas com seus outros vizinhos asiáticos. A ameaça dos "Reis do Oriente" pode ser uma confederação dessas nações, com o petróleo do Oriente Médio tornando-se seu foco principal. Esse é o terceiro grande bloco de poder. A Rússia e os países árabes são os outros dois.

E há o Ocidente: os Estados Unidos e seus aliados. Depois dos Estados Unidos, a Europa vem em segundo lugar, em termos mundiais, como potência econômica e militar.

São esses, portanto, os quatro principais blocos de poder.

Seguindo as Escrituras, Deus reunirá todos os exércitos do mundo para uma batalha nessa área do Oriente Médio. O Vale de Megido situado ao norte de Israel forma uma espécie de istmo entre três continentes. Durante os últimos três anos e meio dessa época de infortúnio, muitos morrerão em consequência de outros conflitos, de doenças e por causa do colapso geral que ocorrerá na sociedade. Mas é no Armagedom que o último botão será comprimido para levar o mundo às convulsões da destruição.

É sensato pressupor que uma força militar gigantesca se formará no Oriente Médio para enfrentar a ameaça representada pelo exército de 200 milhões que virá do Oriente. Essa confrontação só poderá ter um desfecho: guerra total.

Em 1410 a.C., escrevendo sobre esse dia, Zacarias profetizou:

Eis que vem o dia do Senhor, em que eu juntarei todas as nações contra Jerusalém para o combate ... então sairá o Senhor e lutará contra essas nações.

Zacarias 14:1-3

No capítulo anterior, para tentar transmitir uma compreensão das visões que João teve e das palavras que ouviu, citei algumas das descrições empregadas por ele. Ele falou de uma visão que poderia ser descritiva de aeronaves militares. Estas tinham *"couraças como couraças de ferro e o barulho de suas asas era como o estrondo de muitos cavalos e de carros quando correm ao combate... e de suas bocas saía fogo, fumaça e enxofre. A terça parte da humanidade foi morta por esses três flagelos: pelo fogo, pela fumaça e pelo enxofre... ."* Também fizemos referência à "Amargura" que será derramada em um terço da água potável do mundo, poluindo-a e levando à morte quem dela beber. Isso poderia ser guerra biológica? Ou poderia ser o resultado de precipitação radioativa?

A citação acima nos diz que um terço da população do mundo será morta pelo que João chama de três flagelos: de fogo, fumaça e enxofre. Estou convencido de que ele está descrevendo três ataques nucleares. O primeiro ataque será quando os russos, juntamente com seus camaradas muçulmanos, são destruídos nas montanhas ao norte de Israel pelo Anticristo e sua poderosa aliança ocidental.

O segundo ataque resultará das ogivas nucleares utilizadas pelo imenso exército do Oriente à medida que vai massacrando tudo que se encontre em seu caminho rumo ao Oriente Médio. O terceiro e último ataque nuclear será o sétimo e o último dos castigos dos Selos, das Trombetas e das Taças.

Ao término dos sete anos da Grande Tribulação, o imenso exército do Oriente terá chegado ao Vale do Megido. Nesse local ele defrontará a poderosa aliança militar do Ocidente, liderada pelo Anticristo. Haverá um impasse.

João descreve o que acontecerá:

Eles os reuniram então no lugar que, em hebraico, se chama Armagedom.
Houve então relâmpagos, vozes e trovões e um forte terremoto; um terremoto tão violento como nunca houve desde que o homem apareceu sobre a Terra.
E a grande cidade se dividiu em três partes, e as cidades das nações caíram.

Apocalipse 16:16,18,19

Depois que esses imensos exércitos estiverem reunidos, haverá um impasse. Então alguém comprimirá um botão para acionar o primeiro míssil nuclear. Isso dará início a uma reação em cadeia impossível de ser detida. Todos os submarinos de ambos os lados lançarão suas armas mortíferas. Mísseis de bases terrestres em todas as partes do mundo serão automaticamente lançados. Centenas e milhares de mísseis passarão uns pelos outros no ar. Daí a descrição de João:

Relâmpagos... exatamente como as imagens que vemos na televisão enquanto observamos mísseis e obuses ser disparados na escuridão da noite;

Vozes... o som de explosões distantes à medida que as bombas atingem seus alvos;

Trovões... causados pelo disparo inicial das armas e seu impacto quando atingem algo;

E um grande terremoto... as palavras "ataque nuclear" e "explosão" não faziam parte do vocabulário de João. Assim, quando ele viu os mísseis acertarem o alvo, só conseguia descrever isso como um "grande terremoto".

E caíram as cidades das nações... assim como Hiroshima e Nagasaki caíram há mais de 50 anos. Há apenas uma coisa que consegue fazer todas as cidades das nações caírem ao mesmo tempo. João está descrevendo um ataque nuclear. A história do mundo é a história da guerra.

Na Bíblia está dito que todas as guerras e fomes e a morte e a doença são causadas pelo demônio e por Satanás (*Hebreus 2:14*). É a mediação de espíritos malignos agindo por meio das pessoas e por meio das catástrofes físicas que causa morte e destruição. Ainda que o homem pareça ser a causa da guerra e o seu criador, o poder de fato está com as influências espirituais invisíveis que manipulam situações e são verdadeiramente responsáveis.

Uma descrição adicional desse holocausto, que acredito ser um ataque nuclear, é dada no capítulo 16 do Apocalipse:

> **Do céu desabaram sobre os homens pedras enormes de granizo que pesavam cerca de quarenta quilos. E os homens blasfemaram contra Iahweh por causa da praga de granizo, porquanto o seu flagelo era sobremodo grande.**
>
> *Apocalipse 16:21*

Na história houve casos de pancadas de pedras de granizo muito grandes, mas não creio que tenha sido isso que João viu. Em primeiro lugar, essas "pedras de granizo" foram descritas como tendo o peso aproximado de mais de 40 quilos. A seguir, o granizo caiu sobre "todos" os homens, deduzindo-se daí que caiu sobre todas as pessoas no mundo inteiro ao mesmo tempo. Granizo comum não cairia em todo o mundo simultaneamente. Mas mísseis poderiam cair. Principalmente quando um lado dos beligerantes pressiona o botão e automaticamente força o outro lado a fazer o mesmo. Em terceiro lugar, a passagem diz que os homens blasfemaram contra Iahweh porque o flagelo era grande. Ora, não consigo conceber a humanidade blasfemando contra Deus por causa de uma pancada de granizo, não importa o tamanho das pedras. Mas aqui João descreve o efeito dessa pancada como um "flagelo". Isso está de acordo com outra passagem já citada:

"Um terço da humanidade foi morta por esses três flagelos: pelo fogo, pela fumaça e pelo enxofre..."

Apocalipse 9:18

Acredito que João tenha visto todos esses mísseis e ogivas nucleares caindo do céu e explodindo. De maneira que todas as cidades das nações caíram e os homens blasfemaram contra Iahweh por causa desse flagelo abrasador. João não podia fazer outra coisa senão empregar palavras que lhe eram familiares, de modo que ele fala de grandes objetos que caem do céu e produzem um flagelo. Ele chama esses objetos de "granizo". Mas creio que ele estava realmente vendo uma chuva de mísseis e ogivas nucleares. Esse é o terceiro e último flagelo de fogo, fumaça e enxofre. É o Armagedom.

O profeta Zacarias nos dá uma profecia arrepiante relacionada com essa batalha e as nações nela envolvidas:

Esta será a praga com que o Senhor ferirá a todos os povos que guerrearam contra Jerusalém: a sua carne apodrecerá estando eles ainda de pé; seus olhos apodrecerão em suas órbitas; e sua língua apodrecerá em sua boca.

Zacarias 14:12

Quando as bombas atômicas caíram sobre Hiroshima e Nagasaki em 1945, foi tal a força das explosões que o fogo espalhou-se sobre uma área de 48 quilômetros em milissegundos. As pessoas que se encontravam dentro daquele raio foram torradas, volatizaram-se antes de fazer qualquer movimento. É isso que ocorre numa explosão nuclear. E a profecia acima, escrita há mais de 400 anos antes do nascimento do Messias, diz que "a sua carne apodrecerá estando eles ainda de pé, seus olhos apodrecerão dentro das órbitas e a língua apodrecerá dentro da boca". Evidência adicional de que a batalha do Armagedom será um holocausto nuclear global.

O Messias voltará para terminar a batalha e estabelecer seu reino na Terra por mil anos.

Dessa vez, ele não entrará em Jerusalém no dorso de um jumento, mas num cavalo branco, como um líder militar, e vai impor vingança contra seus inimigos e inimigos de Deus:

Vi o céu aberto, e eis um cavalo branco. O seu cavaleiro se chama Fiel e Verdadeiro e julga e peleja com justiça.

E seguiam-no os exércitos que há no céu, montando cavalos brancos, com vestiduras de linho finíssimo, branco e puro.

Tem no seu manto e na sua coxa um nome inscrito: Rei dos Reis e Senhor dos Senhores.

Apocalipse 19:11,14,16

O Messias sairá para dar combate à Besta e ao Falso Profeta. Esses dois serão capturados e atirados vivos dentro do lago de enxofre ardente. Todos os pássaros carnívoros serão então chamados para devorar aqueles que foram mortos, e os pássaros se fartarão da carne deles. A seguir, o dragão, a velha serpente, que é o diabo, ou Satanás, será atado e atirado no Abismo por mil anos. Ao final desse período de mil anos, Satanás deverá ser solto por um breve período.

Quando o Messias descer no Monte das Oliveiras, a montanha se rachará em duas partes. Metade se deslocará rumo ao norte e a outra metade em direção ao sul. Água fresca jorrará de sob a montanha e fluirá metade para o mar oriental e metade para o ocidental. (*Zacarias 14:4,8*) E então Jesus começará a estabelecer o seu reino. E assim veremos o cumprimento da oração profética que passou a ser conhecida como "Pai-nosso":

Venha a nós o vosso reino, Seja feita a vossa vontade, assim na Terra como no Céu.

Aqueles que forem martirizados por causa de sua fé durante a Grande Tribulação, serão ressuscitados para reinar com Cristo por mil anos. Serão necessários sete meses para queimar as armas que restarem depois do holocausto final, mas começará então um reino de paz, o tempo do Paraíso Reconquistado.

19

JARDIM SECRETO

O leitor já se perguntou como seria viver num mundo sem conflitos? Não ter mais de competir no local de trabalho, sem ansiedades a respeito de contas a pagar, violência, assassinatos, estupros. Não ter de tolerar o mau tempo e as más notícias. Um mundo no qual ninguém tem de se preocupar com a segurança de seus filhos ou do futuro deles. Um lugar onde cada um ama a todos os outros e onde há abundância de alimento e vida longa. Sem mais guerras, ou fome, sem desigualdades e injustiça. Bem, o leitor chegou ao lugar certo.

Quando o Messias voltar para estabelecer Seu reino, o mundo entrará num período de bênçãos maravilhosas que durará mil anos. Será o Paraíso Reconquistado. A palavra hebraica de onde nos vem "*Éden*", no Livro de Gênesis, significa "*jardim dos deleites*". O paraíso é mencionado apenas três vezes na Bíblia e refere-se sempre a um lugar na Terra. Nada tem a ver com o Céu. Quando o Messias vier para reinar, estaremos entrando no Paraíso. Esse reino futuro será regido pelo Messias e Ele o regerá com justiça inequívoca.

Quando Jesus estava morrendo na Cruz, três dos quatro homens que estavam sendo crucificados ao mesmo tempo blasfemavam contra ele: "*Se tu és o Filho de Deus, salva-te a ti mesmo.*" Mas o quarto homem lhes disse para se calarem e assim falou a Jesus: "**Lembra-te de mim quando entrares no Teu reino**" (*Lucas 23:40-42*). E Jesus respondeu a esse homem que estaria com ele no Paraíso. (Observe o leitor que quatro homens foram crucificados com Jesus, e não dois, mas isso é uma outra história.)

Aqueles de nós que forem salvos estarão com Jesus nesse reino do Paraíso juntamente com crentes (santos) que não sucumbiram à marca da Besta e, assim, sobreviveram à Grande Tribulação. Os crentes que forem mortos pelo Anticristo durante os sete anos serão ressuscitados e reinarão com o Messias por mil anos. Ademais, santos judeus do Antigo Testamento serão ressuscitados e estarão presentes nesse reino milenar. Será nossa tarefa trazer a ordem de volta à Terra depois da devastação causada pelo holocausto. O Antigo Testamento nos dá muitas informações referentes a esse período. Por exemplo, não haverá mais guerras nesse tempo glorioso, pois "**os homens das suas espadas forjarão relhas de arados e de suas lanças podões. Uma nação não levantará a espada contra outra nação, nem se adestrarão mais para a guerra.** (*Isaías 2:4*)

Consideremos os bilhões de dólares que são gastos atualmente em armas e na manutenção de forças de defesa. Isso cessará, pois nesse tempo futuro usaremos nossas energias para cultivar alimentos para todos – uma grande abundância de alimentos:

> "**Eis que vêm dias**", diz o Senhor, "**em que o que lavra segue logo ao que ceifa, e o que pisa as uvas, ao que lança a semente. Os montes destilarão o mosto, e todos os outros se derreterão.**"
>
> *Amós 9:13*

Em outras palavras, haverá tanto alimento ano após ano que, enquanto um homem ainda estiver fazendo a colheita, outro homem estará se preparando para arar o campo novamente. De modo que não teremos de nos preocupar com nossa próxima refeição. Ela virá com certeza, de um lugar ou de outro. Não existirão mais fome e escassez de alimentos. Haverá uma renovação da atmosfera terrestre e do solo e dos reinos animal e vegetal. Isaías nos conta como será esse futuro "*Jardim dos Deleites*":

> O lobo habitará com o cordeiro, e o leopardo se deitará junto ao cabrito.
> O bezerro, o leão e o animal anejo andarão juntos, e um menino os guiará.

A vaca alimentará o urso, e as suas crias juntas se deitarão, e o leão comerá capim como o boi.

O bebê brincará sobre a toca da serpente venenosa, e a criancinha enfiará a mão no ninho da serpente.

Ninguém agirá mal nem fará dano algum em todo o meu Monte Santo, porque a

Terra se encherá do conhecimento do Senhor, assim como as águas enchem o mar.

Isaías 11:6-9

Parece um lugar muito aprazível! Nossa expectativa de vida será muito mais longa do que o é atualmente. Na verdade, morrer com a idade 100 anos será considerado morrer jovem. Entretanto, nem tudo será perfeito. Dizem-nos que Jesus reinará com um "bastão de ferro", o que sugeriria que algumas pessoas sairão da linha de vez em quando. Contudo, a visão geral da situação é de uma existência abençoada de paz e prosperidade, com o Messias supervisionando tudo de sua sede de governo em Jerusalém. Quando ele voltar à Terra para viver e reinar durante mil anos, as promessas que Ele fez em sua primeira vinda serão cumpridas.

Bem-aventurados os humildes de espírito, porque deles é o Reino dos Céus.

Bem-aventurados os que choram, porque serão consolados.

Bem-aventurados os mansos, porque herdarão a Terra.

Bem-aventurados os que têm fome e sede de justiça, porque serão saciados.

Bem-aventurados os misericordiosos, porque alcançarão misericórdia.

Bem-aventurados os puros de coração, porque verão a Deus.

Bem-aventurados os que promovem a paz, porque serão chamados Filhos de Deus.

Bem-aventurados os que são perseguidos por causa da justiça, porque deles é o Reino dos Céus.

Mateus 5:3-10

Curiosamente, mais adiante nesse mesmo capítulo, Jesus faz uma afirmação instrutiva:

Com efeito, eu vos asseguro que se a vossa justiça não exceder a dos escribas e fariseus, não entrareis no Reino dos Céus.

Mateus 5:20

Sempre nos disseram que quando uma pessoa morre ela vai para o céu ou para o inferno, mas isso não é verdade. Quando o Senhor voltar para levar consigo os crentes na época do Arrebatamento, aqueles de nós que estiverem vivos serão levados ao lugar chamado Céu, onde ficarão durante os sete anos da Grande Tribulação. Todos os cristãos que atravessaram o portal da morte desde o dia de Pentecostes serão ressuscitados e estarão lá também. Mas para nós e para o resto da humanidade, o futuro é aqui na Terra. Primeiramente, no Reino de Cristo dos mil anos, e mais tarde no Novo Céu e Nova Terra. Ele vai voltar para reinar, e nosso futuro é estar com Ele neste planeta, mas em condições infinitamente melhores.

O que os olhos não viram, os ouvidos não ouviram, e o coração do homem não percebeu, isso Deus preparou para aqueles que o amam.

1 Coríntios 2:9

Durante esse período de mil anos, Satanás estará confinado e não poderá enganar as nações. Com o passar do tempo, a população crescerá extraordinariamente. Finalmente, ao término dos mil anos, Satanás será libertado por um breve período. Em seguida a sua soltura, Satanás corromperá grandes números daqueles que vivem na Terra e com astúcia os levará a armar um ataque contra o povo de Deus. Temos poucas informações a respeito desse período, de maneira que poucos comentários podemos fazer. Contudo, não é surpreendente que depois de viver num Paraíso autêntico durante mil anos jubilosos sob a orientação do Filho de Deus, o homem possa uma vez mais rebelar-se e preferir rejeitar Deus e Seu Messias? Isso ressalta a depravação absoluta e a maldade do coração humano. Mas isso não deve nos surpreender totalmente, pois Adão e Eva viviam num mundo perfeito, e no entanto, por livre-arbítrio, resolveram desobedecer a Iahweh. Do mesmo modo, antes de sua queda, Lúcifer era o *"querubim ungido"* (*Ezequiel 28:14*) e *"morava no Jardim de Deus e era perfeito"* (*Ezequiel 28:13*), e contudo, por seu livre-arbítrio escolheu rebelar-se contra o Altíssimo. De maneira que, durante esses mil anos, as pessoas viverão num Paraíso quase perfeito, mas ainda terão livre-arbítrio e, portanto, serão responsáveis por seus atos e decisões. Quando os seguidores de Satanás lançarem seu ataque, serão consumidos pelo fogo do Céu. E então, o diabo, que os enganou, será lançado ao lago de enxofre ardente, onde a Besta e o Falso Profeta haviam sido lançados mil anos antes (*Apocalipse 20:7-10*).

Depois virão os chamados julgamentos do "Grande Trono Branco". Todos os mortos serão julgados aqui. Aqueles cujos nomes não estiverem escritos no Livro da Vida serão lançados no lago de fogo.

Os últimos dois capítulos do Apocalipse descrevem um Novo Céu e uma Nova Terra. O próprio Deus, nosso Pai, virá morar com Jesus, Seu Filho, e conosco nesse novo Reino Eterno. Toda a história do passado é apenas um mero prefácio àquele dia no futuro quando Iahweh será reunido com Sua família. Ele estará com Seus filhos e filhas que escolheram amá-Lo por livre-arbítrio. Ele terá, então, o que todo pai quer: filhos com os quais compartilhar seu amor.

> **E vi um novo Céu e uma nova Terra, pois o primeiro Céu e a primeira Terra passaram, e o mar já não existe.**
> **Vi também a Cidade Santa, a Nova Jerusalém, que descia do Céu, da parte de Deus, ataviada como noiva adornada para o seu esposo.**
> **Então, ouvi grande voz vinda do trono que dizia: "Eis o tabernáculo de Deus com os homens. Deus habitará com eles. Eles serão povos de Deus e Deus mesmo estará com eles. E lhes enxugará dos olhos toda lágrima. E a morte já não existirá, já não haverá luto, nem pranto, nem dor, porque as primeiras coisas passaram."**
> *Apocalipse 21:1-4*

Que dia glorioso será esse! Toda dor e todas as lágrimas e todo pesar e sofrimento desta vida serão esquecidos quando esse futuro despontar.

Porque para mim tenho por certo que os sofrimentos do tempo presente não podem ser comparados com a glória a ser revelada em nós.

Romanos 8:18

Essa é a boa nova. Temos de aguardá-la ansiosamente. É a razão pela qual o Messias sofreu e morreu e ressuscitou. Para que nós pudéssemos viver. Que prazer e alegria esperam por aqueles de nós que creem nEle e aguardam Sua volta com paciência. Mas só aqueles cujo nome está inscrito no Livro da Vida desfrutarão desse futuro Paraíso:

O deserto e a terra seca se alegrarão; o ermo exultará e florescerá. Como o narciso, florescerá abundantemente, jubilará de alegria e exultará. Deu-se-lhes a glória do Líbano, o esplendor do Carmelo e de Sarom; eles verão a glória do Senhor, o esplendor do nosso Deus. Fortalecei as mãos frouxas e firmai os joelhos vacilantes. Dizei aos desalentados de coração: "Sede fortes, não temais. Eis o vosso Deus. A vingança vem, a retribuição de Deus; ele vem e vos salvará."
Então se abrirão os olhos dos cegos, e se desimpedirão os ouvidos dos surdos. Os coxos saltarão como cervos, e a língua dos mudos cantará; pois águas arrebentarão no deserto, e ribeiros, no ermo. A areia esbraseada se transformará em lagos, e a terra sedenta, em mananciais de águas. Onde outrora viviam os chacais, crescerá a erva com canas e juncos. E ali haverá bom caminho, caminho que se chamará o Caminho Santo. O imundo não passará por ele, pois será somente para o seu povo. Quem quer que por ele caminhe não errará, nem mesmo o louco. Ali não haverá leão, animal feroz não passará por ele, nem se achará nele; mas os remidos andarão por ele. Os resgatados do Senhor voltarão e virão a Sião com cânticos de júbilo. Alegria eterna coroará a sua cabeça; gozo e alegria alcançarão, e deles fugirá a tristeza e o gemido.

Isaías 35:1-10

Mas como poderá, cada um de nós, ganhar acesso a esse Jardim dos Deleites e ser poupado de uma extinção horrível durante o Apocalipse? Para isso, deveremos participar da Grande Evasão.

20

A GRANDE EVASÃO

Já demonstramos anteriormente a proposição de que a Bíblia é um livro profético. Já chamamos a atenção para o fato de que o Messias literalmente cumpriu 109 profecias do Antigo Testamento durante sua peregrinação na Terra sob o nome de Jesus. Falamos de como 25 dessas profecias foram cumpridas por meio desse homem num período de 24 horas. As probabilidades de algo como isso acontecer são de bilhões contra uma. Contudo, o Messias cumpriu todas as profecias que Lhe diziam respeito até o último detalhe. Há 845 citações do Antigo Testamento no Novo Testamento e, dessas, 333 referem-se ao Messias.

A vida do Messias foi certificada por não menos de 22 historiadores de sua época, como Tácito, Suetônio, Serapião, Phlegon, Lucien, Josefo. Muitos desses historiadores eram antagônicos em relação a ele, contudo registraram a vida dele com relatos circunstanciados. Josefo era um famoso general do exército asmoniano e célebre historiador do seu tempo. Não apenas registrou a vida de Jesus, mas na verdade, escreveu sobre a ressurreição. E Josefo não era cristão. Tal foi o impacto da vida, morte e ressurreição de Cristo que até mesmo historiadores seculares da época comprovaram suas obras.

De modo que a existência de Jesus é um fato histórico estabelecido. Nosso calendário atual começa com o nascimento dele. Recapitulando que esse homem caminhou sobre a Terra e cumpriu todas as profecias relativas à sua vida, qual é a próxima que deverá ocorrer? Bem, se a primeira vinda do Messias foi um tema importante das profecias do Antigo

Testamento, sua segunda vinda será ainda mais importante. Pois há **20 vezes mais** profecias no Antigo Testamento alusivas à segunda vinda do que relativas à primeira. Na verdade, sua volta é o segundo tópico mais mencionado em todas as profecias bíblicas.[68]

Em suas Epístolas, Paulo menciona a segunda vinda 50 vezes, e contudo fala de batismo apenas 13 vezes. Vejamos primeiramente Atos dos Apóstolos e examinemos como o Messias partiu da Terra, quando ele habitava entre nós como o homem chamado Jesus:

> **Ditas estas palavras, foi Jesus elevado às alturas, à vista deles, e uma nuvem o encobriu dos seus olhos.**
>
> *Atos dos Apóstolos 1:9*

Isso ocorreu no Monte das Oliveiras, não muito longe de Jerusalém. O Messias tinha acabado de dar instruções aos seus Apóstolos quando começou a elevar-se da montanha numa nuvem. Atos dos Apóstolos descreve o que ocorreu a seguir:

> **E, estando eles com os olhos fitos no Céu, enquanto Jesus subia, eis que dois varões vestidos de branco se puseram ao lado deles. E lhes disseram: "Homens da Galileia, que estais aí a contemplar o céu?**
> **Esse Jesus, que vos foi arrebatado, virá do modo que para o céu o vistes partir."**
>
> *Atos dos Apóstolos 1:10-11*

Os dois homens que trouxeram essa mensagem eram provavelmente Miguel e Gabriel, mensageiros ou homens sobrenaturais de quem já falamos em capítulos anteriores. Mas uma coisa que deixaram de revelar foi quando, precisamente, ele voltaria. Os cristãos primitivos acreditavam que a volta dele era iminente. É por isso que, naqueles tempos, muitas pessoas costumavam subir nos telhados planos de suas casas para velar e esperar por ele. Era a promessa da segunda vinda que mantinha esses cristãos primitivos tão motivados.

Contudo, quase dois mil anos depois, aqui estamos e ele ainda não voltou. Com o passar do tempo, nosso entendimento do significado da segunda vinda perdeu-se sobremaneira num excesso de dogma religioso.

A segunda vinda tem duas partes. A primeira é conhecida de muitos cristãos por "Arrebatamento". Isso refere-se a um tempo em que Jesus voltará à Terra provisoriamente para "resgatar" os verdadeiros crentes. A Bíblia ensina que algum dia todo cristão que ainda estiver vivo "desaparecerá" para ir ao encontro de Cristo. Os que permanecerem na Terra terão de amargar o holocausto de acontecimentos terríveis vaticinados no Apocalipse. Mas vamos começar dando uma olhada no Arrebatamento. O próprio Jesus falou disso pela primeira vez em *João 14:1-3*.

Não se turbe o vosso coração; credes em Deus, crede também em mim.

Na casa de meu Pai há muitas moradas; vou preparar-vos lugar.

E quando eu for e vos preparar lugar, voltarei e vos receberei para mim mesmo, para que, onde eu estou, estejais vós também.

De modo que temos essa promessa do próprio Senhor de que Ele voltará para nos tirar deste mundo funesto e nos levar para um lugar preparado por Ele.

Como já dissemos, historiadores da época registraram a existência de Jesus. E mesmo Josefo menciona a ressurreição do Messias. A ressurreição é o fundamento da fé cristã. Em vez de um Cristo derrotado, torturado e morto pendurado na Cruz, o altar deveria mostrar um túmulo vazio e uma pedra afastada e uma comunicação adornada em grandes letras maiúsculas: "ELE RESSUSCITOU." Nossa vitória é a ressurreição do Messias e o que ele realizou com Sua morte.

Muitas passagens dos Evangelhos têm relação com o Cristo ressuscitado. Depois de ouvir falar da ressurreição, Tomé disse que enquanto não tocasse os ferimentos no corpo do Senhor ele não acreditaria. Mais tarde Jesus apareceu a Tomé e convidou-o a tocar Seu corpo, dizendo:

Apalpai-me e verificai, porque um espírito não tem carne nem ossos, como vedes que eu tenho.

Lucas 24:39

O Evangelho de João, capítulo 21, nos fala do aparecimento do Cristo ressuscitado a Pedro e a alguns dos discípulos depois de eles terem resolvido voltar a pescar. Quando O encontraram na praia, em seu corpo ressuscitado, Ele já estava cozinhando o desjejum. E todos se juntaram ali e comeram peixe com Ele. Anteriormente, o Senhor já lhes tinha dito que não beberia vinho novamente até que todos estivessem no Paraíso, onde beberiam vinho novo com Ele. Tenho especial predileção por essa passagem do Novo Testamento, pois aprecio o bom vinho e também gosto de pescar e de peixe às refeições.

Saulo de Tarso foi aquele a quem Iahweh escolheu para disseminar a boa nova da ressurreição entre os povos das nações dos gentios. Estava viajando para Damasco a fim de prender os discípulos do Messias quando uma luz do céu resplandeceu sobre ele e o cegou. Depois de três dias, a cegueira se dissipou e ele começou a pregar sobre a visão que havia tido do Messias. A partir dessa ocasião, ele ficou conhecido como Paulo, autor das várias epístolas. Aqui está seu relato de testemunha ocular da ressurreição do Messias.

> **Cristo morreu pelos nossos pecados, segundo as Escrituras; e foi sepultado e ressuscitou ao terceiro dia, segundo as Escrituras; e apareceu a Pedro e depois aos doze. Depois foi visto por mais de quinhentos irmãos de uma só vez, dos quais a maioria sobrevive até agora. Depois foi visto por Tiago, mais tarde, por todos os apóstolos e, afinal, foi visto também por mim.**
>
> *1 Coríntios 15:3-8*

Se alguém é testemunha ocular de um acidente ou crime, é uma testemunha direta. Segundo Paulo, houve mais de 500 testemunhas diretas da ressurreição do Messias. Quando chegar a época da Sua volta, é isto que acontecerá:

> **Porquanto o Senhor mesmo, dada a sua palavra de ordem, ouvida a voz do Arcanjo, e ressoada a trombeta de Deus, descerá dos Céus, e os mortos em Cristo ressuscitarão primeiro.**
>
> **Depois, nós, os vivos, os que ficarmos, seremos arrebatados juntamente com eles, entre nuvens, para o encontro com o Senhor nos ares, e, assim, estaremos para sempre com o Senhor.**
>
> *1 Tessalonicenses 4:16,17*

Sei que deve parecer quase impossível aceitar que um número talvez de diversas centenas de milhões de cristãos, que vivem espalhados pelo mundo inteiro atualmente, possam subitamente desaparecer num piscar de olhos. Contudo, isso é precisamente o que a Bíblia nos diz que acontecerá quando o Senhor voltar dos céus com toda majestade. Examinemos um relato paralelo desse acontecimento em *1 Coríntios 15:51-2.*

Eis que vos digo um mistério: nem todos dormiremos (morreremos), mas transformados seremos todos – num momento, num abrir e fechar de olhos – ao ressoar da última trombeta. A trombeta soará, os mortos ressuscitarão incorruptíveis, e nós seremos transformados.

Quanto tempo dura um abrir e fechar de olhos? Esse é o tempo que vai demorar para que desapareçamos desta Terra. E então começará o tempo chamado de a Grande Tribulação. Mas a boa nova é que não teremos de sofrer esse período de caos, pois já teremos sido retirados daqui.

Quando digo "já teremos sido retirados daqui", estou me referindo àqueles que acreditam no Messias. Essa é a mensagem simples e a promessa que ele nos transmitiu enquanto esteve na Terra. Ou seja, todo aquele que acredita nEle será salvo da ira que virá. Mas quem não acreditar permanecerá na Terra para suportar a Grande Tribulação conforme relatada no Apocalipse.

O versículo mais conhecido da Escritura é, provavelmente, *João 3:16.* Na TV, de vez em quando, vemos uma pessoa numa multidão em algum acontecimento esportivo segurando bem alto ou agitando uma tabuleta onde se lê: *João 3:16.* É uma mensagem muito simples que contém uma grande verdade. Ei-la:

Porque Deus amou de tal maneira o mundo, que deu Seu Filho unigênito, para que todo o que nele crê não pereça, mas tenha a vida eterna.

Um só homem pagou por nossos pecados e um só homem Iahweh ressuscitou dentre os mortos em todos os tempos. Ele é o Messias, e é só por meio dEle que temos esperança. Só por meio da crença em Jesus Cristo poderemos escapar dos castigos e da ira que cairão sobre a humanidade e sobre o mundo inteiro.

Quanto mais, então, agora, justificados por Seu sangue, seremos por Ele salvos da ira.

Romanos 5:9

Essa segurança de que seremos salvos da ira vindoura encontra-se repetida em outras passagens das Escrituras. Alguns cristãos dizem que todos deverão passar pelos acontecimentos terríveis do Apocalipse. Se isso for verdade, o versículo acima é uma ilusão e Paulo não sabia do que estava falando. Observemos novamente a parte final desse versículo. Diz: **"seremos por Ele salvos da ira."**

Na Epístola aos Tessalonicenses, Paulo repete essa promessa: **"... e esperar do Céu por Seu Filho, a Quem Ele ressuscitou dos mortos – Jesus, que nos resgatará da ira vindoura."**

Poderia haver maior clareza? Ou seremos salvos da ira que virá, vale dizer, o Apocalipse, ou não seremos, e a promessa direta e simples é que aqueles que acreditam no Messias serão salvos, assim como Noé e sua família foram salvos do Dilúvio. Pois o Dilúvio e Sodoma e Gomorra são arquétipos ou símbolos dos castigos divinos futuros. E assim como Noé e os seus foram salvos na época do Dilúvio, assim também Ló e sua família tiveram de ser retirados antes de os castigos divinos caírem sobre Sodoma e Gomorra.

Da mesma maneira, os justos que creem no Messias deverão ser retirados desta Terra antes que ocorram os fenômenos profetizados no Apocalipse. O "Arrebatamento" não é um conceito singular na Bíblia. Enoque foi levado por Deus e, aparentemente, não morreu. Da mesma maneira, Elias foi levado ao Céu por "um carro de fogo" e não morreu *(2 Reis 2:11)*.

O capítulo 8 de Atos dos Apóstolos conta a história de Filipe e do etíope. Esse homem era um importante funcionário encarregado do tesouro ou departamento de finanças de Candace, rainha dos etíopes. Depois de contar-lhe as boas novas da vinda do Messias, Filipe batizou-o. E então, o Espírito do Senhor subitamente levou Filipe e ele apareceu em um lugar chamado Azoto, distante muitos quilômetros de onde os dois haviam estado. De maneira que a ideia de ser levado de um lugar para outro não é uma ideia isolada na Bíblia.

Não há indicações de quando o Arrebatamento poderá ocorrer, mas há muitos sinais e presságios relacionados à Tribulação que se aproxima. Contudo, ainda que possamos ver muitos sinais que sugerem a iminência dos terríveis acontecimentos do Apocalipse, também sabemos que precisamos ser "arrebatados" antes de a Tribulação começar. Portanto, é possível presumir que o Arrebatamento está prestes a acontecer. Na verdade, poderá acontecer a qualquer momento.

Tudo que podemos fazer é observar e orar e esperar pelo Filho do Céu **que nos salvou da ira vindoura.**

21

APANHE UMA ESTRELA CAÍDA

Eu gostaria agora de voltar mais uma vez ao Livro de Enoque para trazer à atenção do leitor uma passagem extremamente interessante na qual as metáforas empregadas referem-se a seres humanos e a anjos. Em termos do Dilúvio, de Noé e da violência e corrupção que assolavam a Terra antes do Dilúvio, esse comentário é sobremaneira significativo.

E novamente, enquanto eu dormia, vi com meus olhos, vi o Céu nas alturas, e eis que uma estrela caiu do Céu, e levantou-se e pôsse a comer e a pastar entre aqueles bois.

Depois disso vi os bois grandes e pretos, e eis que todos eles trocaram de baia e de pastagens e de companheiros, e começaram a viver juntos.

E, na visão, novamente olhei para o Céu, e eis que vi muitas estrelas descerem e se atirarem do Céu em direção àquela primeira estrela, e essas se transformavam em touros entre aquele gado e pastavam com eles (entre eles). E eu olhei para eles, e eis que todos eles expunham à vista seus membros viris, como os dos cavalos, e começavam a cobrir as fêmeas dos bois, e todas elas ficaram prenhes e pariram elefantes, camelos e asnos.

E todos os bois os temeram e deles sentiram pavor, já que eles começaram a morder e a devorar e a escornar os bois.

E mais ainda, começaram a devorar aqueles bois; e eis que todos os filhos da Terra começaram a tremer e agitar-se perante eles e a fugir deles.

Livro de Enoque LXXXVI 1-6

No Livro de Enoque, no capítulo anterior a esse, há um relato do período histórico da época de Adão até o tempo de Noé. Entretanto, a história é contada em termos de touros e vacas, vale dizer, homens e mulheres. O texto alude a Adão e Noé como touros brancos e a Eva como novilha e vaca. Caim é um touro preto que foi embora e gerou muitos outros touros e bois.

Na passagem acima reproduzida, os bois e seus companheiros começaram a trocar de pastagens e baias e a viver juntos. Isto é, os descendentes de Caim e Adão e Eva casaram-se entre si. Enquanto isso acontecia, uma "estrela" caiu do céu, levantou-se e pôs-se a comer entre os bois. Trata-se de uma referência a um anjo caído misturando-se com os habitantes da Terra. Depois, essa estrela caída recebeu a companhia de muitas outras estrelas que também caíram do céu. Estas, por sua vez, transformaram-se em touros e pastaram no meio do outro gado (pessoas).

Os membros viris desses entes, segundo o texto, são como os dos cavalos. Há aqui uma semelhança curiosa com os sátiros e certas divindades egípcias e gregas que também tinham membros bem grandes (ou seja, pênis). Existem muitas imagens egípcias antigas preservadas em pedra desde os tempos mais primitivos, que retratam homens com pênis enormes (ver Figuras 17-19). Seriam essas imagens representações dos anjos caídos que desceram no Monte Hermon nos dias de Jared (c. 3500 a.C.) e que, segundo Enoque, tinham "membros como os dos cavalos"? Eles cobriram, ou tiveram relações com as fêmeas, que ficaram prenhes. E aqui vem a parte interessante. Afirma-se que elas pariram elefantes, camelos e asnos. Em outras palavras, elas não geraram segundo sua espécie, mas produziram mutantes.

"Elefantes", "camelos" e "asnos" são metáforas relativas aos descendentes das estrelas que caíram do céu, os *Nephilim*. Todos os habitantes comuns da Terra tinham medo dessas criaturas híbridas. E os elefantes, camelos e asnos começaram a devorar os bois (pessoas) que, por isso, tentaram fugir deles.

Esse é um relato minucioso do primeiro envolvimento procriador dos seres sobrenaturais com as filhas dos homens anteriormente ao Dilúvio. É narrado em linguagem figurada por Enoque, que estava descre-

Figura 17 - Nas mitologias grega e romana, o sátiro (acima) era uma divindade metade homem, metade animal, companheiro habitual de Baco, o deus grego-romano da fertilidade e da vegetação (mais popularmente conhecido como o deus do vinho e do êxtase).

Figura 18

vendo ao seu filho, Matusalém, um sonho que tivera. A história prossegue e conta o aparecimento de sete outros viajantes espaciais:

> E novamente, vi como começaram a escornar uns aos outros e a devorar uns aos outros, e a Terra começou a gritar em altos brados. E levantei meus olhos novamente para o Céu, e na visão notei que do Céu saíram seres que eram como homens brancos: e quatro saíram daquele lugar e outros três com eles.
> E os últimos três que tinham saído tomaram-me pela mão e levaram-me para cima, para longe do contato com as gerações da Terra, e alçaram-me a um lugar alto, e mostraram-me uma torre elevada bem acima da Terra, e todas as colinas eram mais baixas. E um deles me disse: "Permanece aqui até que vejas tudo que acontece com os elefantes, camelos, asnos, estrelas, bois, e todo o resto."
>
> *Livro de Enoque LXXXVII 1-4*

Enoque era um descendente direto de Adão de sétima geração. A Escritura diz que ele andou com Deus e, aparentemente, não morreu, mas foi transportado ao céu. Assim diz Hebreus:

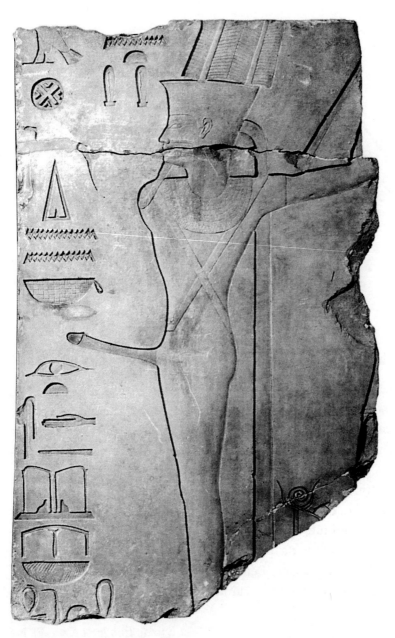

Figura 19 - Segundo o Livro de Enoque, 200 Nephilim desceram no Monte Hermon nos dias de Jared (c. 3500 a.C.; ver Apêndice). Na descrição de Enoque, esses homens tinham "membros viris como os dos cavalos". A Figura 19 mostra o deus egípcio Min.

Pela fé, Enoque foi arrebatado para não ver a morte. Não foi achado porque Deus o arrebatara.

Hebreus 11:5

A passagem do Livro de Enoque anteriormente citada parece estar descrevendo esse arrebatamento. Os sete arcanjos vistos saindo dos céus são indicados por Enoque em outro capítulo. A vinda deles à Terra deve-se à violência que está ocorrendo e ao clamor lançado pelas pessoas da Terra. Três dos sete arcanjos tomaram Enoque pela mão e o levaram para outra dimensão.

E vi um daqueles quatro que tinham saído primeiramente, e ele apanhou aquela primeira estrela que havia caído dos céus, e amarrou-lhe mãos e pés e a lançou num abismo: esse abismo era estreito e profundo, e horrível e escuro.

E um deles sacou uma espada e deu-a aos elefantes e camelos e asnos; e eles começaram a golpear uns aos outros e a Terra inteira tremeu por causa deles.

E eu estava contemplando na visão, e eis que um dos quatro que haviam saído do Céu apedrejou (os), e juntou e recolheu todas as grandes estrelas cujos membros viris eram como os dos cavalos e amarrou-lhes mãos e pés, e as lançou num abismo da Terra.

Livro de Enoque LXXXVIII 1-3

Isso é uma descrição do aprisionamento dos anjos caídos, os *Nephilim*, cuja orgia de maldades e violência precipitou o Dilúvio. Esses anjos caídos são então amarrados e lançados ao Abismo. O Apocalipse nos conta que, no futuro, durante os acontecimentos da Grande Tribulação, o poço do Abismo será aberto e gafanhotos de aspecto assustador – e um anjo diabólico – serão libertados. O soberano dessa horda maligna, que em grego é chamado de Apoliom, é claramente identificável como Apolo, que deve ter sido um dos *Nephilim* originais. O Abismo, provavelmente, é *Tártaro*, aonde o Messias ressuscitado foi para revelar-se aos anjos aprisionados.

No Livro de Enoque, Azazel é identificado como um dos líderes dos anjos caídos. Seriam Apolo da Grécia e Apoliom do Apocalipse outro que não Azazel, o primeiro dos *Nephilim* a cair? O nome Azazel surge em Levítico 16:8,10 e 26. Esse nome é traduzido por "bode expiatório", mas em hebraico, Azazel é um nome próprio, e complemento do líder dos anjos caídos.

Enoque descreve o Abismo como estreito, profundo, horrível e escuro, o que coincide com a descrição do *Tártaro* em 2 Pedro 4: "tenebrosos abismos"; e em Judas 6, 11: "presos eternamente nas trevas". Enoque nos diz ainda que esse Abismo é um "abismo da Terra". Isso condiz com a Escritura e também com os infernos ou *Tártaro* da mitologia grega, e com a morada dos mortos descrita na literatura egípcia. Todos esses relatos históricos, aparentemente, referem-se ao mesmo local.

Enoque também descreve como os descendentes dos *Nephilim*, os Titãs e os deuses de Roma e da Grécia, os heróis de antigamente, começaram a brigar e a golpearem-se uns aos outros. Tamanha foi a violência, que toda a Terra tremeu. Mais uma vez, isso reflete a informação apresentada em Gênesis, capítulo 6, de que a Terra inteira estava cheia de violência e que "todos os pensamentos do coração dos homens estavam continuamente aplicados ao mal" (*Gênesis 6:5*). Foram essa maldade e violência desenfreadas que levaram Iahweh a destruir toda carne por meio do grande Dilúvio. Essa inundação universal é mencionada em muitos textos antigos, como o épico de Gilgamesh, por exemplo, e também se coaduna com a história sumeriana do Dilúvio.[69]

Casamentos entre humanos e deuses são uma característica comum das mitologias ugarítica, hurriana e mesopotâmica, bem como dos anais históricos gregos, romanos e egípcios. De fato, a figura heróica de Gilgamesh era tida como derivada de análoga união divina, o que lhe proporcionara grande força física, mas não imortalidade.[70]

Vale mencionar que em textos ugaríticos, o termo "filhos de Deus" é empregado para descrever membros do panteão divino. E os mais primitivos escritores cristãos, como Justino, Irineu, Clemente de Alexandria, Tertuliano, Orígenes, bem como Josefo (*Antiguidades Judaicas* 1:31), acreditavam que os "filhos de Deus" eram realmente anjos.[71]

Assim, o Livro de Enoque é enfático em seu testemunho da união entre seres sobrenaturais malignos decaídos e mulheres humanas comuns. E também corrobora os relatos, em outros lugares da Bíblia, relativos à imoralidade e violência que se seguiram, perpetradas na Terra pelos descendentes dessa união diabólica. A lei do Antigo Testamento, que enfaticamente condenava o cruzamento de espécies, deixa claro que essa união era um erro. Tratamento semelhante da agricultura também era proibido (*Levítico 19:19*), assim como copular com animais, que era um delito capital.

Em outras literaturas e tradições profanas, as uniões entre deuses e humanos são comuns, e os *gigantes* da mitologia grega eram tidos como o produto de casamentos entre seres divinos e terrestres. Tanto no Livro da Sabedoria quanto no Livro de Baruque, que geralmente não são considerados parte do cânone das Escrituras, encontramos menção dos gigantes e heróis da época antediluviana.

> **Desde o princípio, quando pereceram os soberbos gigantes, a esperança da Terra inteira refugiou-se numa barca, que pilotada por Tua mão, conservou para o mundo a semente das novas gerações.**
>
> *Livro da Sabedoria 14:6*

O versículo acima refere-se à destruição dos "gigantes", à esperança oferecida para fugir ao cataclismo por meio de uma embarcação (a Arca) e à preservação da **descendência da mulher** (*Gênesis 3:15*), aqui chamada de "semente das novas gerações".

> **Havia os gigantes, aqueles homens célebres que existiam desde o começo, homens de grande estatura, destros na guerra. O Senhor não os escolheu, e eles também não encontraram o caminho da sabedoria, e portanto, pereceram.**
>
> *Baruque 3:26,27*

Depois de ter relatado a história do Dilúvio e as façanhas dos *Nephilim*, Enoque passa a fazer várias profecias sobre Israel. Também descreve visões de lugares e acontecimentos futuros, e viagens a esses lugares. Muitas dessas visões são de natureza apocalíptica e corroboram informações encontradas no Apocalipse e em outros lugares das Escrituras. Enoque nasceu no ano de 3382 a.C., de maneira que o Livro de Enoque, escrito há mais de cinco mil anos, é um dos mais antigos manuscritos que sobreviveram até o presente. Não é verdadeiramente extraordinário que esses textos antigos, escritos há tanto tempo, digam respeito a acontecimentos que ainda vão ocorrer?

O próximo acontecimento de grandes proporções no rol das profecias – que promete abalar este mundo até os alicerces – é o aparecimento do Messias que nos salvará da ira que virá.

22

A VISÃO PARALAXE

Há vida inteligente em outros planetas? Eis uma questão que suscita muitos debates e especulações. Pelo fato de haver bilhões de estrelas e planetas espalhados como poeira através da vasta planície do infinito, certamente as leis da probabilidade sugerem que tem de haver um outro mundo lá longe com algum tipo de vida. Que espécie de vida poderia ser? Haverá alienígenas ou extraterrestres de aspecto esquisito lá fora vigiando-nos e aguardando a oportunidade de invadir nosso planeta e acabar conosco? Ou seremos cobaias involuntárias de alguma espécie de experimento cósmico posto em prática por uma inteligência superior que está nos estudando de maneira muito semelhante à nossa de observar um peixinho dourado num aquário?

A resposta à primeira pergunta é sim, existe realmente vida inteligente lá fora. Mas não é do tipo de alienígenas ou ET. Existe uma espécie de universo paralelo do qual nos fala as Escrituras e do qual tentarei esboçar uma descrição neste capítulo. Muita gente imagina Deus e o céu de uma maneira obscura, etérea e intangível. Essas pessoas não têm qualquer ideia de quem ou o que seja Iahweh ou onde Ele se localiza. Mas se examinarmos cuidadosamente as informações disponíveis, nossa perspectiva sobre isso torna-se muito mais clara.

Pouco antes do seu sofrimento e morte, o Messias procurou confortar seus discípulos renovando neles a confiança de que se reuniriam no futuro. A essa altura, seus apóstolos e discípulos sabiam muito pouco, e compreendiam ainda menos, do que Ele dizia. Foi só mais tarde, depois dos acontecimentos pelos quais passariam no Pentecostes, que eles juntaram as peças do quebra-cabeça e se deram conta do que estava acontecendo. Em João 14, o Messias lhes diz que está indo para o Pai:

Na casa de meu Pai há muitas moradas. Se assim não fora, eu vo-lo teria dito. Pois vou preparar-vos um lugar. E, quando eu for e vos preparar lugar, voltarei e vos receberei para mim mesmo, para que, onde eu estou, estejais vós também.

João 14:2,3

O Messias afirma claramente que está indo para a casa do Pai, onde vai preparar um lugar para eles, isto é, seus apóstolos e discípulos e todos que confiam nele e o seguem. Ele lhes assegura que essa casa tem muitos aposentos para acomodar todos os convidados que lá chegarão um dia. E ele diz que não apenas está indo para essa casa, mas que voltará no futuro para levá-los com ele. "**Para que onde eu estou, estejais vós também.**"

Se aceitarmos esses versículos pelo seu significado aparente, eles claramente indicam que o Messias estava voltando à casa do Pai para preparar um lugar para o seu povo, por quem, no devido tempo, ele viria outra vez à Terra. Isso se equipara ao "Arrebatamento" de *1 Tessalonicenses 4:15-18* que descreve a remoção dos crentes a fim de estarem com o Messias enquanto os acontecimentos do Apocalipse estão se desenrolando.

Então, para onde foi o Messias? E onde está ele agora? Sabemos que em seu novo corpo espiritual ressuscitado, ele podia realizar feitos que transcendiam os limites físicos da carne e do sangue. Por exemplo, ele podia subitamente aparecer entre os apóstolos quando estes estavam num aposento trancado. Ele caminhou na estrada de Emaús com dois de seus discípulos por treze quilômetros e estes não o reconheceram senão quando ele sentou-se e partilhou o pão com eles. E então, quando se deram conta de quem ele era, o Messias desapareceu da vista deles. Em outra passagem, João 21, ele apareceu na praia enquanto Pedro e alguns dos outros discípulos estavam pescando. Depois de labutarem a noite toda, nada haviam apanhado. Mas Jesus disse-lhes que lançassem a rede novamente e foi tal o volume de peixes apanhados que não conseguiam puxar a rede para dentro do barco.

Quando alcançaram a terra, já o Messias estava assando alguns peixes (provavelmente teria consigo sua vara de pescar), e pediu que trouxessem alguns dos peixes que tinham acabado de apanhar. E então ele preparou o alimento e, juntos, fizeram o desjejum. Quando Tomé soube que alguns dos outros tinham encontrado o Messias, ele disse que só acreditaria quando colocasse o dedo nos ferimentos de suas mãos e do seu lado. Posteriormente, Jesus chegou-se a Tomé e convidou-o a tocá-lo, e disse: **"Vede as minhas mãos e os meus pés, que sou eu mesmo. Apalpai-me e verificai, porque um espírito (*pneuma*) não tem carne e ossos, como vedes que eu tenho."** (*Lucas 24:39*)

Assim, embora o Messias fosse o mesmo homem depois da ressurreição, seu corpo tinha assumido uma nova dimensão espiritual que o habilitava a realizar coisas maiores. A nós também foi prometido um corpo semelhante no futuro. A questão é que Jesus era um homem. Comia, bebia e era de carne e osso. E partiu da Terra fisicamente, através dos céus, para ir ter com o Pai.

No Antigo Testamento, Abraão também ansiava por um lugar em que habitaria no futuro.

> **Porque ele (Abraão) aguardava a cidade que tem fundações, da qual Deus é o arquiteto e edificador.**
>
> *Hebreus 11:10*

Todos os profetas e homens de Deus mencionados nas Escrituras falaram de sua esperança de uma vida melhor no futuro. O versículo acima fala de uma cidade futura com fundações cujo planejador ou arquiteto é o próprio Iahweh.

Semelhantemente, há uma passagem em 2 Coríntios que menciona uma morada celestial:

> **Sabemos que, se a nossa casa terrestre deste tabernáculo se desfizer, temos da parte de Deus um edifício, casa não feita por mãos, eterna, nos céus.**
>
> *2 Coríntios 5:1*

O termo "edifício", aqui, é *oikodome* em grego. Assim, os dois versículos acima descrevem uma cidade com fundações e uma casa no céu que não foi construída por mãos humanas, mas por Deus. Mas onde é o céu e onde estão localizados esses edifícios? Tecnicamente falando, qualquer lugar acima da Terra é o céu. Igualmente, a amplitude que chamamos de espaço, que aloja todos os corpos celestes, é o céu. Quando, do Monte das Oliveiras, o Messias foi elevado às alturas, diz-se que ele foi levado ao céu:

> **E, estando eles com os olhos fitos no Céu, enquanto Jesus subia, eis que dois varões vestidos de branco se puseram ao lado deles. E lhes disseram: "Homens da Galileia, que estais aí a contemplar o céu?**
> **Esse Jesus, que vos foi arrebatado, virá do modo que para o céu o vistes partir."**
>
> *Atos dos Apóstolos 1:10,11*

Isso é confirmado na Epístola aos Hebreus, onde é afirmado que ele penetrou os "céus" (plural).

> **Tendo, pois, a Jesus, o Filho de Deus, como grande sumo sacerdote que penetrou os céus, permaneçamos, por isso, firmes na profissão de fé.**
>
> *Hebreus 4:14*

Assim como aconteceu com os "filhos de Deus" originais que cruzaram o espaço para cair na Terra nos dias de Jared, Enoque e Noé, o Messias fez uma viagem de volta à cidade celestial e casa de seu Pai. Como poderia ele fazer isso com um corpo composto de carne e ossos, conforme demonstrou ao incrédulo Tomé? Não se pode esperar de nós que compreendamos isso, uma vez que não nos foi explicado cabalmente. Mas seres sobrenaturais são alheios às restrições físicas comuns da carne e do sangue. E enquanto os primeiros seres sobrenaturais caídos deixaram sua morada original e manifestaram-se fisicamente aqui na Terra, segundo Gênesis 6, o Messias superou a façanha deles ao voltar para essa cidade celestial.

Já dissemos anteriormente que as Escrituras parecem indicar a localização dessa cidade onde está a Casa de Iahweh. O primeiro indício é dado na narrativa da queda de Lúcifer em Isaías 14, onde ele [Lúcifer] é citado desta maneira: "**Acima das estrelas de Deus, exaltarei o meu trono... nas extremidades do Norte**" (Isaías 14:13). O Salmo 75:6 nos fornece mais informações relativas à morada de Iahweh e de Seu Filho:

Porque não é do Oriente, não é do Ocidente, nem do deserto que vem o auxílio.

Portanto, vem do **Norte**, o acesso celestial à casa ou mansão de Iahweh, o lugar ao qual Satanás aspira.[72] De maneira que é seguro pressupor que, ao partir dessa esfera, o Messias tomou rumo norte. A Estrela Polar é a única que permanece constante e imóvel. Assim, a próxima vez em que o leitor levantar os olhos para o céu estrelado, olhe para o norte e saiba que será desse quadrante que o Messias uma vez mais viajará pelo espaço e tempo para dar início ao Arrebatamento.

Agora mesmo, no momento em que está lendo este texto, caro leitor, o Messias está presente em sua mansão celestial, sentado à mão direita do Altíssimo, Iahweh. Anteriormente, relatamos como Iahweh fez o homem à Sua imagem. Uma vez o Messias disse que quem o tivesse visto tinha visto o Pai. De maneira que, se o leitor puder imaginar o Messias sentado à direita do trono de Iahweh, então talvez possa imaginar também a figura paternal. No capítulo 4 do Apocalipse, João descreveu o que viu dessa morada celestial:

... eis que havia um trono no céu, e no trono, alguém sentado... Ao redor desse trono estavam dispostos 24 tronos, e neles assentavam 24 anciãos, vestidos de branco e com coroas de ouro sobre a cabeça.

Apocalipse 4:2,4

Não sabemos quem possam ser os 24 anciãos; portanto, não vamos especular. Esses anciãos são mencionados diversas vezes no Apocalipse. Além desse grupo de anciãos e do Messias e de Iahweh, um complemento inumerável de anjos, mensageiros ou homens sobrenaturais habitam e prestam serviço neste lugar chamado "céu". Esse é o quadro pintado para nós relativamente à Cidade de Deus e à casa aonde o Messias foi para nos preparar um lugar. O lugar tem de ser muito grande, pois não apenas aloja esses milhões de seres sobrenaturais e seus Senhores, como também terá de receber todos aqueles que serão reunidos no Arrebatamento.

Estes formarão um enorme contingente, considerando todos os milhões que colocaram sua confiança e sua fé no Messias durante os últimos dois mil anos.

Na atualidade, calcula-se que existam 70 milhões de cristãos só nos Estados Unidos, e o número deles não para de crescer na China, na África, na América do Sul e em outras partes do mundo. De modo que um grande volume de pessoas desaparecerá da Terra "**num abrir e fechar de olhos**" (1 *Coríntios 15:52*) quando o Messias voltar por curto espaço de tempo para levar os que nele acreditam para esse lugar que ele está preparando para nós. Ficaremos lá por pouco tempo. A Grande Tribulação deverá durar sete anos; começará quando o Anticristo assinar um acordo de paz com Israel, e terminará com a Batalha do Armagedom. Poderá haver um intervalo entre o Arrebatamento e o início dos sete anos da Tribulação. Não sabemos. Mas, ao final dos sete anos, voltaremos à Terra com o Messias para iniciar o reino milenar. Durante esses mil anos, Israel fará a partilha da Terra Prometida, que será dividida entre as 12 tribos. Ao término dos mil anos, haverá uma rebelião final, quando Satanás será libertado por breve espaço de tempo. Depois que essa rebelião for esmagada, a Terra será inteiramente destruída pelo fogo. Isso está registrado em 2 Pedro:

> **Ora, os céus e a terra de agora estão reservados pela mesma palavra ao fogo, aguardando o dia do Juízo e da destruição dos homens ímpios...**
>
> **O dia do Senhor chegará como ladrão e então os céus se desfarão com estrondo. Os elementos, devorados pelas chamas, se dissolverão e a terra, juntamente com as suas obras, será consumida.**
>
> *2 Pedro 3:7, 10*

Depois dessa purificação pelo fogo, haverá um novo céu e uma nova terra. Satanás e todos aqueles que não creem, e cujos nomes não estão inscritos no Livro da Vida, serão lançados ao "lago de fogo" e sofrerão a "segunda morte". Depois que toda essa limpeza for efetuada, um novo regime será estabelecido. Todo pecado e morte e moléstias serão coisas do passado nesse novo céu e nova terra. E então a cidade santa, a Nova Jerusalém, descerá à nova terra:

E vi um novo Céu e uma nova Terra, pois o primeiro Céu e a primeira Terra passaram, e o mar já não existe.

Vi também a Cidade Santa, a Nova Jerusalém, que descia do Céu, da parte de Deus, ataviada como noiva adornada para o seu esposo.

Então, ouvi grande voz vinda do trono que dizia: "Eis o tabernáculo de Deus com os homens. Deus habitará com eles. Eles serão povos de Deus e Deus mesmo estará com eles. E lhes enxugará dos olhos toda lágrima. E a morte já não existirá, já não haverá luto, nem pranto, nem dor, porque as primeiras coisas passaram."

Apocalipse 21:1-4

Essa é a esperança futura de todos aqueles que acreditam em Iahweh e no Messias. A história inteira não é mais que um prefácio a esse Paraíso Reconquistado. É quando Iahweh finalmente vem à Nova Terra para ficar com seus filhos e habitar com eles. Foi dito: "**Eis o tabernáculo de Deus com os homens. Deus habitará com eles.**" Ele enxugará cada lágrima dos olhos deles. Não haverá mais morte, nem luto, nem pranto, nem dor, porque as coisas antigas terão passado.

Mas olhemos novamente para os dois primeiros versículos da citação acima. O texto diz que João viu a Cidade Santa, chamada Nova Jerusalém, descendo do céu, literalmente, para pousar nessa nova terra. É uma ideia tão fantástica que se faz necessário considerar suas implicações por um momento. Trata-se da cidade pela qual Abraão ansiava, cujo arquiteto e construtor é Deus. É a casa celestial, ou, pelo menos, aloja a casa da qual Paulo falou em 2 Coríntios 5:1. Era a essa casa que o Messias se referia quando disse a seus discípulos: "**Na casa de meu Pai há muitas moradas... Vou preparar-vos um lugar...**" (*João 14:2*)

No futuro, essa Cidade Santa, na qual Iahweh e o Messias e os 24 Anciãos e os milhões de anjos agora habitam, literal e fisicamente descerá dos céus e pousará nessa nova Terra. Que magnífica visão! O relato continua e passa a descrever essa cidade e aqueles suficientemente privilegiados para viver nela:

Disse-me ainda: "Tudo está feito. Eu sou o Alfa e o Ômega, o Princípio e o Fim. Eu, a quem tem sede, darei de graça da fonte da

água da vida. O vencedor herdará estas coisas, e eu lhe serei Deus, e ele me será filho. Quanto, porém, aos covardes, aos incrédulos, aos abomináveis, aos assassinos, aos impuros, aos feiticeiros, aos idólatras e a todos os mentirosos, a parte que lhes cabe será no lago que arde com fogo e enxofre, a saber, a segunda morte."

Apocalipse 21:6-8

Aqui temos uma bênção e uma advertência ao mesmo tempo. Àqueles que creem no Messias e nele colocam sua confiança, Iahweh dará livre e graciosamente da água da vida. Mas aos que não creem, a segunda morte os aguarda.

Depois, João tem outra oportunidade de ver essa Cidade Santa.

E ele me transportou, em espírito, até a uma grande e elevada montanha e me mostrou a Cidade Santa, Jerusalém, que descia do céu, da parte de Deus.

A qual tem a glória de Deus. O seu fulgor era semelhante a uma pedra preciosíssima, como pedra de jaspe cristalina.

Tinha grande e alta muralha, doze portas, e, junto às portas, doze anjos, e sobre elas, nomes inscritos, que são os nomes das doze tribos de Israel.

Três portas se achavam a leste, três ao norte, três ao sul, e três a oeste.

A muralha da cidade tinha doze fundações, e estavam sobre estas os doze nomes dos doze Apóstolos do Cordeiro.

Apocalipse 21:10-14

Mais uma vez o relato nos diz que a cidade desce do céu, vinda de Deus, para assentar-se na Terra. O número 12 permeia a configuração da intenção, visto que, na terminologia bíblica, 12 simboliza controle, governo, ou seja: 12 meses no ano, 12 tribos de Israel, 12 signos do Zodíaco, 12 apóstolos etc. A passagem prossegue:

Ele mediu a sua muralha, cento e quarenta e quatro côvados, medida de homem, isto é, de anjo.

A estrutura da muralha é de jaspe; também a cidade de ouro puro, semelhante a vidro límpido. As fundações da muralha da cidade estão adornadas de toda espécie de pedras preciosas. A primeira fundação é de jaspe (verde-escuro e transparente com veios vermelhos); a segunda, de safira (azul-celeste, quase transparente); a terceira, de calcedônia (uma espécie de ágata ou ônix, branco azulado); a quarta, de esmeralda (um verde intenso); a quinta, de sardônica (mistura de calcedônia com cornalina, cor de pele); a sexta, de cornalina (provavelmente a cornalina, a vermelha é intensa); a sétima, de crisólito (de cor amarela ou dourada e transparente); a oitava, de berilo (uma cor verde-mar); a nona, de topázio (amarelo atualmente, mas verde pálido na antiguidade); a décima, de crisópraso (amarelo pálido e verde); a décima primeira, de jacinto (cor de chama vermelha-escura ou violeta); e a décima segunda, de ametista (cor violeta).

> As doze portas são doze pérolas, e cada uma dessas portas, de uma só pérola. A praça da cidade era de ouro puro, como vidro transparente.
> Nela, não vi santuário, porque o seu santuário é o Senhor, o Deus Todo-poderoso e o Cordeiro.
> A cidade não precisa nem do sol nem da lua para lhe darem claridade, pois a glória de Deus a iluminou, e o Cordeiro é a sua lâmpada.
> As nações andarão sob a sua luz, e os reis da terra lhe trazem a sua glória.
> As suas portas jamais se fecharão, porque nela não haverá noite.
> E lhe trarão a glória e a honra das nações.
> Nela, jamais penetrará coisa alguma contaminada, nem o que pratica abominação e mentira, mas somente os inscritos no Livro da Vida do Cordeiro.
>
> *Apocalipse 21:17-21*
> (fonte: E. W. Bullinger, *Commentary on Revelation*, Kregal Publications, p. 663)

Os pormenores dessa descrição são verdadeiramente extraordinários. O texto diz que não há necessidade de um templo nessa cidade porque Iahweh e o Messias são o seu templo. Também não há qualquer necessidade de luz, porque a glória de Deus é sua luz e o Cordeiro, Jesus, é sua lâmpada. Os portões das cidades antigas tinham de ser fechados para proteger seus habitantes dos inimigos e dos perigos da noite. Mas nessa cidade futura, os portões permanecerão abertos o tempo todo, pois não haverá noite, nem haverá qualquer perigo para aqueles cujo nome estiver inscrito no Livro da Vida do Cordeiro. A narrativa continua com uma descrição do Rio da Vida:

> **Então o anjo me mostrou o rio da água da vida, brilhante como cristal, que sai do Trono de Deus e do Cordeiro no meio da praça da cidade. Em uma e outra margem do rio está a árvore da vida que produz doze frutos, dando o seu fruto de mês a mês. E as folhas da árvore são para a cura dos povos.**
>
> **Nunca mais haverá qualquer maldição. Nela, estará o Trono de Deus e do Cordeiro. Os Seus servos O servirão, contemplarão a Sua face, e na sua fronte está o nome dele.**
>
> **Já não haverá noite. Eles não precisarão de luz de lâmpada, nem da luz do sol, porque o Senhor Deus brilhará sobre eles, e reinarão pelos séculos dos séculos.**
>
> **E o anjo disse-me: "Estas palavras são fiéis e verdadeiras. O Senhor, o Deus dos espíritos dos profetas, enviou Seu anjo para mostrar aos Seus servos as coisas que em breve deverão acontecer."**
>
> *Apocalipse 22:1-6*

"Essas palavras são fiéis e verdadeiras." Temos a palavra do Messias e de seu Pai, o Altíssimo Iahweh, de que essas coisas com toda a certeza acontecerão. Aqueles que crerem, terão acesso à Água da Vida e à Árvore da Vida. Tudo que alguém tem de fazer para assegurar-se de que seu nome seja incluído no Livro da Vida é aceitar pessoalmente Jesus Cristo como o Senhor em sua vida e acreditar que Deus o ressuscitou dentre os mortos (*Romanos 10:9,10*). Quando alguém toma essa decisão muito pessoal e realmente acredita, ele passa da morte à vida. Com essa atitude, torna-se candidato qualificado a participar do próximo grande acontecimento do calendário profético – o Arrebatamento – e também do futuro reino milenar do Messias e do Novo Céu e Nova Terra. E será aceito na Nova Jerusalém, a Cidade Santa, que descerá à Terra vinda do Céu.

Mas, espere. Nesse comentário omiti alguns versículos decisivos do Apocalipse, que, acredito, dão-nos a resposta ao enigma de a Grande Pirâmide de Gizé (e de todas as outras pirâmides do Egito, do México e da

Guatemala) ter a forma que conhecemos. Mas, antes de examinarmos o que nos diz o Apocalipse 21, devo voltar a algumas afirmações que já fiz.

Essas afirmações dizem respeito a Satanás, que é o Diabo e o Adversário, também conhecido por Lúcifer, a Velha Serpente, o Príncipe do Poder do Ar. Um dos principais empenhos de Satanás é tentar duplicar aquilo que o Deus Verdadeiro criou. No Jardim do Éden, ele apareceu como um glorioso anjo de luz a fim de enganar Eva. Depois somos informados de que seus ministros disfarçam-se de ministros da luz. Assim, o anjo de luz no Éden era uma cópia de um verdadeiro mensageiro de Iahweh. Através da história da humanidade, desde os tempos do Antigo Testamento até os dias em que Jesus andou na Terra, e durante os últimos dois mil anos, o Diabo tem enganado as massas com sua falsa religião. No Apocalipse vindouro, o Anticristo morrerá de um ferimento na cabeça e será então ressuscitado dentre os mortos pelo poder de Satanás. Será uma imitação espalhafatosa da ressurreição do Messias. Por causa de sua própria natureza, Satanás está incessantemente empenhado em atos de impostura e sempre tenta duplicar, copiar, macaquear e imitar o que Iahweh faz.

A Pirâmide do Apocalipse

Convenci-me de que a forma piramidal é um exercício demoníaco em intenção simulada, pois acredito que a pirâmide é um paradigma da Cidade de Deus que presentemente está nos céus e que foi vista e descrita por João no capítulo 21 do Apocalipse. No meio da descrição anterior da Nova Jerusalém, temos os seguintes detalhes:

> O anjo que falava comigo tinha por medida uma vara de ouro para medir a cidade, suas portas e a sua muralha.
> A cidade era quadrangular, de comprimento e largura iguais. Ele mediu a cidade com a vara e contou doze mil estádios de comprimento, e a largura e altura eram iguais ao comprimento.
> Mediu também a sua muralha, cento e quarenta e quatro côvados, medida de homem, isto é, de anjo.
>
> *Apocalipse 21:15-17*

O texto grego coloca as três dimensões da cidade em 12.000 estádios cada uma. Um estádio tem aproximadamente 185 metros, o que dá à cidade 2.220 quilômetros em cada dimensão. Algumas autoridades bíblicas são de opinião que essa cidade foi criada na forma de um cubo. Eu acredito que seja na forma de uma pirâmide e acredito também que a Pirâmide de Gizé e as outras pirâmides antigas foram construídas com a intenção de copiar a cidade celestial de Iahweh, a Cidade Santa que se acha nos céus presentemente. É isso que quero dizer quando emprego a expressão "**Pirâmide do Apocalipse**".

Reflitamos nisso por um momento. Lúcifer era o mais sublime ser sobrenatural celestial jamais criado por Iahweh. Era tão poderoso e sábio que se corrompeu pela própria beleza e pensou destronar o Altíssimo. Em consequência, foi banido da presença de Iahweh, e aqueles que com ele se rebelaram caíram na Terra. Uma vez que é da natureza de Lúcifer imitar Iahweh, ele decidiu construir um magnífico edifício para si mesmo na Terra. Esse edifício deveria ser um monumento ao seu próprio orgulho e ego. Assim, por meio de seus lacaios, os *Nephilim*, e o espantoso poder espiritual ao seu dispor, ele planejou e construiu a imponente pirâmide em Gizé, utilizando toda sua perícia celestial e conhecimento astronômico para alinhá-la com os vários sinais estelares e constelações. Em Ezequiel 28, está escrito sobre Satanás:

Tu és o sinete da perfeição, cheio de sabedoria e formosura.

Ezequiel 28:12

Somente um ser celestial sublime poderia ter planejado as pirâmides daquela época antiga. Somente um ser ou seres com tanto conhecimento das estrelas poderia ter realizado tais coisas. Sua morada original era entre os corpos celestes na Cidade de Deus e eles estavam presentes no lançamento dos fundamentos da Terra. Falando a Jó, assim diz Iahweh:

Onde estavas tu, quando eu lançava os fundamentos da Terra?
Dize-me, se tens entendimento.
Quem lhe pôs as medidas, se é que o sabes? Ou quem estendeu sobre ela o cordel?
Sobre que estão fundadas as suas bases?

Ou quem lhe assentou a pedra angular?

Quando as estrelas da alva, juntas, alegremente cantavam, e rejubilavam todos os filhos de Deus?

Jó, 38:4-8

Isso foi no passado distante, antes da degradação de Lúcifer e de suas subsequentes rebelião e queda.

No livro *Heaven's Mirror* (p. 66), de Graham Hancock, o autor faz citações dos textos de Edfu, que reiteradamente afirmam que os monumentos do Egito foram construídos pelos deuses para representar "edifícios no céu" e foram erigidos de acordo com planos "que caíram do céu". O autor diz a seguir que, quando os deuses os construíram, esses edifícios foram modelados em um lugar "que acreditava-se ter existido antes de o mundo ser criado". São indícios adicionais que apoiam nossa teoria de que as pirâmides são representações terrestres de uma habitação celestial.

Alguns especialistas cristãos propuseram a ideia de que a Grande Pirâmide foi construída por Jó ou algum outro patriarca e acreditam que ela seja um altar desenhado por Iahweh que contém informações proféticas relacionadas ao que o futuro reserva para os crentes cristãos. Não posso aceitar isso, visto que todas as informações de que necessitamos com relação à nossa redenção e ao nosso futuro estão contidas nas páginas que vão do Gênesis ao Apocalipse. Além do mais, um corredor [poço] que sai da Câmara do Rei dentro da Grande Pirâmide está relacionado com [a constelação de] Draco [ver Fig. 2, capítulo 1]. Já concluímos que Draco é o Dragão, que é o Diabo e Satanás, a Velha Serpente (*Apocalipse 12:9*). Dois dos outros corredores foram identificados com Osíris (Órion) e Ísis (Sirius), duas das principais divindades do antigo Egito. Todos esses indícios mostram que o arquiteto dos monumentos escrevinhou a sua identidade sobre o traçado do mesmo modo que algumas pessoas gostam de ver seus nomes escritos com luzes em público. E o nome que ecoa desse edifício é o de *Draco*. É o nome dele e os dos seus companheiros que aparecem de maneira bastante óbvia na planta da pirâmide e na luz das estrelas para as quais ela aponta.

Consideremos também aquilo que a imagem da pirâmide passou a indicar. Ela está associada principalmente à simbologia maçônica e tem ligações também com outras organizações reservadas que têm seus fundamentos no oculto. Foi a influência dos maçons que levou a pirâmide com o "olho-que-tudo-vê" a ser exibida no verso da nota de um dólar americana. Em algumas religiões orientais, esse olho é chamado de o "terceiro olho". Dizem que ele representa um nível mais elevado de consciência psíquica que os iniciados devem atingir a fim de alcançar uma compreensão mais profunda dos segredos do oculto.

Há uma inscrição em latim impressa na nota de dólar: "Novus Ordo Seclorum" (ver Fig. 20). Em poucas palavras, isso significa a aspiração de organizações clandestinas que acreditam que o único meio de alcançar a paz mundial é mediante "Um só Governo para o Mundo". Assim, é frequente ouvir políticos poderosos falarem de uma "Nova Ordem Mundial".[73] A palavra latina *seclorum* deu secular. De maneira que, o objetivo dessas organizações é um governo de caráter mundial, secular e ateu que eliminará as guerras mundiais e assegurará paz e segurança para todos.

Figura 20 - Detalhe das Armas dos Estados Unidos da América mostrando a pirâmide encimada pelo "olho-que-tudo-vê". Esse símbolo está estampado no reverso da nota de um dólar americana.

Em tempos relativamente recentes, sabia-se que Adolf Hitler e a liderança nazista estavam profundamente envolvidos com o oculto e adoração a Satanás. E esse mesmo símbolo que retrata o olho-que-tudo-vê foi encontrado sobre a porta de entrada do *bunker* no qual Hitler cometeu suicídio. A origem desse símbolo poderoso pode ser atribuída à divindade egípcia Hórus. Um dos deuses principais do panteão egípcio, Hórus, foi, provavelmente, um dos *Nephilim* originais ou um descendente direto. Assim, o Olho de Hórus parece estar ligado a Lúcifer e tem uma associação óbvia com o oculto. Isso empresta mais peso ao argumento de que o símbolo da pirâmide com o olho-que-tudo-vê, e, na verdade, as próprias pirâmides, são de origem satânica. (Muita gente se refere a esse olho no reverso da nota de dólar como o "olho de Lúcifer".)

Ademais, se Iahweh foi realmente o construtor da Grande Pirâmide, ele estaria violando seu próprio Primeiro Mandamento, que afirma:

Não farás para ti imagem de escultura, nem semelhança alguma do que há em cima no céu, nem embaixo na terra...

Deuteronômio 5:8

Aqui está declarado especificamente que não devemos fazer quaisquer imagens de qualquer coisa que esteja no céu acima. Se a Grande Pirâmide for uma imagem da cidade celestial, então Iahweh estaria negligenciando seus próprios preceitos, o que não concordo em pensar que Ele faria. E, comparada à descrição da Nova Jerusalém dada por João no Apocalipse 21, a Grande Pirâmide é, na verdade, uma cópia medíocre. Parece muito mais provável que todas as pirâmides sejam imitações construídas por Satanás e seus companheiros *Nephilim* como altares ao próprio orgulho, um reflexo terreno de uma realidade celestial.

Isso explicaria as fantásticas quantidades de sangue inocente derramadas nesses altares, especialmente na América Central, para aplacar a ira e mitigar a lascívia sanguinária desses mesmos deuses da morte.

A Grande Pirâmide tinha um revestimento externo de calcário branco polido, o que tornava sua superfície lisa e iridescente. Há quem acredite que o cimo era de ouro. Deve ter proporcionado uma visão gloriosa quando foi construída, fulgurando à luz do dia como se tivesse sido baixada do céu.

Comparemo-la agora com a Nova Jerusalém. Esta é feita de ouro puro. Puro como o cristal. Não é despropositado equiparar a Grande Pirâmide de Gizé, em sua glória original, com a Nova Jerusalém tal como foi descrita por João no capítulo 21 do Apocalipse. Portanto, acredito que as pirâmides antigas são cópias da Cidade de Deus que no futuro descerá do céu: a **Pirâmide do Apocalipse.**

"Eis que venho sem demora. Bem-aventurado aquele que guarda as palavras da profecia deste livro."

Apocalipse 22:7

Só quando o Messias vier compreenderemos plenamente esses mistérios, pois agora vemos através de um vidro escuro. Mas, quando ele voltar, tudo será revelado.

Quero afirmar aqui que as conclusões a que cheguei neste livro são fundamentadas num encadeamento lógico das verdades dadas pelas Escrituras. Por meio de todo esse processo, estive sempre ciente de que fazer acréscimos ou supressões nas Escrituras constitui grave pecado. Portanto, é com humildade no coração que apresento esta tese, e peço perdão a Iahweh e a Seu filho, meu irmão, o Messias, se cometi erros ou representei incorretamente essas verdades. Não foi essa minha intenção.

Onde a Escritura é clara e simples, posso apostar minha vida em sua veracidade. Nas partes onde especulei, fundamentado em minhas pesquisas e discernimento, afirmei claramente que se tratava de especulação. Mas acredito que muitas das conclusões a que cheguei são precisas.

Conclusão

Existe um universo paralelo que é habitado por formas de vida inteligentes. Esses seres parecem-se conosco e têm personalidades e corpos semelhantes aos nossos. Mas não são seres humanos de carne e osso como nós. Antes, sua natureza é espiritual. Depois que o Messias ressuscitou dentre os mortos, por meio desse poder espiritual, ele viajou através do espaço para residir na casa do seu Pai. A Escritura também nos fala de uma cidade, cujo arquiteto e construtor é Iahweh, e que se localiza nos céus. É nesse local que o Messias senta-se à direita do Pai, aguardando a hora em que virá novamente para reunir o seu povo.

O trono do Pai é rodeado de 24 outros tronos nos quais sentam-se 24 Anciãos. Pouco sabemos sobre esses seres. Incontáveis milhões de seres sobrenaturais, anjos, também residem nessa habitação celestial para servir a Iahweh. Esses mensageiros são, na maioria das vezes, invisíveis para nós, humanos, mas estão constantemente trabalhando em benefício daqueles de nós que serão herdeiros das promessas de Deus.

Na culminação dos eventos profetizados no Apocalipse, depois da Grande Tribulação e depois do reinado de mil anos do Messias, haverá um Novo Céu e uma Nova Terra. Pragas e toda morte e pecado serão abolidos para sempre. O Paraíso de Deus será a nova morada do homem. Sobre essa nova terra descerá do céu uma cidade santa, a Nova Jerusalém. As três dimensões dessa cidade terão igual extensão, o que nos leva a acreditar que essa futura metrópole terá forma piramidal. É a **Pirâmide do Apocalipse.**

Um dos apelidos de Satanás é "o impostor". Sua natureza compele-o a imitar e a tentar duplicar tudo que o Deus Verdadeiro faz. Mas enquanto Iahweh é o Deus da Verdade, Satanás é o pai das mentiras. Portanto, sua versão da verdade sempre traz o medo e a servidão como resultado último. Nos sete anos da Grande Tribulação, o mundo acolherá pressurosamente o falso messias, o homem disfarçado de Cristo enviado por Satanás.

Visto que Lúcifer e seu bando de anjos malignos caídos, originalmente tinham sua morada com Iahweh, entre os corpos celestes, eles estão familiarizados com esse meio ambiente. Como Lúcifer foi o mais altamente sublime de todos os seres espirituais criados, não é insensato supor que a Grande Pirâmide foi construída por ele e seus lacaios, os *Nephilim*, como uma imagem espelhada da cidade celestial e monumento à própria arrogância deles.

Embora o Messias tenha ascendido à casa do Pai para preparar-nos um lugar, e embora aqueles que nEle acreditam sejam levados a essa morada durante o Arrebatamento, é importante lembrar que este não é o nosso destino último, porquanto iremos para o céu com o Messias por breve espaço de tempo, sete anos mais ou menos, enquanto os acontecimentos terríveis do Apocalipse se desenrolam aqui na Terra. Depois do Armagedom voltaremos à Terra para servir ao Messias durante seu reino de mil anos. Depois disso, a Terra e todos os elementos serão consumidos pelo fogo e uma nova terra e novo céu serão criados. Essa terra, e não o céu, será o nosso lugar definitivo de repouso. Nesse Paraíso de Deus, desfrutaremos da vida eterna com o Messias, e Iahweh virá com Sua Família habitar entre nós. Então Ele será nosso Deus e nós seremos Seus filhos, e não mais haverá dor nem luto nem clamor, pois as coisas antigas terão desaparecido (*Apocalipse 21:3,4*).

23

A MAIOR HISTÓRIA DE TODOS OS TEMPOS

Refletimos sobre as dimensões espirituais de Iahweh e sua hoste angelical de um lado, e de Satanás e seu séquito de outro. Esse reino espiritual é, geralmente, oculto às pessoas comuns. Nos Evangelhos, os relatos das palavras e obras do Messias são registrados nos mínimos detalhes. Mas essas palavras são amplamente negligenciadas e pouco estudadas pelo mundo atual. A maior parte do Evangelho de João está mais envolvida com os pensamentos e ideias do Messias do que com aonde ele foi em determinada ocasião e o que fez lá. Eu gostaria de realçar algumas dessas expressões e de refletir sobre suas profundas implicações, lembrando que ele não era um homem comum, mas um emissário enviado por Iahweh.

A abertura do Evangelho de João é um exemplo belo e poético de obra literária.

> No princípio era o Verbo, e o Verbo estava com Deus e o Verbo era Deus.
> Ele estava no princípio com Deus.
> Todas as coisas foram feitas por intermédio dEle, e, sem Ele, nada do que foi feito, se fez.
> A vida estava nEle e a vida era a luz dos homens.
> A luz resplandece nas trevas, e as trevas não prevaleceram contra ela.
> Houve um homem enviado por Deus, cujo nome era João.
> Este veio como testemunha para que testificasse a respeito da luz, a fim de

todos virem a crer por intermédio dele.

Ele não era a luz, mas veio para que testificasse da luz.

A verdadeira luz, que, vinda ao mundo, ilumina a todo homem.

O Verbo estava no mundo, o mundo foi feito por intermédio dEle, mas o mundo não O conheceu.

Veio para o que era seu, e os seus não O receberam.

Mas, a todos quantos O receberam, deu-lhes o poder de serem feitos filhos de Deus, a saber, aos que creem no Seu nome.

Os quais não nasceram do sangue, nem da vontade da carne, nem da vontade do homem, mas de Deus.

E o Verbo se fez carne e habitou entre nós, cheio de graça e de verdade, e vimos a sua glória, glória como do unigênito do Pai.

Evangelho de João 1:1-14

É por intermédio do Verbo que Iahweh torna-se conhecido dos homens, e foi Seu Filho, o Messias, que O revelou por meio de Suas palavras e Suas obras.

João Batista é mencionado nessa passagem. Ele era um primo em primeiro grau do Messias. Num sermão paralelo em Lucas 3, ele faz uma afirmação que tem relevância para o nosso estudo das profecias do fim dos tempos.

Disse João a todos: "Eu, na verdade, vos batizo com água, mas vem o que é mais poderoso do que eu, do qual não sou digno de desatar-lhe as correias das sandálias. Ele vos batizará com o Espírito Santo e com fogo."

Lucas 3:16

Aqui ocorrem dois batismos: um com água e outro com fogo – o Espírito Santo. Muitas igrejas cristãs colocam grande ênfase no primeiro. Na Igreja Católica, o batismo com água é essencial para que a criança salve-se do fogo eterno do inferno, se morrer prematuramente. Em algumas igrejas cristãs evangélicas, o batismo por imersão total é empregado quando adultos ou adolescentes aceitam Jesus como seu Senhor. Mas muitas das igrejas das principais denominações negligenciam o batismo com fogo mencionado por João Batista. Trata-se de um batismo espiritual que só se tornou conhecido depois que o Messias ressuscitou dentre os mortos e subiu aos céus. No dia de Pentecostes, o Espírito Santo desceu sobre os 12 Apóstolos. Línguas de fogo assentaram-se neles e eles falaram línguas desconhecidas pela primeira vez à medida que o espírito os preenchia.

No capítulo 3 de João, o Messias instrui uma das autoridades judaicas acerca desse batismo espiritual. Esse homem só podia visitar o Messias sob o manto da noite, pois se tivesse sido descoberto que ele estava colaborando com Jesus, ele teria sido expulso pelos outros membros da hierarquia dos líderes judaicos.

> Havia ente os fariseus um homem chamado Nicodemos, um dos principais dos judeus.
> Este, de noite, foi ter com Jesus e lhe disse: "Rabi, sabemos que és mestre vindo da parte de Deus. Porque ninguém pode fazer estes sinais que tu fazes, se Deus não estiver com ele.
> A isto, respondeu Jesus: "Em verdade, em verdade te digo que se alguém não nasce de novo não pode ver o reino de Deus."
> Perguntou-lhe Nicodemos: "Como pode um homem nascer, sendo velho? Pode, porventura, voltar ao ventre materno e nascer segunda vez?"
> Respondeu Jesus: "Em verdade, em verdade te digo: Quem não nascer da água e do espírito não pode entrar no reino de Deus. O que é nascido da carne é carne; e o que é nascido do espírito é espírito. Não te admires de eu te dizer: 'Importa-vos nascer de novo.'
> O vento sopra onde quer, ouves a sua voz, mas não sabes donde vem, nem para onde vai. Assim é todo o que é nascido do espírito."
> *João 3:1-8*

A palavra grega traduzida por "nascido de novo" aqui, é *anothen*, que significa literalmente *"nascido do alto"*. Isso se refere ao renascimento espiritual, que equipara-se a batismo com fogo. Esse batismo com fogo substitui o batismo com água, pois derramar água sobre a cabeça de uma pessoa não produz necessariamente uma mudança em seu coração. Mais à frente, nesse mesmo capítulo, o Messias descreve o que temos de fazer para ocasionar esse renascimento espiritual e ganhar acesso ao reino de Deus. O versículo seguinte é, provavelmente, o mais conhecido de toda a Bíblia:

Porque Deus amou ao mundo de tal maneira que deu o Seu Filho unigênito, para que todo o que nEle crê, não pereça, mas tenha a vida eterna.

João 3:16

Essa promessa simples é reiterada muitas vezes pelo Messias.

Em verdade, em verdade vos digo. Quem ouve a minha palavra e crê nAquele que me enviou, tem a vida eterna, não entra em juízo, mas passou da morte para a vida.

João 5:24

Não importa o que uma pessoa tenha feito no passado ou se essa pessoa pertença a algum credo particular ou a nenhum. Essa promessa é para qualquer um que dela queira aproveitar e é incondicional. Para aqueles que aceitarem a palavra do Messias e nela crerem, todas as bênçãos futuras de Iahweh serão suas, e eles terão seu lugar na futura Cidade Santa, a Nova Jerusalém. Mas para aqueles que não aceitarem a Sua Palavra e recusarem a Sua oferta de vida eterna, um futuro sinistro os espera. Ao final do Evangelho de Marcos, há o registro de uma conversa que o Messias teve com 11 dos Apóstolos. Isso ocorreu depois de Sua morte e ressurreição, mas antes da Ascensão.

Finalmente, apareceu Jesus aos onze, quando estavam à mesa, e censurou-lhes a incredulidade e dureza de coração, porque não deram crédito aos que o tinham visto já ressuscitado.
E disse-lhes: "Ide por todo o mundo e pregai o evangelho a toda criatura.
Quem crer e for batizado será salvo; quem, porém, não crer será condenado."

Evangelho de Marcos 16:14-16

Na Versão Autorizada da Bíblia do Rei James a palavra condenado foi traduzida por "danado" (amaldiçoado). Essa advertência do Messias não poderia ser mais clara. Quem crer, será salvo. Quem não crer será condenado.

Provavelmente, é lícito dizer que muitas pessoas no mundo ainda têm de ser convencidas de que o Messias está certo. Sou de opinião que seria prudente da parte dessas pessoas ler as Escrituras, começando pelo Evangelho de Mateus. Leiam apenas o que está escrito e ouçam as palavras. Comecem pelo capítulo 1 e leiam até o final do Novo Testamento. Quem o fizer, ficará surpreso com o que aprenderá e com o que desconhecia, pois muitos de nós temos pouca ou nenhuma instrução nisso, a maior de todas as obras literárias. Não admira que as pessoas sejam desesperançadas, porquanto em Provérbios 29:18 está escrito:

"Não havendo profecia, o povo se corrompe."

Na passagem que se segue, o Messias fala de si mesmo como o "pão da vida".

E, tendo-o encontrado no outro lado do mar, lhe perguntaram: "Mestre, quando chegaste aqui?"
Respondeu-lhes Jesus: Em verdade, em verdade vos digo. Vós me procurais não porque vistes sinais, mas porque comestes dos pães e vos fartastes.
Trabalhai não pela comida que perece, mas pela que subsiste para a vida eterna, a qual o Filho do Homem vos dará. Porque Deus, o Pai, o confirmou com o seu selo."
Dirigiram-se, pois, a ele, perguntando: "Que faremos para realizar as obras de Deus?"
Respondeu-lhes Jesus: "A obra de Deus é esta: que creiais naquele que por Ele foi enviado."
Então, lhe disseram eles: "Que sinal fazes para que o vejamos e creiamos em ti? Quais são os teus feitos? Nossos pais comeram o maná no deserto, como está escrito: 'Deu-lhes a comer pão do céu.'"
Replicou-lhes Jesus: "Em verdade, em verdade vos digo: Não foi Moisés quem vos deu o pão do céu; o verdadeiro pão do céu é meu Pai Quem vos dá. Porque o pão de Deus é o que desce do céu e dá vida ao mundo."
Então lhe disseram: "Senhor, dá-nos sempre desse pão."

Declarou-lhes, pois, Jesus: "Eu sou o pão da vida; o que vem a mim jamais terá fome, e o que crê em mim jamais terá sede.

Porém, eu já vos disse que, embora me tenhais visto, não credes. Todo aquele que o Pai me dá, esse virá a mim, e o que vem a mim, de modo nenhum o lançarei fora.

Porque eu desci do céu, não para fazer a minha própria vontade, e sim a vontade dAquele que me enviou.

E a vontade de Quem me enviou é esta: que nenhum Eu perca de todos os que me deu; pelo contrário, Eu o ressuscitarei no último dia.

De fato, a vontade de meu Pai é que todo homem que vir o Filho e nEle crer tenha a vida eterna, e Eu o ressuscitarei no último dia."

João 6:25-40

Tudo que é exigido para compartilharmos desse Pão da Vida é acreditar. E tudo que é exigido para aproveitarmos o Rio da Vida é acreditar. A obra do agrado de Deus é acreditarmos no Messias que Ele enviou. Na ortodoxia religiosa, com frequência, regras e regulamentos e tradições e doutrinas e dogmas humanos têm de ser observados na causa da salvação. Mas com o Messias, tudo é simples: Acredite e receberás a dádiva da vida eterna. Essa promessa nos vem sendo oferecida há dois mil anos, mas a maioria dos nossos líderes religiosos tem nos conduzido na direção oposta: para longe da luz e rumo à escuridão.

Naquela hora, exultou Jesus no Espírito Santo e exclamou: "Graças te dou, ó Pai, Senhor do Céu e da Terra, porque ocultastes estas coisas dos sábios e instruídos e as revelastes aos pequeninos. Sim, ó Pai, porque assim foi do teu agrado.

Tudo me foi entregue por Meu Pai. Ninguém sabe quem é o Filho, senão o Pai, e ninguém sabe quem é o Pai, senão o Filho e aquele a quem o Filho quiser revelar."

E, voltando-se para os seus discípulos, disse-lhes particularmente: "Bem-aventurados os olhos que veem as coisas que vós vedes. Pois eu vos afirmo que muitos profetas e reis quiseram ver o que vedes, e não viram; e ouvir o que ouvis, e não ouviram."

Lucas 10:21-24

Aqueles que creem no Messias serão incluídos no Arrebatamento, o próximo grande acontecimento, o qual introduzirá os sete anos da Grande Tribulação. Muitos daqueles que conhecemos – membros da família, amigos, conhecidos – terão de permanecer na Terra e suportar o turbilhão durante o período que conduzirá à Batalha do Armagedom. Durante esse período, muitos se voltarão para o Messias e nEle depositarão sua confiança. Entrementes, o Anticristo exigirá total sujeição, e aqueles que resistirem à sua autoridade e se recusarem a aceitar a sua marca serão perseguidos e mortos. Portanto, muitos crentes morrerão nesses tempos.

Mas, por ora, podemos aguardar ansiosamente a assembleia ou o Arrebatamento dos santos; aqueles de nós que creem no Messias:

"As minhas ovelhas ouvem a minha voz; eu as conheço, e elas me seguem.
Eu lhes dou a vida eterna; jamais perecerão, e ninguém as arrancará da minha mão. Aquilo que meu Pai me deu é maior do que tudo; e da mão do Pai ninguém pode arrebatar."

O Messias, segundo citação de João 10:27-29

Aproximamo-nos dos capítulos finais de A Maior História de Todos os Tempos. As profecias dos "últimos dias" ou de "final dos tempos" começam a ser cumpridas. Este planeta está sendo impelido rumo à beira do abismo. O mundo será lançado num turbilhão terrível antes de renascer como Paraíso Reconquistado. É uma bomba-relógio cujo pavio já foi aceso há bastante tempo. O tropel dos Quatro Cavaleiros do Apocalipse pode ser ouvido claramente por todos aqueles que têm ouvidos para ouvir. Nesse meio-tempo, aqueles de nós que escolherem depositar a confiança no Messias podem confortar-se uns aos outros na certeza de que seremos recolhidos desta esfera antes de o holocausto começar. Nisto, seremos verdadeiramente abençoados.

Bem-aventurados aqueles que leem e aqueles que ouvem as palavras da profecia e guardam as coisas nela escritas, pois o tempo está próximo.

Apocalipse 1:3

Para encerrar, eu gostaria de apresentar um poema. Um poema que levará o leitor numa viagem através das profecias do Apocalipse. Que lhe fará uma advertência arrepiante da ira que virá, mas que também falará da riqueza da benignidade acessível a todos que escolherem aceitá-la. Escrevi este poema depois de terminar de redigir meu primeiro livro, *Apocalypse Soon*. Não sou poeta. Contudo, depois de colocar no papel o primeiro versículo, o resto pareceu fluir naturalmente. Até onde vai meu conhecimento, o poema é fiel ao texto bíblico. Para finalidades de referência, incluímos notas ao final dos versículos. Uma vez que esses acontecimentos estão ainda no futuro, presumo que este seja um poema profético. Deus esteja convosco – o Autor.

O Apocalipse

I
Na ilha de Patmos[1]
Numa prece no Dia do Senhor [2]
Levou-me o Espírito celeremente [3]
A uma era bem longínqua.

II
Em visões, mostrou-me ele coisas [4]
Que homem algum pode ver
Dias que virão no futuro [5]
Coisas que realmente acontecerão. [6]

III
Esse dia, de nós está bem próximo [7]
Acho que já posso dizer
Esteja preparado ou fique avisado [8]
O Pecado do Homem a Terra pagará. [9]

IV

A igreja arrebatada vai introduzir [10]
Um tempo até então desconhecido [11]
O homem do pecado vai assumir o controle [12]
E o mundo o seguirá. [13]

V

Com palavras sutis [14]
E escamoteações mil
E mentiras que ludibriarão [15]
Em suas frontes a marca [16]
Que os leva ao túmulo. [17]

VI

Os santos todos [18]
Nesse dia persistirão em
Sua Palavra defender [19]
O sangue deles jorrará [20]
Ela beberá até fartar-se [21]
Mas no fim será revelada.

VII

Pois eles serão recompensados [22]
Aqueles que se dobram mas não quebram
Para beijar o anel do filho de Satã [23]
Mas confiam no homônimo de Deus. [24]

VIII

Sangue e fogo e fome [25]
Nuvens negras e daninhas também [26]
A morte espreitará os vivos [27]
A peste consumirá as pessoas. [28]

IX

O Anticristo dominará o mundo [29]
Sua vontade fará o joelho dobrar [30]
Seu sacerdote que está assentado nas colinas
Cegará os olhos deles para que não vejam. [31]

X

As multidões que se aglomeram no globo [32]
Em tumulto sempre estarão [33]
Os mares rugirão [34]
A Besta voará à grande altura [35]
E devorará os cativos e os emancipados. [36]

XI

A fumaça negra do tormento [37]
Nunca se extinguirá
Para os que aceitarem a marca [38]
O verme da morte
Seguirá sempre comendo
Na bílis da morte túmulo tão frio. [39]

XII

Eternamente ranger os dentes e lastimar-se [40]
Porque preferiram a mentira [41]
E não deram ouvidos ao Filho do Senhor [42]
Que deu sua alma para morrer. [43]

XIII

Para que fôssemos perdoados [44]
Que confiamos na Palavra [45]
Escolhidos desde o começo [46]
Para ser a recompensa de nosso Deus. [47]

XIV

Seus primeiros frutos dos mortos somos nós [48]
Que ouvimos o Seu chamado [49]
Sua voz nossos ouvidos lembraram [50]
Predestinados muito além da Queda [51]
A andar em paz junto a águas serenas [52]
No Paraíso para nossos corações preencher [53]
Com prazeres gloriosos e com emoção [54]
Que olhos nunca viram nem ouviram [55]
Com Jesus Cristo, o Pastor de Nosso Senhor. [56]

XV

Alguns mártires naquele dia tombarão [57]
Os santos com paciência terão de suportar [58]
Que lutam contra o manto mortal [59]
Dos lacaios de Satã, fedor, abjeto, imundo [60]
Que os perseguem e matam os livres [61]
Recusem a marca, não dobrem os joelhos [62]
Pois ao final verão a luz [63]
Do abundante amor e graça de Deus [64]
E riquezas colherão e deleites conhecerão [65]
E verão face a face o seu Salvador. [66]

XVI

O tempo está próximo [67]
Os anjos aguardam
A hora de pôr à prova a foice [68]
Para recolher a safra de nosso Deus [69]
Para separar o que é bom [70]
E deixar o resto [71]
Queimar na cova rasa da vida [72]
No calor terrível e ardente
O resto do joio do Diabo [73]
A prova da derrota do pecado. [74]

XVII

Acautelai-vos, desdenhosos, e ficai alerta [75]
Pois logo o Arrebatamento ocorrerá [76]
Para arrebanhar a minoria fiel [77]
Que ouviu a Sua voz, que renasceu [78]
Aqueles que escaparão à ira do temível dia [79]
Que viverão para sempre. Aguardai e orai. [80]
Ainda assim, vinde logo, Senhor Jesus. [81]

Patrick C. Heron

Referências

(1) Apocalipse 1:9
(2) Apoc. 1:10
(3) Apoc. 4:2
(4) Apoc. 1:1,19
(5) Marcos 13:23
(6) Apoc. 4:1
(7) Apoc. 1:3
(8) Mateus 24:44
(9) Efésios 5:6;
   Colossenses 3:6
(10) 1 Tessalonicenses 4:17
(11) Mateus 24:21
(12) 2 Tessalonicenses 2:3,4
(13) Apoc. 13:3,4
(14) Apoc. 13:14
(15) 2 Tessalonicenses 2:9-11
(16) Apoc. 13:16-18
(17) Apoc. 14:9-11
(18) Apoc. 13:10
(19) Apoc. 12:17
(20) Apoc. 13:7
(21) Apoc. 17:6
(22) Mateus 10:41,42
(23) Apoc. 13:4
(24) 2 Coríntios 1:9,10
(25) Apoc. 8:7
(26) Apoc. 8:12; 9:2,18
(27) Apoc. 6:7,8
(28) Apoc. 16:2
(29) Apoc. 13:3,4

(30) Apoc. 13:15
(31) Apoc. 17:9; 13:14
(32) Apoc. 14:6
(33) Apoc. 16:10
(34) Lucas 21:25,26
(35) Daniel 7:7
(36) Daniel 7:19
(37) Apoc. 14:11
(38) Apoc. 13:16
(39) Apoc. 6:8;
   Isaías 14:11
(40) Mateus 25:30
(41) Apoc. 9:20,21
(42) Apoc. 16:9
(43) João 3:16
(44) Efésios 4:32
   Colossenses 2:13
(45) 1 Tessalonicenses 2:13
(46) Efésios 1:4
(47) 1 Coríntios 3:8;
   Colossenses 3:24
(48) Efésios 2:4,5;
   Tiago 1:18
(49) Efésios 4:1,4
   Romanos 8:28
(50) Mateus 13:9
(51) Romanos 8:30
(52) Salmo 23:2
(53) Apoc. 2:7
(54) Romanos 8:18

(55) 1 Coríntios 2:9
(56) Apoc. 20:4
(57) Apoc. 20:4
(58) Romanos 5:3,4;
   Apoc. 14:12
(59) Efésios 6:12
(60) Apoc. 18:2; 21:8
(61) Apoc. 12:17
(62) Apoc. 13:15
(63) João 12:46; 8:12
(64) Efésios 1:6,7; 2:4
(65) Efésios 2:7; 3:8
(66) 1 Coríntios 13:12;
   1 João 3:2
(67) Apoc. 22:7; 14:14
(68) Apoc. 14:15
(69) Apoc. 14:16
(70) Mateus 24:31
(71) Mateus 25:32
(72) Apoc. 16:9
(73) 2 Pedro 3:10-12
(74) 1 Coríntios 15:54
(75) 2 Pedro 3:3
(76) 1 Tessalonicenses 4:16,17
(77) 1 Coríntios 15:51,52
(78) João 3:1-9
(79) Romanos 2:5
(80) João 5:24;
   1 Tessalonicenses 1:10
(81) Apoc. 22:20

EPÍLOGO

Outrora, quando estavam trabalhando em poços de minas profundos, os mineiros costumavam levar canários consigo. Na presença de gases tóxicos e inodoros, os canários apresentariam sinais de angústia e os mineiros receberiam um aviso oportuno para voltar à superfície antes de serem fatalmente envenenados.

Entre a época em que acabei de redigir este livro e sua publicação, ocorreu uma série de eventos dramáticos, sendo os principais os ataques contra Nova York e Washington em 11 de setembro de 2001. No período que se seguiu a esses atos de terrorismo, o mundo encontrou-se em situação extremamente incerta. Uma campanha militar de grande escala foi organizada no Afeganistão pelos Estados Unidos e seus aliados para exterminar aqueles que se acreditava terem sido responsáveis pelo planejamento desses atentados.

O conflito entre israelenses e palestinos também intensificou-se de maneira alarmante em épocas recentes e o Oriente Médio está agora mais próximo de uma guerra total do que já esteve em muitos anos. A ação militar para derrubar o regime de Saddam Hussein no Iraque só fez agravar a situação precária na região.

Alguém observou uma vez que, de vez em quando, você não escolhe um livro – é ele que escolhe você! Minha prece é que as informações que este volume contém mude para melhor a vida do leitor. Mas com o conhecimento vem a responsabilidade. Podemos estar aptos a ajudar outras pessoas passando-lhes aquilo que aprendemos. Muitas delas não terão interesse em tais assuntos e é provável que essas mesmas pessoas sejam deixadas para trás para atravessar a era de tribulação que conhecemos pelo nome de Apocalipse.

Este livro poderá ser um legado para aqueles que se acharem envolvidos nos acontecimentos que se desenrolarão nos dias sombrios que virão.

Canários estão caindo mortos ante nossos olhos, mas o mundo como um todo não está dando nenhuma atenção.

> "Lembrai-vos das coisas passadas da antiguidade; que Eu sou Deus, e não há outro semelhante a mim; que desde o princípio anuncio o que deverá acontecer e desde a antiguidade, as coisas que ainda não sucederam; que digo: 'O meu conselho permanecerá de pé, farei toda a minha vontade.'"
>
> *Livro de Isaías 46: 9,10*

NOTAS

1. Graham Hancock & Santha Faiia, *Heaven's Mirror*, Penguin Books, 1998.
2. *Ibid.*
3. *Life in the Land of the Pharaohs*, publicado por Reader's Digest Association, Londres, 1995.
4. E. W. Bullinger, *The Companion Bible*, Samuel Bagster and Sons, Londres. Ver Apêndice, 25.
5. *Life in the Land of the Pharaohs*, Reader's Digest Association, p. 136.
6. Clarence Larkin, *Dispensational Truth*, publicado por Clarence Larkin Estate, PO Box 334, Glenside, Pa. 19038, EUA, 1918. (Com permissão do espólio de Rev. Clarence Larkin.)
7. A extensão exata do cúbito hebraico [ou côvado] ainda é motivo de discussão. A maioria dos especialistas concorda em que situa-se entre 0,533 m e 0,635 m.
8. Essas estimativas baseiam-se na suposição de que, com o passar do tempo, possa ter havido uma certa erosão, dando às atuais medidas dimensões menores do que tinham na época da construção.
9. I.D.E. Thomas, *The Omega Conspiracy*, Hearthstone Publishing, Oklahoma City, EUA, 1986.
10. *Ibid.*
11. Alan e Sally Lansburg, *In Search of Ancient Mysteries*, Bantam Books, Nova York, 1974.
12. E.A.E. Redmond, *The Mythical Origin of the Egyptian Temple*, Manchester University Press, 1969.
13. Graham Hancock & Santha Faiia, *Heaven's Mirror*.
14. Erich Von Daniken, *Arrival of the Gods*, Element Books, 1998.
15. Michael Drosnin, *The Bible Code*, Weidenfeld & Nicolson, Londres, 1997. [*O Código da Bíblia*, publicado pela Editora Pensamento, São Paulo, 1997.]
16. Chuck Missler, *Cup of Trembling* (vídeo), Bethel Communications, PO Box 459, Edimburgo, Escócia, 1997.
17. *Ibid.*
18. Dr. Allen Roberts, *Cup of Trembling*.
19. Hal Lindsey, *Planet Earth – 2000 d.C.*, Western Front, Palos Verdes, Califórnia, EUA, 1994.
20. David Atkinson, *The Message of Genesis I – II*, Inter Varsity Press, Leicester, Inglaterra, 1990, p. 130.
21. As seguintes são as oito localizações no Antigo Testamento onde ocorre a expressão "Filhos de Deus"; em cada caso o contexto demonstrará que a expressão se refere a "Anjos".

     Gênesis 6:2,4
     Jó 1:6; 2:1; 38:7
     Salmos 29:1; 89:6
     Daniel 3:25

22. E. W. Bullinger, *The Companion Bible*. Ver Apêndice, 25.
23. *Ibid*. Ver notas sobre Gênesis 14:15 e Deuteronômio 2:10,20.
24. Robert Young, *Analytical Concordance to the Bible*, Lutterworth Press, Londres, 1879, p. 491.
25. *Ibid*. Pp. 1086 e 1090.
26. Segundo um livro intitulado *Giant Cities of Bashan and Syria's Holy Places*, escrito pelo dr. Josias Leslie Porter (Londres, 1865), muitas dessas cidades ainda podem ser vistas e enumeradas atualmente.
27. Robert Young, *Analytical Concordance to the Bible*, Lutterworth Press, p. 297.
28. Cinco simboliza a Graça Divina. É 4 + 1. É Deus acrescentando Suas dádivas e bênção às obras de Suas mãos. A hebraica *Há'aretz* (a terra) pela "gematria" (ou seja, a adição do valor numérico das letras juntas) é um múltiplo de cinco. A gematria de *Charis*, Graça em grego, também é um múltiplo de cinco. É o principal fator nas dimensões do Tabernáculo. Seis simboliza o *número humano*. O homem foi criado no sexto dia; e essa primeira ocorrência do número faz dele (e de todos os seus múltiplos) a marca de autenticidade de tudo o que se relaciona ao homem. O homem trabalha seis dias; as horas do seu dia são um múltiplo de seis. Atália usurpou o trono de Judá durante seis anos. Pessoas famosas que teimaram em desafiar Deus (Golias e Nabucodonosor e o Anticristo) são todas enfaticamente marcadas por esse número. (Fonte: E. W. Bullinger, *The Companion Bible*, Samuel Bagster and Sons). Apêndice, 10.
29. Uma lista mais completa das Escrituras que mencionam os *Nephilim* ou seus companheiros, os *rafaim,* é transcrita abaixo:

Gên.	6:4	Deuter	2:11	2 Sam	21:16
	12:6		2:20		21:18
	13:7		3:11		21:20
	14:5		3:13		21:22
	15:20		9:2		
			15:21		

Números	13:23	Josué	12:14	1Crônicas	20:4
			13:12		20:6
			15:8		20:8
			15:14		
			17:15		
			18:16		

Nos casos seguintes, *rafaim* foi traduzido incorretamente por "mortos". A tradução correta é "*os rafaim*".

Jó	26:5	Provérbios	2:18	Isaías	14:9
			9:18		26:19
Salmo	88:10		21:16		

30. E. W. Bullinger, *The Companion Bible*. Ver Apêndice, 44 viii.
31. *Ibid*. Ver Apêndice, 26.
32. *Ibid*. Ver nota sobre Gênesis 18:1 e Apêndice, 32.
33. *Ibid*. Ver Apêndice, 4.
34. *Ibid*. Ver nota sobre Isaías 14:2, p. 949.
35. *Ibid*. Ver Apêndice, 19.
36. *Ibid*. Ver nota sobre Gênesis 3:1.
37. *The Glory of Ancient Egypt*, publicado por De Agostini (Reino Unido) Ltd., Hammersmith Road, Londres, 2001.
38. E. W. Bullinger, *The Witness of the Stars*, Kregal Publications, Grand Rapids, Michigan, EUA, 1893.
39. *Ibid*.
40. Joseph A. Seiss, *The Gospel in the Stars*, Kregal Publications, Grand Rapids, Michigan, 1972, e Clyde L. Ferguson, *The Stars and the Bible*, Exposition Press, Hicksville, Nova York, 1978.
41. V. P. Wierwille, *Jesus Christ Our Promised Seed*, American Christian Press, New Knoxville, Ohio, 1982.
42. Os cientistas da Babilônia dividiam-se em três classes: (1) os que escreviam encantamentos para serem colocados em pessoas ou nas casas afligidas por doenças; (2) os que escreviam fórmulas de sortilé-

gios; (3) os que escreviam observações que misturavam astronomia com astrologia e resultavam, no caso de dois acontecimentos sucessivos ou simultâneos, na conclusão de que um era a causa do outro. Conclusões ulteriores eram obtidas raciocinando-se do "particular" para o "geral". (Fonte: E. W. Bullinger, *The Companion Bible*, Samuel Bagster and Sons.)

43. Continua, então, com os teus encantamentos,

E com a multidão das tuas feitiçarias,

Com as quais te fatigaste desde a tua mocidade.

Talvez possas tirar proveito,

Talvez inspirar terror.

A multidão de tuas consultas não fez mais que cansar-te!

Que se apresentem agora os astrólogos.

Os que fitam os astros e fazem predições mês a mês.

Que te salvem daquilo que há de vir sobre ti.

Eis que serão como restolho; o fogo os queimará.

Não poderão livrar-se do poder das chamas.

Isaías 47:12-14

44. Ernest L. Martin, *The Birth of Christ Recalculated*. Pasadena Foundation for Biblical Research, 1980.

45. E. W. Bullinger, *The Companion Bible*. Ver Apêndice, 12.

46. Gordon J. Wenham, *Word Biblical Commentary*, Word Books, Waco, Texas, 1987, p. 140.

47. J. Karst Eusebus-Werke, Vol. 5, *Die Chronik*, Leipzig, 1911.

48. E. W. Bullinger, *The Companion Bible*. Ver Apêndice, 124.

49. *Universal Dictionary*, Reader's Digest Association, Londres, 1987.

50. Graham Hancock & Santha Faiia, *Heaven's Mirror*, Penguin Books.

51. Ron Wyatt, *Cup of Trembling* (video), Bethel Communications, PO Box 459, Edimburgo, Escócia, 1997.

52. Graham Hancock & Santha Faiia, *Heaven's Mirror*.

53. Fontes: Givonna Magi, *All of Egypt*, Casa Editrice Bonechi, Florença, Itália, 1996; *Life in the Land of the Pharaohs*, Reader's Digest, Londres, 1995; Jo Forty, *Mythology: A Visual Encyclopedia*, Parkgate Books, Londres, 1999.

54. E. W. Bullinger, *Witness of the Stars*.

55. Graham Hancock & Santha Faiia, *Heaven's Mirror*.

56. *Ibid.*

57. *Ibid.*

58. *Life Among the Incas*, Reader's Digest, Londres, 1995.

59. Graham Hancock & Santha Faiia, *Heaven's Mirror.*

60. *Ibid.*

61. Estas citações foram tiradas do *Livro de Enoque*, tradução de R. A. Charles. Publicado originalmente em 1917, SPCK, Londres.

62. E. W. Bullinger, *The Companion Bible*. Ver nota sobre Gênesis 5:29.

63. David Pawson, *When Jesus Returns*, Hodder and Stoughton, Londres, 1995.

64. Clarence Larkin, *Dispensational Truth*.

65. Grant R. Jeffrey, *Armageddon: Appointment with Destiny*, Bantam Books, Nova York, 1988.

66. Hal Lindsey, *Planet Earth — 2000 d.C.*

67. Barney, Blewett e Barney, *Global 2000 Revisited: What Shall We Do?* Millennium Institute, Nova York, 1993.

68. Clarence Larkin, *Dispensational Truth*.

69. Arthur Cotterell, Rachel Storm, *The Ultimate Encyclopedia of Mythology*, Lorenz Books, Londres, 1999.

70. Gordon J. Wenhem, *Word Biblical Commentary*, Word Books, Waco, Texas, 1987.

71. *Ibid.*

72. E. W. Bullinger, *The Companion Bible*. Ver nota sobre o Salmo 75:6.

73. Barry Smith, *The Eye in the Triangle* (video), International Support Ministries, Marlborough, Nova Zelândia.

APÊNDICE

RESUMO DOS PRINCIPAIS ACONTECIMENTOS
Com Base na Cronologia do Arcebispo Usher
Fonte: *Companion Bible*: E. W. Bullinger

a.C.

4004 Adão é criado.

3874 Nasce Set. "Adão gerou um filho à sua semelhança" (Gênesis 5:3).

3769 Nasce Enos.

3679 Nasce Cainam.

3609 Nasce Malaleel.

3544 Nasce Jared.

3382 Nasce Enoque "o sétimo depois de Adão" (Judas 14).

3317 Nasce Matusalém.

3194 O "dia de graça" de Adão começa quando ele tem 810 anos (Gênesis 6:3).

3130 Nasce Lameque.

3074 Morte de Adão (930).

3017 Enoque é trasladado, 57 anos depois da morte de Adão.

2962 Morte de Set (912).

2948 Nasce Noé.

2864 Morte de Enos (905).

2769 Morte de Cainam (910).

2714 Morte de Malaleel (895).

2582 Morte de Jared (962).

2448 Nasce Jafé.

2447 Nasce Ham.

2446 Nasce Sem (Noé 502).

2353 Morte de Lameque (777).

2348 Morte de Matusalém (969) no primeiro mês do ano do Dilúvio.

2348 Ano do Dilúvio (600º ano da vida de Noé; ver Gênesis 7:6,11).

2346 Nasce Arfaxade "dois anos depois do Dilúvio".

2311 Nasce Salá.

2281 Nasce Éber.

2247 Nasce Pelegue. "Em seus dias a terra foi repartida" (Gênesis 10:26).

2217 Nasce Reú.

2185 Nasce Serugue.

2155 Nasce Naor.

2126 Nasce Terá.

2056 As "gerações" de Terá começam com o nascimento de Harã.

2057 Morte de Pelegue (239).

2007 Morte de Naor (148).

1998 Morte de Noé (950).

1996 Morte de Abraão (1.992 anos daqui até a Natividade).

1978 Morte de Reú.

1955 Morte de Serugue (230).

1946 Primeiro "chamado" a Abraão em Ur dos Caldeus (atos 7:2-4).

1921 Morte de Terá (205).
Segundo "chamado" a Abraão (Harã). Começam os 430 anos da permanência temporária (Ver nota sobre Gên. 12:1 e Apêndice, 50 iii).

1920} Abraão desce ao Egito. Tentativa de
a} destruição da Descendência (Ver nota
1912} sobre Gên. 12:10 & Apêndice, 23).

1911 Abraão (85) casa-se com Hagar (Gên. 16:3).

1910 Nasce Ismael (Abraão 86).

1897 Aliança da Circuncisão (Abraão 99).

1896 Nasce Isaac (Abraão 100).

1891 Isaac torna-se a "Descendência" (Gên. 21:10; 12:7); Ismael é "expulso". Começam os 400 anos de Atos 7:6.

1878 Morte de Salá (433).

1863 Isaac é oferecido em sacrifício.

1859 Morte de Sara (127). É a única mulher cuja idade aparece nas Escrituras. Sobre o significado disso, comparar com Gálatas 4. Na idade de Sara temos, alegoricamente, o período de duração da Antiga Aliança.

1856 Isaac (40) casa-se com Rebeca.

1846 Morte de Sem (Melquisedeque) (600); Abraão (150) casa-se com Quetura.

1836 Nasce Jacó (Isaac 60).

1821 Morte de Abraão (Isaac 75, Jacó 15).

1817 Morte de Éber (464); vive quatro anos mais do que Abraão.

1812 Escassez de víveres do Genêsis 26:1. Causa da venda de direito de primogenitura?

1796 Esaú (40) casa-se com mulheres hititas.

1773 Morte de Ismael (137) (Jacó 63).

1759 Jacó (77) foge para Padã-aram.

1758 Começa a "servidão" de Jacó.

1752 Seus casamentos.

1751 Nasce Rúben.

1750 A cronologia continua com o nascimento de Moisés.

1571 Nasce Moisés.

1544 Nasce Josué (Moisés 27).

1529 Nasce Calebe.

1491 O Êxodo.

1490 O Tabernáculo é erigido.

1452 Morte de Miriam, Aaron e Moisés.

1451 Entrada na Terra Prometida.

1444 As "Guerras do Senhor".

1444 Primeiro Ano Sabático. a.C.

1000 O Reino. Saul, 40 anos.

990 Nasce Davi.

974 Primeira unção de Davi (16).

960 A segunda unção de Davi foi aos 30 anos.

961 A terceira unção de Davi.

962 Salomão faz 40 anos.

917 Tem início a construção do Templo, 573 anos após o Êxodo (comparar com Atos 13:20-23).

910 Completa-se a construção do Templo.